笔端乾坤

毛泽东

著作中的党史大事

曾珺 编著

中央编译出版社
Central Compilation & Translation Press

图书在版编目 (CIP) 数据

笔端乾坤：毛泽东著作中的党史大事 / 曾珺编著 . —北京：中央编译出版社，2023.3

ISBN 978-7-5117-3934-6

Ⅰ.①笔⋯ Ⅱ.①曾⋯ Ⅲ.①毛泽东著作研究 ②中国共产党 – 党史 – 大事记 Ⅳ.① A841 ② D23

中国版本图书馆 CIP 数据核字 (2022) 第 076042 号

笔端乾坤：毛泽东著作中的党史大事

出版策划	张远航
责任编辑	李媛媛
责任印制	刘 慧
出版发行	中央编译出版社
地　　址	北京市海淀区北四环西路 69 号 (100080)
电　　话	(010)55627391（总编室）　　(010)55627310（编辑室） (010)55627320（发行）　　　(010)55627377（网站）
经　　销	全国新华书店
印　　刷	北京中兴印刷有限公司
开　　本	710 毫米 ×1000 毫米　1/16
字　　数	229 千字
印　　张	18.75
版　　次	2023 年 3 月第 1 版
印　　次	2023 年 7 月第 2 次印刷
定　　价	65.00 元

新浪微博:@ 中央编译出版社　　　　　微　信：中央编译出版社 (ID : cctphome)
淘宝店铺：中央编译出版社直销店 (http : //shop108367160.taobao.com)　(010) 55627331

本社常年法律顾问：北京市吴栾赵阎律师事务所律师　闫　军　梁　勤
凡有印装质量问题，本社负责调换。电话：(010)55626985

前　言

在距离天安门城楼西侧6500米的西长安街延长线上，坐落着一座日晷型的纪念性建筑。这座建筑，名为"中华世纪坛"，是为迎接新千年而建造的。中国民主建国会原副主席朱相远为中华世纪坛题写了一篇三百余字的序，回顾了中国五千年文明的辉煌。在谈到近代中国的百年沧桑时，序中写道：

回首近代，百年三万六千日，饱尝民族苦难，历尽变革风霜。

短短27个字，却将近代中国的辛酸，一语道破。

我们曾经是强者，是世界文明的领航者。

但后来我们落后了，成了人人可欺的"东亚病夫"。

在1840年之后的半个多世纪里，列强对中国发动了多次侵略战争。其中规模较大的就有五次：

第一次，1840年的鸦片战争。

第二次，1856年至1860年的第二次鸦片战争。

第三次，1884年的中法战争。

第四次，1894年的中日甲午战争。

第五次，1900年的八国联军侵华战争。

面对列强的侵略，清政府是屡战屡败。中国由一个独立的主权国家，逐步成为一个半殖民地半封建国家。

国将不国，人命微贱。康有为曾痛心地说："吾中国四万万人，无贵无贱，当今日在覆屋之下，漏舟之中，薪火之上，如笼中之鸟，牢中之囚，为奴隶，为牛马，为犬羊，听人驱使，听人宰割，此四千年中二十朝未有之奇变。"

为了救国，中华儿女进行了一次次探索。

太平天国运动，失败了。

洋务运动，失败了。

维新变法，失败了。

义和团运动，失败了。

辛亥革命，又失败了。

……

我们从不否认，这些运动或者革命，在某一方面曾起到积极的进步作用，但它们都没有改变中国社会的现状。

就在中国人民对前途迷茫的时候，伟大的中国共产党诞生了。挽救民族危亡的历史使命，从此落在了她的身上。

中国共产党成立时，是那么的弱小。

1921年中国共产党第一次全国代表大会召开时，全国只有50多名党员。参加会议的13名代表的平均年龄只有28岁。这个号召反帝反封建的政党，不得不委身于列强环伺的上海租界。

在此前后，中国社会上存在着大大小小两百多个政党、团体，他们也在探索着中国未来的道路。这个一开始并不被看好的政党，却一步一个脚印，最终完成了求得民族解放、实现国家富强的两大历史任务。

2021年，中国共产党迎来百年华诞。

一百年来，中国共产党从弱小走向强大，在错综复杂的环境中逐渐成长起来。

一百年来，中国共产党从稚嫩走向成熟，在积贫积弱的烂摊子上建立起了繁荣富强的新中国。

一百年来，中国共产党从胜利走向辉煌，在列强凌辱的危局中重塑了泱泱中华的大国气韵。

习近平总书记多次强调："学习党史、国史，是坚持和发展中国特色社会主义、把党和国家各项事业继续推向前进的必修课。这门功课不仅必修，而且必须修好。"在建党一百周年这样一个特别的时刻，学习党史、新中国史、改革开放史、社会主义发展史，对落实习近平总书记讲话精神尤为重要。

为此，笔者精心编著了这本《笔端乾坤——毛泽东著作中的党史大事》。

为什么要通过毛泽东的著作这个载体，去讲述中国共产党历史呢？

毛泽东是中国共产党、中国人民解放军和中华人民共和国的主要缔造者和领导者。他的一生，全部奉献给了中国革命和建设事业。在此过程中，他为后人留下了许多兼具理论性和思想性的著作。这些著作，集中收录在《毛泽东选集》《毛泽东文集》《毛泽东军事文集》《建国以来毛泽东文稿》以及其他一些专题性著作中。

毛泽东的这些著作，真实记录了中国共产党从成立到武装夺取政权，进而开展社会主义建设事业的重大事件，为我们学习党史、新中国史、改革开放史、社会主义发展史，开辟了一个视角。

中国共产党成立的一百年里，发生的重大事件不可谓不多。本书在选材时不可能面面俱到，只能在重要中选取更重要的。换句话说，就是选取那些在党的历史进程中，对党和国家的发展有着重要影响，甚至一度改变了历史走向的大事。依据这个标准，本书从毛泽东著作中选取了一些党的历史中的重大事件，按照时间排序，通过这种方式让读者了解中国共产党历史的大脉络。

毛泽东逝世于1976年。因此，本书中体现的党史大事，不可能反映党的一百年全貌。本书起于1919年五四运动，终于1975年邓小平全面整顿，较为全面地反映了中国共产党70多年间发生的重大历史事件。为什么要从五四运动写起呢？因为五四运动是中国近代史上具有划时代意义的一个重大事件,这场运动"为中国共产党成立做了思想上干部上的准备。"(2019年4月30日习近平在纪念五四运动100周年大会上的报告)学界认为,1975年邓小平的全面整顿,在一定程度上可以视为改革开放的前奏。这次整顿虽然因为"四人帮"的破坏未能继续下去,但中国社会的变革已经是人心所向,势不可挡。寒冬虽然还在,但春的气息已经孕育。

愿读者朋友们能从这本书中了解中国共产党的历史,了解中国道路的来之不易。

曾珺
2021年11月

目录

1 五四运动：新民主主义革命的开端 / 001
2 中国共产党的成立：开天辟地的大事变 / 005
3 从中共二大到国民党一大：第一次国共合作的形成 / 011
4 国民大革命：一场史无前例的反帝反封建革命 / 017
5 八七会议：总结大革命失败的教训 / 026
6 南昌起义、秋收起义、广州起义：武装反抗国民党的统治 / 033
7 中共六大：唯一一次在国外召开的党的代表大会 / 038
8 井冈山的斗争：星星之火，可以燎原 / 043
9 三次"左"倾错误：勇于自我革命 / 053
10 遵义会议：生死攸关的转折点 / 058
11 长征：人类军事史上的壮举 / 064
12 瓦窑堡会议：抗日民族统一战线方针的制定 / 070
13 西安事变：国共走向第二次合作 / 076
14 全面抗战与持久战：抗战的路线和方针 / 083
15 游击战争：取得抗战胜利的战略因素 / 091
16 六届六中全会：决定中国之命运 / 095

17 新民主主义论：新的指导理论的产生 / 101

18 整风运动：党内一次普遍的马克思主义教育运动 / 105

19 延安文艺座谈会：文艺要为工农兵服务 / 113

20 六届七中全会：一次历时最长的中央全会 / 119

21 中共七大：确立毛泽东思想为全党的指导思想 / 123

22 抗日战争的胜利：中华民族走向复兴的历史转折点 / 130

23 重庆和谈：和平建国的努力 / 133

24 全面内战的爆发：以革命战争方式解决国内问题 / 137

25 战略防御到战略进攻：解放战争形势的转变 / 145

26 全国土地会议：最彻底地消灭封建土地所有制 / 148

27 十二月会议：制定打倒国民党反动统治的纲领 / 153

28 三大战役：摧毁国民党的主要军事力量 / 158

29 七届二中全会：提出"两个务必" / 164

30 渡江战役：国民党反动统治的崩溃 / 169

31 《共同纲领》：新中国第一个具有宪法性质的文件 / 175

32 中国人民政治协商第一届全体会议：迎接新中国的诞生 / 182

33 中华人民共和国成立：中国人从此站起来了 / 187

34 七届三中全会：不要四面出击 / 190

35 西藏的和平解放：全国大陆解放的标志性事件 / 195

36 抗美援朝战争、土地改革和镇压反革命：人民民主专政国家的巩固 / 200

37 过渡时期总路线：从新民主主义到社会主义的转变 / 205

38 "五四宪法"：中华人民共和国的第一部宪法 / 209

39 第一个五年计划：中华人民共和国的第一个中长期计划 / 215

40 基本完成三大改造：社会主义制度建立的标志 / 222

41 统购统销：解决粮食紧缺政策的出台 / 226

42 日内瓦会议：第一次以五大国之一的身份参加多边国际会议 / 231

43 论"十大关系"的提出:初步总结了社会主义革命与建设的基本经验 / 240

44 中共八大:第一次以社会主义全面建设为主题的代表大会 / 245

45 从上海会议到中共八届九中全会:经济调整方针的形成 / 252

46 七千人大会:"大跃进"以来经验教训的初步总结 / 258

47 中苏关系破裂:社会主义阵营的分化 / 265

48 四届全国人大一次会议:重提"四个现代化" / 270

49 第二十六届联大:恢复中国在联合国合法席位 / 276

50 开展全面整顿:改革开放的先声 / 284

后 记 / 291

> 五四运动准备了大革命，没有五四运动就没有大革命。中国共产党是产生在"五四"之后，五四运动又是产生在俄国十月革命之后。
>
> ——《如何研究中共党史》（1942年3月30日）

1942年3月30日，毛泽东在中央学习组作《如何研究中共党史》的报告。在这个报告中，毛泽东对研究中共党史的意义、方法等问题作了阐述，并对五四运动的意义进行了高度评价。他指出："研究中国共产党的历史，还应该把党成立以前的辛亥革命和五四运动的材料研究一下。"

1 五四运动：新民主主义革命的开端

1917年，俄国爆发十月社会主义革命，建立了苏维埃政权。十月革命第一次把社会主义从书本上的学说变成现实，给正在黑暗中探索救国救民道路的中国的先进知识分子指明了方向。中国的五四运动，就是在十月革命的影响下发生的。它的直接导火线，是中国在巴黎和会上的外交失败。

1919年上半年，第一次世界大战中取胜的协约国一方在巴黎举行"和平会议"（即巴黎和会）。中国作为战胜国代表，参加了这次会议。中国代表在会上要求取消"二十一条"，归还德国在山东的特权，取消帝国主义在华特权等。然而，会议不顾中国的权益，规定战败的德国将在中国山东获得的一切特权转交给日本。消息传到国内，激起各阶层人民的强烈愤怒。5月3日，北京大学学生联合北京其他十几所学校的代表举行集会，决议致电巴黎专使，要求拒签合约。一个学生还当场咬破手指，血书"还我青岛"。学生们情绪高昂，决定次日举行示威游行。5月4日，北京大学等13所大中专学校的学生3000余人在天安门前集会。他们打出"外争主权、内除国贼""废除二十一条"和"还我青岛"等口号横幅，强烈要求政府拒绝在和约上签字，并惩办亲日派官僚曹汝霖、章宗祥、陆宗舆。随后，学生们前往日本驻华使馆抗议。遭到阻挠后，愤怒的学生转奔位于赵家楼胡同的曹汝霖的住宅，痛打在那里遇到的章宗祥，并放火烧了曹宅。北洋军阀政府急忙出动军警镇压，逮捕学生32人。这就是震惊中外的"五四运动"。

5月5日，北京各大中专学校学生宣布罢课，并通电各方请求支援，营救被捕学生。北京学生的爱国运动迅速得到全国各地学生的声援和社会舆论的支持。北洋军阀政府虽然在两天后释放了被捕学生，但对学生的政治要求置之不理，并下令禁止学生干预政治，扬言要严厉镇压学生的爱国运动，而且还逼走了同情学生的北京大学校长蔡元培。6月1日，又下令"表彰"被民众斥为卖国贼的曹汝霖、章宗祥、陆宗舆，同时取缔学生的一切爱国行动。从6月3日起，学生们重新走上街头游行演讲。北京政府再次出动军警镇压，当日有170多名学生被捕，第二天又有700多名学生被捕。

在此紧要关头，上海许多行业的工人从6月5日起自发组织起来举行罢工，支援学生的反帝爱国斗争。随后，工人罢工、商人罢市如燎原烈火般蔓延全国，扩展至全国20多个省100多个城市。这表明，中国工人阶级开始以独立的姿态登上政治舞台。这样，五四运动突破学生、青年知识分子的狭小范围，发展成为有工人阶级、小资产阶级和民族阶级参加的全国规模的群众性反帝爱国运动。运动的中心也由北京转移到上海，斗争的主力由学生逐渐转向工人。

迫于人民群众的压力，北洋军阀政府不得不释放被捕学生，罢免亲日派官僚曹汝霖、章宗祥、陆宗舆的职务。中国代表也最终没有出席巴黎和会的签字仪式。这是五四爱国运动取得的重要胜利。

五四运动标志着中国新民主主义革命的开端。它是近代中国历史上第一次由学生、工人和其他群众掀起的反对帝国主义、反对军阀卖国的全国规模的革命斗争。五四运动期间，中国工人阶级以巨大的声势参加了反帝爱国斗争。虽然工人的罢工是自发的，但工人阶级以自己特有的组织性和斗争的坚定性，在运动中发挥着主力军的作用，开始作为一支独立的政治力量登上历史舞台。工人运动本身也逐步由经济斗争上升为政治斗争。一些具有初步共产主义思想的知识分子，也正是从五四运动中看到了工人阶级表现出来的伟大力量，因而他们开始"往民间去"，到工人中去开办学校、组织工会，努力促进马克思主义同中国工人运动的结合。

五四运动中，涌现出了一批为追求民族独立和国家富强而积极探求救国救民真理的新的先进分子。毛泽东在湖南发起成立湖南学生联合会，发动学生总罢课，以推动反帝爱国运动。以陈独秀、李大钊为代表的具有初步共产主义思想的知识分子，在五四运动中同许多社团组织和进步青年密切联系，积极指导和推动运动的发展。他们在6月11日亲自撰写和散发了《北京市民宣言》，提出对北京政权的"根本之改造"，把运动引向深入。《北京市民宣言》中说："我市民仍希望和平方法达到目的，倘政府不顾和平，不完全听从市民之希望，我等学生商人劳工军人等，惟有直接行动，以图根本之改造。"陈独秀因在"新世界"游艺场散发《北京市民宣言》而被捕，三个多月后始被释放。释放后不久，他就和李大钊等共同从事马克思主义的宣传、普及工作并共同筹建中国共产党。

发生在俄国十月革命所开辟的世界无产阶级革命新时代的五四运动,也引起列宁和共产国际对中国革命的重视,并直接促使共产国际派员到中国了解情况,因而加速了中国共产党建立的进程。

一件开天辟地的大事变,即将在中国发生。

> 既要革命，就要有一个革命党。没有一个革命的党，没有一个按照马克思列宁主义的革命理论和革命风格建立起来的革命党，就不可能领导工人阶级和广大人民群众战胜帝国主义及其走狗。……中国共产党就是依照苏联共产党的榜样建立起来和发展起来的一个党。自从有了中国共产党，中国革命的面目就焕然一新了。这个事实难道还不明显吗？
>
> ——《全世界革命力量团结起来，反对帝国主义的侵略》
> （1948年11月）

1948年11月，毛泽东为欧洲共产党和工人党情报局机关刊物《争取持久和平，争取人民民主！》撰写了一篇纪念十月革命三十一周年的文章——《全世界革命力量团结起来，反对帝国主义的侵略》。在这篇文章中，毛泽东通过中国共产党成立二十七周年来对中国革命巨大影响的事实，精辟地阐述了中国共产党成立的伟大意义："自从有了中国共产党，中国革命的面目就焕然一新了。"

2 中国共产党的成立：开天辟地的大事变

上海法租界贝勒路树德里，坐落着一排五幢石库门房子。清水青砖镶嵌着少量红砖砌成的外墙，米色石条门框、装饰有红褐色浮雕的门楣以及配装着黄铜门环的黑漆大门，都体现出20世纪20年代上海最新潮的建筑风格。

1921年7月23日晚,在这排房子的一间阁楼内,十几位年轻人围坐在一张长条餐桌四周,看似在进行着一场普通的聚会。事后,与会者们都已记不清这天的确切日期了,但这并不妨碍这个聚会永载史册。

这个小规模的聚会,就是中国共产党第一次全国代表大会。

20世纪初的中国社会,处在革命浪潮涌动的时代。五四运动的发生,使马克思主义与俄国十月革命经验在神州大地的传播掀起了一个前所未有的高潮。一批先驱在宣传先进思想的过程中,开始与日益高涨的群众运动相结合。他们逐渐认识到:要运用马克思主义理论改造中国,走十月革命的道路,就必须像俄国那样,建立一个无产阶级政党,来组织和领导中国的革命。

1920年2月,陈独秀从北京秘密迁至上海后,随即深入工人群众中去,积极开展马克思主义宣传和工人组织的指导工作。与此同时,李大钊也在北京从事着同样的活动,他联络北京、天津等地的先进分子,努力促成进步团体的联合。"南陈北李,相约建党",成为中国共产党历史上的一段佳话。

此时,列宁领导的共产国际也给予了中国共产主义先驱者适时的帮助。1920年春,经共产国际批准,俄共(布)远东局派出全权代表维经斯基等人来华。他们先后在北京和上海与李大钊、陈独秀讨论建党问题,并帮助进行建党的准备工作。

1920年8月,以上海马克思主义研究会骨干为基础的上海共产党早期组织,在法租界老渔阳里2号《新青年》编辑部正式成立,取名为"中国共产党"。这是中国的第一个共产党组织。上海的党组织一经成立,便通过写信联系、派人指导或具体组织等方式,积极推动各地共产党早期组织的建立。至1921年秋,中国的北京、武汉、长沙、济南、广州以及欧洲和日本的中国留学生和侨民中的先进分子,也先后建立了共产党的早期组织。

在各地陆续建立党的早期组织之后，召开党的第一次代表大会，正式成立中国共产党，开始提上中国历史的日程。

1921年6月初，受列宁直接委派担任共产国际驻中国代表的马林到达上海。几乎与此同时，接替维经斯基来中国工作的共产国际远东书记处代表尼克尔斯基也抵达上海。他们在与上海党组织成员李达、李汉俊取得联系后商议，一致认为应当尽快召开全国代表大会，正式成立中国共产党。李达、李汉俊同当时在广州的陈独秀和在北京的李大钊通过书信商议，决定在上海召开中国共产党第一次代表大会。随即，他们写信通知北京、武汉、长沙、济南、广州和旅日的党组织，各派两名代表到上海出席会议。

由于通信与交通不便，各地代表齐集上海时，已到7月下旬了。一大会址的选定和外地代表的住宿等具体事务是由在上海的李达负责的。李达的新婚妻子王会悟通过关系，借用了上海博文女校楼上的3间房屋供赴会代表住宿。为避人耳目，与会代表们对外的名义是"北京大学暑期旅行团"。

7月23日晚8时，中国共产党第一次全国代表大会召开了。会址在紧邻博文女校的贝勒路树德里3号（新中国成立前曾改为望志路106号，现兴业路76号），这是李汉俊之兄李书城的公馆。参加会议的代表有：上海的李达、李汉俊，北京的张国焘、刘仁静，长沙的毛泽东、何叔衡，武汉的董必武、陈潭秋，济南的王尽美、邓恩铭，广州的陈公博，旅日的周佛海；包惠僧受陈独秀派遣出席会议。他们代表着全国的50多名党员。马林和尼克尔斯基作为共产国际的代表出席了会议。

为建党积极奔走呼号的陈独秀和李大钊，因故没有出席这次会议。陈独秀虽然被确定为大会主席，但当时他正在广州担任广东大学预科校长，为筹备校舍经费而四处奔忙。李大钊当时是北大教授，正值北大学年结束，校务繁忙，不能抽身。

会议临时决定让张国焘担任大会主席，毛泽东与周佛海任会议记录。会议先由张国焘宣布中国共产党正式成立，随后马林代表共产国际对中国共产党的成立表示祝贺，并作了题为《第三国际的历史使命与中国共产党》的报告。马林说："中国共产党的正式成立，具有重大的世界意义，第三国际增添了一个东方支部，苏俄布尔什维克党增添了一个东方战友。"他还分析了国际形势，介绍了第三国际的工作情况以及他在爪哇建党活动的情况和经验。马林的报告受到与会代表们的欢迎。马林致辞之后，代表们具体商讨大会的任务和议程，确定先由各地代表报告各地区的工作，然后讨论和通过党的纲领，制定今后实际工作计划，最后选举党的中央领导机构。

7月24日，举行了第二次会议，各地代表向大会报告本地区党、团组织的情况。7月25、26日休会两天，由张国焘、李达等根据马林的提议起草党的纲领及以后的工作安排。7月27、28、29日又连续召开了三次会议，对党的纲领和决议进行讨论。

7月30日晚，一大举行第六次会议。原定议程是由马林对会议讨论的各项问题发表意见，然后通过党的纲领和决议。晚上7时许，会议还没有开始，突然有一个陌生的中年男子闯进会场，声称找人，接着又说找错了地方，表示道歉之后匆忙离去。具有秘密工作经验的马林断定，此人一定是密探，于是建议立刻中止会议，迅速转移。果然，十几分钟后，法租界的巡警前来包围并搜查会场，结果一无所获。

在上海的会议已经无法继续进行下去了。当晚12点，负责大会事务的李达夫妇同几位代表聚在位于公共租界的大东旅馆商议改址开会的事。李达的夫人王会悟表示，如果在上海一时找不着适当的地点，可以到她的家乡浙江嘉兴去。对于这个提议，大家表示赞成。

于是，代表们在烟雨迷蒙、风景如画的南湖水面的一艘画舫上，召开了最后一天的会议，讨论和通过党的纲领和今后的实际工作部署问题。

一大通过的中国共产党纲领，确定党的名称为"中国共产党"，规定党的纲领是：革命军队必须与无产阶级一起推翻资本家阶级的政权；承认无产阶级专政，直到阶级斗争结束；消灭资本家私有制；联合共产国际。纲领明确提出要把工人、农民和士兵组织起来，并确定党的根本政治目的是实行社会革命。对于今后的实际工作，大会要求，党集中力量领导工人运动，首先是组织工会和教育工人。

考虑到党员数量少和地方组织尚不健全的情况，大会决定，暂不成立中央执行委员会，只设立中央局作为中央的临时领导机构。经选举，由陈独秀、张国焘、李达组成中央局，陈独秀担任书记，张国焘、李达分别负责组织和宣传工作。

下午6时左右，大会胜利闭幕。当晚，代表们乘火车返回上海。

中国产生了共产党，这是开天辟地的大事变。中国共产党第一次全国代表大会讨论并通过了中国共产党的第一个纲领和第一个决议，选举了党的中央领导机构，正式宣告了中国共产党的成立。

中国革命的面貌，从此焕然一新了。

一九二四年国民党改组以前的三民主义，乃是旧范畴的三民主义，乃是过时了的三民主义。如不把它发展到新三民主义，国民党就不能前进。聪明的孙中山看到了这一点，得了苏联和中国共产党的助力，把三民主义重新作了解释，遂获得了新的历史特点，建立了三民主义同共产主义的统一战线，建立了第一次国共合作，取得了全国人民的同情，举行了一九二四年至一九二七年的革命。

——《新民主主义论》（1940年1月）

　　《新民主主义论》，最早名为《新民主主义的政治与新民主主义的文化》，是毛泽东于1940年1月9日在陕甘宁边区文化协会第一次代表大会上的讲演，发表在1940年2月延安出版的《中国文化》创刊号上。后经其多次修改、充实，形成今天我们所能看见的版本。全文共分为15大部分，系统论述了中国革命的历史特点，新民主主义政治、经济、文化和新旧三民主义的异同等诸多内容。这篇文章也超越了"目的主要为驳顽固派"的初衷，其中论及的许多重要思想，成为解决中国民主革命问题的纲领指南。文章对中国近百年来，特别是五四运动以后20多年丰富革命经验的科学总结，是中国共产党在长期革命和斗争中形成的集体智慧的结晶。引文中提到的第一次国共合作，是中国革命史上的一件大事。

3 从中共二大到国民党一大：第一次国共合作的形成

中国共产党成立后，十分注重实际斗争。在短短一年内，逐步建立和健全了从中央到地方的组织机构，领导了中国工人运动的第一个高潮，出版了一批宣传马克思、列宁主义的小册子，还针对国际国内重大事件编印了一些宣传材料，在中国的政治舞台上初步显示了自己的力量。

作为共产国际的一个支部，成立伊始的中国共产党在很大程度上依照共产国际的指示开展工作。但在中国革命问题的看法上，陈独秀等党的领导人与共产国际代表意见并不一致。1921年9月，陈独秀辞去在国民党广东政府内担任的职务，离开广州赴上海担任中共第一任总书记。在上海，他第一次见到了共产国际代表马林。个性强烈的两人初次见面就发生了激烈的冲突。这年12月，马林在张太雷的陪同下去桂林拜访了孙中山，这促使他产生了依靠国民党来推进中国革命的想法。

回到上海后，马林给共产国际写报告，提出中国共产党应尽快与国民党合作。同时，马林又向陈独秀建议，共产党应采取加入国民党的方式，实现彻底的合作。这一观点遭到陈独秀的坚决反对。为了说服马林放弃其主张，陈独秀还征求了广州、北京、上海、长沙、武昌等地同志的意见。结果，各地反馈的意见大都反对马林提出的方案。

1922年4月，马林离开上海回到莫斯科，寻求共产国际和苏俄的支持。在此期间，陈独秀致信维经斯基，强调提出，国共两党宗旨不同，国民党是争权夺利的党，与美国、国内军阀有联系等，希望维经斯基在苏俄能够帮助中国共产党说话。但由于共产国际坚持共产党要尽快同国民党联合的观点，加之中国革命的敌对势力过于强大,单靠任何一个政党都无法完成,陈独秀在同国民党合作的问题上慢慢放弃了原先的观点。

1922年7月16日至23日,中国共产党第二次全国代表大会在上海召开。出席大会的代表是:陈独秀、张国焘、李达、杨明斋、罗章龙、王尽美、许白昊、蔡和森、谭平山、李震瀛、施存统等12人(还有一人姓名不详),代表着全国195名党员。这些代表不是由各地党支部推荐的,而是从莫斯科参加远东各国共产党及民族革命团体第一次大会后回国的部分成员,由陈独秀、张国焘指定,是哪省的人就作为哪省的代表。这次代表大会,没有共产国际的代表参加。

二大通过的《中国共产党第二次全国代表大会宣言》(以下简称《宣言》)中,第一次公开提出了彻底反帝反封建的民主革命纲领,即党的最低纲领:(一)消除内乱,打倒军阀,建设国内和平;(二)推翻国际帝国主义的压迫,达到中华民族完全独立;(三)统一中国本部(东三省在内)为真正的民主共和国。《宣言》认为,革命的动力是工人、农民、小资产阶级和民族资产阶级,革命的前途是民主革命向社会主义转变,党的最高纲领是达到共产主义社会。二大通过的《关于"民主的联合战线"的议决案》,肯定了共产党与民主派联合即党外联合的必要性,提出实现民主战线的具体计划是:(一)先行邀请国民党及社会主义青年团在适宜地点开一代表会议,互商如何加邀其他各革新团体及如何进行;(二)动员倾向于共产主义的议员在国会联络真正民主派的议员,结合成民主主义的左派联盟;(三)在全国各城市集合工会、农民团体、商人团体、教职员联合会、学生会、妇女参政同盟团体、律师公会、新闻记者团体等,组织民主主义大同盟。

李大钊信中提到的"民主的联合战线"便是中共二大的重要决定。显然,陈独秀等人所设想的与国民党等党派的合作方式,是一种松散的联盟方式，即"党外合作"。这是中国共产党人自己选择的合作方式，与马林主张的共产党加入国民党即"党内联合"有重大区别。

二大通过的《中国共产党章程》，是党的历史上第一部党章。它对党员条件、党的各级组织的建设和党的纪律作了具体规定，并明确阐释了党的民主集中制原则。通过的《关于共产党的组织章程决议案》《关于"工会运动与共产党"的议决案》和《关于议会行动的决案》等文献，则对党的性质、任务、政策等问题进行了阐明。

二大决定建立民主的联合战线，表明中国共产党在中国革命认识问题上实现了一个重大飞跃。陈独秀等党的领导人虽然没有接受马林提出的共产党以政党形式集体加入国民党的建议，但毕竟在联合国民党的道路上迈开了一大步。

二大后，为了迅速建立民主联合战线，中共中央相继派出李大钊、陈独秀同国民党领导人会谈，商谈国共合作问题。与此同时，共产国际也在积极促成此事。1922年7月17日，辗转回到莫斯科的马林在向共产国际执行委员会提交的报告中，详细而具体地叙述了中国的政治局势，分析了中国共产党和其他党派的情况，明确指出孙中山领导的国民党是真正的民族主义运动的力量，提出了中国共产党以个人身份加入国民党以实现国共合作的建议。

共产国际采纳了马林的建议，并于7月18日指示中国共产党把总部迁到广州，在马林的帮助下开展工作。为了更好地指导中共中央今后的工作，共产国际决定再派马林到中国来。

8月29日至30日，中共中央在杭州西湖召开会议。李大钊在信中提到与陈独秀共赴杭州，便是参加杭州西湖会议。参加会议的还有瞿秋白、张国焘、高君宇以及马林和翻译张太雷。会议的中心议题就是讨论共产党员加入国民党问题。

马林向与会者陈述了与国民党进行"党内合作"的五个理由：

第一，中国在一个很长的时间内，只能有一个民主的和民族的革命，决不能有社会主义的革命，而且现在无产阶级的力量和其所能起的作用，都还很小；第二，孙中山先生的国民党是中国现在一个有力量的民主和民族革命的政党，不能说它是资产阶级的政党，而是一个各阶层革命分子的联盟；第三，孙中山先生可以而且只能容许共产党员加入国民党，决不会与中共建立一个平等的联合战线；第四，中共必须学习西欧工人运动中，共产国际所推行的各国共产党员加入社会民主工党的联合战线的经验；中共必须尊重共产国际的意向；第五，共产党员加入国民党既可以谋革命势力的团结，又可以使国民党革命化，尤其可以影响国民党所领导的大量工人群众，将他们从国民党手中夺取过来。

李大钊同意马林的意见，张国焘和蔡和森则反对这种主张。他们认为，国民党是一个资产阶级的政党，中共加入进去，无异与资产阶级相混合，会丧失它的独立性。陈独秀同样反对马林的主张。他强调：国民党主要是一个资产阶级的政党，不能因为国民党内包容了一些非资产阶级的分子，便否认它的资产阶级的基本性质。他声明："如果这是共产国际不可改变的决定，我们应当服从，至多只能申述我们不赞同的意见。"他同时提出了加入条件：孙中山要取消打手模及宣誓服从他等原有的入党办法，并根据民主主义的原则改组国民党，中共党员才能加入进去。否则，即使是共产国际的命令，他也要反对。

由于会议争论非常大，西湖会议并未形成文字决定，"而是以一种互相谅解的形式，通过了陈独秀先生所提国民党取消打手模以后，中共的少数负责同志可以根据党的指示加入国民党为党员的决定"。显然，这种决定对马林原有的中共党员无条件无限制加入国民党的主张，已做了相当的修改。

西湖会议上以"互相谅解的形式"，使中国共产党人接受了共产国际关于与国民党实行党内合作的提议。这次会议是中国共产党关于国共合作政策由党外合作到党内合作的转折点。会后不久，李大钊率先以共产党员身份加入了国民党。随后，陈独秀、张太雷、蔡和森、张国焘等中共负责人，也陆续加入了国民党，开始帮助国民党进行改组工作。

为明确指导中共确立国共合作的方针，1923年1月12日，共产国际执行委员会作出了《关于中国共产党与国民党的关系问题的决议》，对国共合作的原则和主要精神作了详尽阐述。为了贯彻共产国际的决议，积极推进国共联合战线的建立和发展，1923年6月12日至20日，中国共产党在广州召开第三次全国代表大会。出席大会的代表30多人，代表全国420名党员。共产国际代表马林参加大会。陈独秀代表第二届中央执行委员会作报告。大会的主要议题是对国共合作的方针和办法作出正式决定。经过两天的热烈讨论，大会最终接受共产国际关于同国民党合作的指示，通过《关于国民运动及国民党问题的议决案》《中国共产党第三次全国大会宣言》等文件。大会正确地估计了孙中山和国民党的革命立场和国民党进行改组的可能性，决定共产党以个人身份加入国民党，用这种形式实现国共合作。这是孙中山和国民党当时所能接受的唯一合作形式。当孙中山的夫人宋庆龄问为什么需要共产党加入国民党时，孙中山回答说："国民党正在堕落中死亡，因此要救活它就需要新血液。"

三大作出规定，共产党员在加入国民党时，党必须在政治上、思想上、组织上保持自己的独立性。并且强调：拥护工人农民的自身利益是我们不能一刻遗忘的，"对于工人农民之宣传与组织，是我们特殊的责任；引导工人农民参加国民革命，更是我们的中心工作"。这些决定，都是正确的。可是，在工人阶级应当努力争取对民主革命的领导权问题上，三大没有提出明确的主张。大会作出的"中国国民党应该是国民革命之中心势力，更应该在国民革命之领袖地位"的论断,反映了还处在幼年时期的中国共产党对国民党内复杂情况和日后可能发生的变化估计不足,为后来发生陈独秀右倾机会主义错误埋下了伏笔。

在大革命的洪流到来之时召开的三大,为促进民族民主统一战线的建立、第一次国共合作的形成和轰轰烈烈的大革命高潮的到来,创造了重要的条件,这是三大的重要贡献。

1924年1月20日至30日,中国国民党第一次全国代表大会在广州举行。出席开幕式的代表165人中,有共产党员20人。这次会议在事实上确立了联俄、联共、扶助农工的三大革命政策,从中共二大、西湖会议、中共三大直到国民党一大,第一次国共合作终于正式形成。此后,以广州为中心,汇集全国的革命力量,一场声势浩荡的国民革命即将发生。

> 五四运动以后,产生了中国共产党,促成了第一次国共合作,掀起了五卅运动,发动了北伐战争,造成了第一次大革命。
>
> ——《一二九运动的伟大意义》(1939年12月9日)

1924年至1927年,在中国共产党的积极推动下,中国大地上爆发了一场席卷全国的反帝反封建革命运动。其声势之大、参与之广、程度之深,在中国近代历史上都是前所未有的。人们通常把它称为"大革命"。1939年12月9日,毛泽东在延安各界纪念一二九运动四周年大会上讲话时,重提了那段火热斗争的"大革命"时代。

4 国民大革命:一场史无前例的反帝反封建革命

第一次国共合作实现之后,国民革命的影响很快从中国的南方扩大到中部和北部,工人、农民、士兵、青年学生、中小商人纷纷投身其中,全国范围内出现了一股向帝国主义和军阀势力猛烈冲击的革命洪流。

然而,轰轰烈烈的革命形势并未能掩盖国民党与共产党以及共产党与共产国际之间原本就存在着的微妙而复杂的分歧与矛盾。以陈独秀为代表的中国共产党人,通过观察和分析现实工人运动状况,对资产阶级的动摇性和软弱性有了更深刻的认识。陈独秀从1924年下半年开始发表的一系列文章中,多次对这一问题进行论述,指出无产阶级才是"最不妥协的革命阶级"。国民党方面,右派势力逐步壮大，他们猛烈攻击共产党，要求共产党员退出国民党的呼声甚嚣尘上。共产国际及苏共代表鲍罗廷对国民党右派采取妥协态度，在对中国革命的指导问题上，不切实际地、过高地估计了国民党的革命性，要求共产党不要去和国民党争夺"旗帜"。实际上是要求共产党放弃国民革命的领导权。这一错误指导思想自然遭到中国共产党的强烈抵制。

对鲍罗廷与中国共产党在国共关系认识问题上的严重分歧，共产国际片面地认为：以陈独秀为首的中共中央"从极左的立场上"反对共产国际对中国国民革命运动的策略。为此，共产国际特派维经斯基于1924年11月来到上海，纠正中共中央的路线并协调陈独秀等人与鲍罗廷之间的矛盾。

1925年1月11日至22日，中国共产党第四次全国代表大会在上海举行。出席大会的代表20人，代表党员994人。维经斯基参加了大会。陈独秀代表第三届中央执行委员会作工作报告。大会通过了《对于民族革命运动之议决案》和《第四次全国代表大会宣言》，修改了党章，并分别对职工运动、农民运动、青年运动、妇女运动以及宣传工作和组织问题等作出了议决案。

这次大会的重要贡献是在党的历史上第一次明确提出无产阶级在民主革命中的领导权和工农联盟问题。但是，党的四大在如何实现无产阶级领导权，特别是如何正确处理同资产阶级争夺领导权过程中可能遇到的种种复杂问题，并没有作出具体的回答。对民族资产阶级、政权和武装问题的极端重要性仍缺乏足够的认识。这些不足，在以后革命运动发展中逐步明显地表现出来。

四大后，以工农为主体的革命群众运动进一步发展。1925年5月，一场席卷全国、震惊中外的"五卅"反帝怒潮从上海开始爆发。

上海是中国最大的工业城市，这里集中着80万产业工人，约占全国工人总数的三分之一。这里也是帝国主义列强侵略中国的重要基地，有主要由英国控制的公共租界和法租界。日本和英国等还在上海开设了许多工厂，仅日本开设的纺织厂就有37家，这些工厂雇佣大量女工和童工，残酷地榨取他们的血汗。

1925年5月15日，上海"内外棉"七厂的日本资本家枪杀该厂工人、共产党员顾正红。这一事件激起上海民众的极大愤怒。5月28日，中共中央召开紧急会议，决定5月30日到公共租界举行大规模的反帝示威活动，抗议日本帝国主义血腥镇压中国工人的罪行。5月30日，上海工人和学生在公共租界举行声援纱厂工人的街头宣传和示威游行，并从几路会合到南京路，这时英国巡捕突然发射排枪，打死学生、工人十多人，伤数十人。

这就是举国震惊的"五卅惨案"。

当天深夜，中共中央再次举行紧急会议，决定由瞿秋白、蔡和森、李立三、刘少奇和刘华等组成行动委员会，具体领导和组织全上海民众罢工、罢市、罢课，抗议帝国主义屠杀中国人民。6月1日，由中国共产党领导的上海总工会宣告成立，并宣布为反对帝国主义屠杀中国人民，举行总同盟罢工。随后，上海学生联合会、上海总商会和各马路商界联合会也宣布总罢课和总罢市。

6月1日晚，中共中央又作出决定，由上海总工会联合全国学生联合会、各马路商界总联合会等，组成上海工商学联合委员会，作为运动的公开指挥机关，并决定把斗争推向全国。

在中国共产党的领导和推动下，五卅运动的狂飙迅速席卷全国，各地各阶层广大群众纷纷响应。北京、广州、南京、重庆、天津、青岛、汉口等几十个大、中城市和唐山、焦作、水口山等矿区，都举行成千上万人的集会游行或进行罢工、罢课、罢市。广州和香港的25万工人，在共产党员邓中夏、苏兆征等的领导和广州革命政府的支持下，举行了著名的"省港大罢工"。这场罢工从1925年6月19日开始，一直持续到1926年12月12日，坚持达16个月之久，是世界工运史上持续时间最长的大罢工，在经济上、政治上沉重打击了英帝国主义。有组织的工人阶级也成为广州革命政府的有力支柱，为准备北伐战争作出了突出贡献。

中国人民的反帝斗争得到共产国际、海外华侨和各国劳动人民的广泛同情和支持。共产国际发表文章驳斥帝国主义对五卅运动的种种歪曲，还派遣代表来华参加运动。在世界各地，有近100个国家和地区的华侨举行集会和进行募捐，给五卅运动以有力的支持。在莫斯科，有50万人举行示威游行，声援中国工人。在日本，有30多个工人团体举行盛大演讲会，一面援助中国工人，一面向日本政府和资本家抗议。在英国，工人们积极行动，阻止运输军火的船舰驶往中国。一时间，五卅运动成为具有广泛国际影响的反对帝国主义的斗争。

尽管困难重重，但在上海总工会的领导下，工人坚持罢工斗争三个多月。8月10日，中共中央根据斗争形势，决定改变斗争策略，要求工人有组织地上工。各厂工人在争得资本家接受部分经济要求后，于8月下旬至9月下旬陆续复工。

这场急风暴雨般的五卅运动，也使中国共产党的力量得以壮大。在领导和推动运动向全国发展的过程中，许多党员受组织委派深入内地和边远地区，在不少原来没有党组织的地方建立了党的组织，发展了大批党员。到1925年年底，中国共产党党员达到1万人，比五卅运动前增加了10倍。更重要的是，年轻的中国共产党在实践中积累了领导反帝斗争的经验，提高了对中国革命基本问题的认识，扩大了在群众中的政治影响。

在五卅运动蓬勃发展的有利形势下，国共两党通力合作，平定广东局势，使四分五裂的广东获得统一，成为全国唯一的革命根据地。南方革命形势的高涨，使社会各阶层对帝国主义和北洋军阀的憎恨更加强烈，渴望结束已持续十多年的军阀割据和军阀混战的黑暗局面，实现国家的独立和统一。北伐战争，已是大势所趋，人心所向。

这时，北洋军阀的兵力还很强大，但其内部处在四分五裂的状态中，主要分三支势力：直系军阀吴佩孚，控制着湖南、湖北、河南三省和直隶保定一带，大约有兵力20万人；直系军阀孙传芳，盘踞江苏、浙江、安徽、江西、福建五省，号称"五省联帅"，有军队20万人，战斗力比吴佩孚部强；实力最雄厚的是奉系军阀张作霖，控制着东北三省、热河、察哈尔、京津地区和山东，兵力有30万人。这三支势力之间勾心斗角，存在深刻矛盾，便于各个击破。

对于国民革命军的北伐，在华的苏联顾问和中国共产党人是积极支持的。早在1925年3月，广州革命政府军事顾问加伦就开始筹划北伐问题。五卅运动之后，中国共产党指出，当时全国反帝反封建斗争高涨，尽快"举行北伐是适宜的"，随着国民革命军的北上，将"发挥全国各地工人、农民、城市小资产阶级的潜在革命力量而创造有利的形势"。1926年2月，中共中央在北京召开特别会议，会议认为，党在现时政治上主要的任务，就是从各方面准备北伐。会议还指出，准备北伐，"不仅是广东作军事的准备，更要在广东以外北伐路线必经之湖南、湖北、河南、直隶等省预备民众奋起的接应，特别是农民的组织"。就是说，要将农民运动同革命战争、夺取政权结合起来。

在共产党人的推动下，国民党中央在1925年11月下旬发表的《中国国民党之反奉战争宣传大纲》中提出，将"以最短之时间，积极准备实力，使南北形势发展至相当时限，即发兵北进，领导全国国民为国事之彻底解决"，进而"建设统一全国的国民政府"。蒋介石也先后三次提出国民革命军北伐的问题。然而与此同时，蒋介石又一手导演了反共的"中山舰事件"，并酝酿炮制反共的"整理党务案"，引起共产党人、国民党左派及部分革命将领的愤慨与不满，为国民政府确定北伐的战略决策制造了政治障碍。但为了取得北伐的胜利，蒋介石还需要继续得到中国共产党和苏联的支持，因此一时并没有立刻同共产党公开分裂。国共合作的关系暂时继续保持着。北伐的军事指挥权主要掌握在蒋介石手中。这表明，革命形势虽然在迅速发展，但已经埋伏着严重的危机。

1925年5月，国民革命军第7军一部和第4军叶挺独立团等作为先头部队，出兵湖南，援助正被吴佩孚部击败而退守湘南衡阳的第8军唐生智部，拉开北伐进军的序幕。1926年7月9日，在"打倒列强，除军阀"的雄壮口号声中，国民革命军在广州誓师，正式出师北伐。

北伐军在苏联顾问的建议下，制定了集中兵力、各个歼敌的战略计划。首先向湖南、湖北进军。战事主要在衡山、长沙、汨罗江、岳阳、汀泗桥、贺胜桥及武汉等地进行。10月10日，北伐军攻克武昌，3个月内歼灭吴佩孚在两湖的兵力10多万人，克复湘、鄂两省。在两湖的胜利进军声中，北伐军于9月上旬又开辟了江西、福建战场。战斗主要在赣南、赣西北、南浔路、南昌、永定、泉州等地展开，11月9日攻克南昌，12月8日占领福州，3个多月消灭孙传芳兵力10万多人，收复赣、闽两省。1927年年初，经过整编扩编的北伐各军趁孙传芳部署未完，即分兵东进浙、皖、苏三省，战斗主要在汤溪、兰溪、桐庐、杭州、当涂、南京、松江等地进行，3月21日攻占上海，两天后又攻克南京。至此，北伐军完全占领长江中下游以南各省，基本消灭了吴佩孚、孙传芳两大军阀势力，与奉系张作霖形成南北对峙的局面。1927年4月，武汉国民政府又组织部分北伐军进军河南，大败奉军，与冯玉祥的国民军一道攻占了河南的大部分地区。北伐军在10个月时间里攻占了近半个中国，歼敌数十万人，取得了巨大的胜利。

随着北伐战争的胜利推进，暂时处于低潮的上海工人运动重新高涨起来。1926年秋至1927年春，中共中央和上海区委发动和组织上海工人，连续举行了三次武装起义。特别是在第三次武装起义中，上海工商学各界举行市民代表会议，选举产生上海市政府委员19人，组成上海特别市临时市政府（即上海市民政府），其中共产党员和共青团员占了10人。这个政府在组织领导和组织成分上都体现了工人阶级的领导权，它的成立，是第三次武装起义的直接成果。上海市民政府虽然只存在24天，但是，它却是中国历史上第一个在中国共产党领导下，由民众自己建立起来的人民政权。

随着第一次国内战争形势的发展，湖南、湖北、江西等省份的农民运动也有声有色地开展起来了。其中，湖南农民运动更是成为全国农村大革命的中心。毛泽东、贺尔康、王首道等人成为农民运动的骨干。在党组织的帮助下，他们组建起农民协会，到1926年7月初就发展了20万会员。在正面战场配合北伐军完成侦探、向导、运输、通讯、作战等任务的同时，农协会员还在后方开展打倒贪官污吏，铲除土豪劣绅、破除封建流毒的农村大革命，在许多地方开创了"一切权力归农会"的新的政治局面。到1926年年底，湖南一省会员就发展到130余万人。

在政治上，他们争取民主权利，反对地主阶级的特权，真正实现了"一切权利归农会"；在经济上，严厉打击哄抬物价、囤积居奇等不法行为，实现减租、减息、减押，废除了苛捐杂税；在军事上，收缴反动民团和地主武装的枪械，建立了农民武装；在思想上，猛烈冲击着代表全部封建宗法思想和制度的四种权力——政权、族权、神权、夫权，动摇了束缚农民几千年的精神枷锁；在文化上，禁止赌博、鸦片等一切封建遗毒，开办"夜学"（农民学校），提高自身文化素养。

面对轰轰烈烈的农民运动，土豪劣绅、不法地主和国民党右派等反革命势力从政治、经济和思想文化等方面对广大贫苦农民进行了疯狂的反扑，掀起了一场攻击和破坏农民运动的逆流。他们诬蔑农民是"痞子"、是"惰农"，农民运动"是痞子运动，是惰农运动"，叫嚣着如果不取缔农民运动这种土匪行为的话，"地方就永远不得安宁"。一时间，指责农民运动是"流氓地痞运动""糟得很"的呼声此起彼伏，蒋介石甚至扬言"要限制"这种"过火行为"。此时，年幼的中国共产党还不能从本质上认清这种现象的实质，以陈独秀为代表的党内右倾机会主义者在农民运动问题上做出了错误的判断。他们害怕"过火""过分"的农民运动会影响国共合作的关系，极大地挫伤了农民革命的积极性。

1926年12月12日至18日，中央就农民运动问题在汉口召开特别会议，毛泽东以中共中央农民运动委员会书记的身份参加了这次会议。在这次会议上，以陈独秀为首的党中央作出了限制工农运动发展、反对"耕地农有"和扶持汪精卫以便限制蒋介石军事势力的错误决定。毛泽东并不同意中央十二月会议的决定，面对复杂的政治形势，他开始酝酿进行有关农民运动问题调研事宜，以期获得中国农民和农村的实际情况。

1927年1月4日，在戴述人的陪同下，毛泽东深入当时农民运动发展最为迅猛的湖南考察农民运动。历时三十二天，行程七百余里，走遍湘潭、湘乡、衡山、醴陵、长沙五县。在调查中，毛泽东广泛接触和访问当地群众，召集农民及其运动骨干，取得了大量翔实的第一手资料。2月12日，毛泽东回到中央农民运动委员会驻地武昌，在武昌都府堤41号住所的卧室内，开始撰写《湖南农民运动考察报告》（以下简称《报告》）这篇重要的马列主义文献。

《报告》很快写成了，共两万多字。在《报告》中，毛泽东根据当时农民运动与地主阶级激烈斗争的现实，客观分析了农村中各阶级的革命态度和社会处境，热烈颂扬了大革命中农民群众为推翻乡村封建统治进行的一切革命斗争和历史功业，无情地批判了党内外责难农民运动的各种谬论，重申了中国革命若想取得成功必须依靠农民阶级的立场。

《报告》写成后，从3月5日起，先后在中共湖南区委机关报《战士》周刊、中央机关刊物《向导》周刊、汉口《民国日报》《湖南民报》等报刊上发表、转载。4月，汉口长江书店以《湖南农民革命（一）》为名，将这个报告以单行本的方式出版发行。《报告》中提出的有关中国革命路线的问题在全国乃至国际共产主义运动中都引起了极大的反响。中共中央局委员瞿秋白在为该书的序言中写道："中国革命家都要代表三万万九千万农民说话做事，到战线去奋斗，毛泽东不过开始罢了。中国的革命者个个都应当读一读毛泽东这本书。"1927年5月27日和6月12日，共产国际执委会机关杂志《共产国际》以《湖南的农民运动（报告）》为题，先后用俄文和英文两种语言翻译转载。这是毛泽东第一篇被介绍到国外的文章。英文版的编者按说："在迄今为止的介绍中国农村状况的英文版刊物中，这篇报道最为清晰。"时任共产国际执委会主席团委员的布哈林在执委会第八次全会扩大会上谈到报告时说："我想有些同志大概已经读过我们的一位鼓动员记述在湖南省内旅行的报告了"，并称赞这篇报告"文字精练，耐人寻味"。

《湖南农民运动考察报告》是中国共产党领导农民革命斗争的纲领性文献。报告中关于农村调查的具体实践、问题选择与行动倡导，在历史的紧要关头，为农民运动调查奠定了基础，为革命进一步指明了方向，推动了农村大革命运动的继续发展。

> 一九二七年，大革命失败的前夕，心情苍凉，一时不知如何是好。这是那年的春季。夏季八月七号，党的紧急会议决定武装斗争，从此找到了出路。
>
> ——《对〈毛主席诗词十九首〉的批注》
> （1958年12月21日）

1958年12月21日，毛泽东在文物出版社1958年9月刻印的大字本《毛主席诗词十九首》的书眉上，对他之前创作的一些诗词写下不少批注。这段批注，写在创作于1927年春的《菩萨蛮·黄鹤楼》旁。这首词是："茫茫九派流中国，沉沉一线穿南北。烟雨莽苍苍，龟蛇锁大江。

黄鹤知何去？剩有游人处。把酒酹滔滔，心潮逐浪高！"且不说全词的意境，单从"茫茫""沉沉""苍苍"几个词，就能领略到毛泽东当时的心境。一旁的杨开慧听了说："润之，这首词真好，前几句太苍凉了，后几句一变而显得昂扬、激动，我听了心绪也难平。"毛泽东说："目前武汉的这个局势，叫人心绪怎么静得下来！不过，我想，办法总会是有的。"毛泽东的这首词，写于大革命失败的前夕，"心情苍凉"就不难理解了。

5 八七会议：总结大革命失败的教训

第一次国共合作形成后，国民党内部的限共、反共活动就一直没有停止。到1926年，这种情况变得更为严峻。

1926年1月1日至19日，中国国民党在广州举行第二次全国代表大会。这次会议选出的国民党中央执行委员会委员36人中，共产党只占了7个。在国民党中央监察委员会内，国民党右派更是占了绝对优势。右派代表人物蒋介石在这次大会上第一次当选为国民党中央执行委员，随后又当选为常务委员，在党内的地位得到极大提高和增强。国民党二大结束后不到两个月，3月20日，蒋介石借口中山舰事件，在广州实行紧急戒严，软禁共产党人，解除省港罢工委员会工人纠察队的武装，包围苏联领事馆。事后不久，蒋介石碍于情势发展虽然被迫释放被捕人员，发还所缴获枪支，还表示这次事件只是一次"误会"，但通过这次事件，蒋介石摸清了苏联方面和中国共产党高层妥协退让的态度，更加鼓励了他大胆采取进一步的限共措施。一个多月后，蒋介石在国民党二届二中全会上提出所谓的《整理党务决议案》，规定共产党员在国民党省、市以上高级党部任执行委员的人数不得超过总数的三分之一，共产党员不得担任国民党中央各部部长，等等。由于苏联代表和共产党的一些领导人未能坚持，《整理党务决议案》获得通过。

随着北伐的节节胜利，已经攫取国民党军政大权的蒋介石羽翼已丰。在英美等帝国主义列强的支持下，蒋介石决定武力清共。1927年4月12日，蒋介石发动反革命政变，大肆屠杀共产党人和革命群众。此后，江苏、浙江、安徽、福建、广东、广西等省也相继以"清党"为名，搜捕杀害共产党员和革命群众。4月28日，中国共产党的创始人之一李大钊在北京英勇就义。大革命的形势急转直下。

蒋介石发动反革命政变后，全国形成了三个对峙的政权，即：北洋军阀政府、南京政府、武汉国民政府。其中，只有武汉国民政府还暂时保持着国共合作的局面。面对错综复杂的矛盾和尖锐激烈的斗争，中国共产党需要对形势有清醒的认识并采取果断行动，才能挽救革命。在大革命生死存亡的紧急关头，中国共产党第五次全国代表大会于1927年4月27日至5月9日在武汉召开。

4月27日，中共五大在湖北武昌都府堤武昌师范附小风雨操场开幕。风雨操场实际上是一栋砖木结构的二层学宫式建筑，可容纳千人。这是中国共产党成立七年以来第一次公开举行的大会。出席大会的正式代表82人，代表全国党员57967人。罗易、多里奥、维经斯基组成的共产国际代表团参加了大会，谭延闿、徐谦和孙科组成的国民党代表团到会祝贺，汪精卫应邀列席了一天会议并代表国民党致祝词。4月29日，陈独秀代表第四届中央执行委员会向大会作《政治与组织的报告》。报告涉及中国各阶级、土地、无产阶级领导权、军事、国共两党关系等11个问题。

会上，共产国际代表非但没有针对四一二反革命政变后极为严峻的形势提出相适应的方针政策，反而坚持要执行蒋介石叛变前举行的七次全会通过的决议，态度十分强硬。尽管部分中共代表对此有不同看法，但全会最终还是接受了共产国际执行委员会第七次扩大会议提出的关于中国革命问题的决议案，并根据这个决议案的精神，讨论并通过了《中国共产党接受共产国际执委会第七次全体会议关于中国问题决议案之决议》《政治形势与党的任务议决案》《土地问题议决案》《职工运动议决案》《中国共产党第五次代表大会宣言》。

五大是在蒋介石发动反革命政变后这样一个非常状态下召开的。全党都期待着在这次会议上中央能清醒地判断形势，找到如何从危机中走出来的道路。然后，这次会议既没有正确总结经验教训，又没有提出挽救时局的方略，反而继续提出一些错误主张。

大会通过的《政治形势与党的任务议决案》认为：中国的资产阶级已经背叛，中国革命已经发展到建立"工农小资产阶级之民主独裁制"的阶段，"应该以土地革命及民主政权之政纲去号召农民和小资产阶级"，使革命向非资本主义前途发展。这些在当时都是脱离实际的空谈。决议一方面把蒋介石的叛变看作整个资产阶级的叛变，把民族资产阶级当作革命的对象，这种看法并不符合事实，在以后导致对资产阶级采取过左的行动。另一方面，它又把由汪精卫看作小资产阶级的代表，把汪精卫、唐生智控制的武汉政府看作工农小资产阶级的联盟，这就导致对汪精卫、对武汉政府采取右的迁就主义政策，对其公开叛变革命的严重危险缺乏清醒的认识和足够的精神准备。

五大并没有解决当时最紧迫、最关键的问题。大会既没有在争取革命领导权、开展土地革命、建立直接受党领导的革命武装等方面采取坚决有效的措施，也没有对国民政府的日益右倾化现象进行批评和抵制，更没有对接二连三发生的反革命政变和血腥屠杀共产党人、工农群众暴行进行坚决有力地反击，甚至没有深入讨论研究军事问题，制订应变方案和对策。共产国际此时一方面要求中共实行土地革命，另一方面却要求保持与国民党合作关系，不要破裂联合战线；一方面要中共争取领导权，另一方面又强调要依靠国民党和国民政府在各方面发挥它们的作用，这样的政策在执行过程中必然会发生不可调和的矛盾。

五大召开前后，武汉国民政府所辖地区的危机越来越严重。1927年5月17日，第十四独立师师长夏斗寅率部进逼武昌附近的纸坊。5月21日，第三十五军第三十三团团长许克祥在长沙发动反革命事变，捕杀共产党员和革命群众100多人，史称马日事变。6月6日，江西省政府主席、第五方面军总指挥朱培德以"礼送出境"为名，把大批共产党员和国民党左派逐出江西。形势急剧恶化，反革命活动声浪日上的形势下，以汪精卫为首的武汉国民党中央和国民政府迅速走向反动。到7月15日，汪精卫叫嚣着"宁可枉杀一千，不可使一人漏网"，也举起了反革命屠刀。至此，轰轰烈烈的国民大革命归于失败。

突如其来的大屠杀,让共产党人猝不及防。周恩来后来曾痛心地说:"敌人可以在几分钟内毁灭了我们的革命领袖,我们却不能在几分钟内锻炼出我们新的领袖。"

1927年8月7日,中共中央在湖北汉口秘密召开紧急会议,彻底清算并纠正在大革命后期的严重错误,制定新的路线和政策。由于环境极其险恶,这次会议只开了一天,史称八七会议。

会上,新来中国的共产国际代表罗米那兹作关于《党的过去错误及新的路线》的报告和结论,瞿秋白代表中央常委会作将来工作方针的报告。还有许多同志发言批评中央在处理国民党问题、农民土地问题、武装斗争问题等方面的右倾错误,批评苏联顾问、共产国际代表的一些错误。

会议通过《中国共产党中央执行委员会告全党党员书》等文件,要求坚决纠正党在过去的错误,号召广大党员和革命群众继续战斗。对于以陈独秀为首的中央在大革命后期所犯的右倾机会主义错误,会议旗帜鲜明地指出:它在同国民党的关系上,完全放弃了共产党自己的独立的政治立场,一味妥协退让;在革命武装问题上,始终没有想着武装工农的必要,没有想着造成真正革命的工农军队;在土地革命问题上,没有积极支持和领导农民革命运动,而受国民党领袖恐吓犹豫的影响,不能提出革命的行动政纲来解决土地问题;在党内领导问题上,中央不受群众的监督,党内缺乏民主生活,等等。

会议总结大革命失败的教训,讨论党的工作任务,确立了实行土地革命和武装反抗国民党反动派的总方针。

关于土地革命,会议根据共产国际的指示,明确提出土地革命是中国资产阶级民主革命的中心问题,是中国革命新阶段的主要的社会经济内容。会议指出:现实主要的是用"平民式"的革命手段来解决土地问题,没收大地主及中地主的土地,没收一切所谓公产的祠族庙宇等土地，分给佃农或无地的农民。对于小地主则应减租。这一决定，回答了此时中国革命所面临的要害问题。

关于武装斗争，会议明确提出：党的现实最主要的任务是有系统地、有计划地、尽可能地在广大区域内准备农民的总暴动。为此，决定调派最积极的、坚强的、有斗争经验的同志到各主要省区，发动和领导农民暴动，组织工农革命军队，建立工农革命政权，解决农民土地问题。会议还强调，工人运动和农民武装暴动必须互相结合，要注意武装工人及其暴动巷战等军事训练，即刻准备能响应乡村农民的暴动，工人阶级应时刻准备能领导并参加武装暴动。出席会议的毛泽东在发言中突出地强调："以后要非常注意军事，须知政权是由枪杆子里取得的。"

会议还选出了中共中央临时政治局。苏兆征、向忠发、瞿秋白、罗亦农、顾顺章、王荷波、李维汉、彭湃、任弼时被选为委员；邓中夏、周恩来、毛泽东、彭公达、张太雷、张国焘、李立三被选为候补委员。会议通过的《党的组织问题议决案》规定，在党的第六次全国代表大会召开之前，由中央临时政治局执行中央委员会的一切职权。8月9日，中央临时政治局第一次会议选举瞿秋白、李维汉、苏兆征为常务委员会委员。

由于受到共产国际代表及其代表的"左"倾思想和党内"左"倾情绪的影响，八七会议在反对右倾错误时没有防止"左"的错误，反而容许和助长了冒险主义和命令主义的倾向，其发展给后来的中国革命造成很大的危害。

但总的说来，八七会议确定的土地革命和武装反抗国民党反动派的总方针，是党在付出了惨痛的牺牲之后得出的正确结论。这个总方针的确立，给正处在思想混乱和组织涣散中的中国共产党指明了新的出路，为挽救党和革命作出了巨大贡献。中国革命从此开始由大革命失败到土地革命战争兴起的历史性转变。

八七会议之后，党派出许多干部分赴各地，恢复和整顿党组织，组织领导武装起义。中国共产党人在黑暗中高举起革命的旗帜，开启了与国民党反动派之间血与火的抗争。

> 我们的战争是从一九二七年秋天开始的，当时根本没有经验。南昌起义、广州起义是失败了，秋收起义在湘鄂赣边界地区的部队，也打了几个败仗，转移到湘赣边界的井冈山地区。第二年四月，南昌起义失败后保存的部队，经过湘南也转到了井冈山。然而从一九二八年五月开始，适应当时情况的带着朴素性质的游击战争基本原则，已经产生出来了，那就是所谓"敌进我退，敌驻我扰，敌疲我打，敌退我追"的十六字诀。
>
> ——《中国革命战争的战略问题》（1936 年 12 月）
>
> 从中央红军到达陕北至 1937 年上半年，中共中央赢得了一段并不算短暂的休整时间，毛泽东也充分利用了这段时间对党的历史经验进行深入的理论思考。其中，关于总结中央红军反第五次军事围剿失利问题是他思考的重点之一。《中国革命战争的战略问题》因此而生。在引文中，毛泽东回顾了共产党人不断总结武装斗争经验的过程。

6 南昌起义、秋收起义、广州起义：武装反抗国民党的统治

在蒋介石和汪精卫相继背叛革命后，国内政治局势陡然逆转，轰轰烈烈的大革命归于失败。面对国民党反动派要将共产党人斩尽杀绝的黑暗局面，革命者只剩下唯一的选择：高举革命大旗，进行

武装抵抗。

南昌起义是中国共产党在极端危急的关头，向国民党反动派打响的第一枪，标志着中国共产党独立领导革命战争、创建人民军队和武装夺取政权的开端。

1927年7月中旬，中共中央决定，成立以周恩来为首的前敌委员会，领导国民革命军第四集团军第二方面军的部分部队举行武装起义。8月1日，在周恩来、贺龙、叶挺、朱德、刘伯承等人的率领下，北伐军两万多人在南昌宣布起义。经过四个多小时的激烈战斗，起义部队占领了南昌城。随后，根据中共中央的预定计划，迅速撤离南昌，经过赣南、闽西，直奔广东潮汕地区，准备同广东东江地区农民起义军汇合。9月下旬，起义军占领潮安、汕头，主力部队经揭阳向汤坑西进。10月初，严重减员的起义部队遭到优势敌军的围攻，终于失败。保存下来的部队，一部分转移到海陆丰地区同当地农民武装汇合，另一部分在朱德、陈毅率领下，经赣南、粤北转入湘南，开展游击战争。

南昌起义像平地里的一声惊雷，使千百万革命群众在经历了一系列的严重挫败后，又在黑暗中看到了光明。中国共产党从此有了自己领导下的人民军队，这在党的历史上开辟了一个新的时期。

南昌起义后六天，中共中央即在汉口召开了八七会议，确定了土地革命和武装反抗国民党反动派的总方针。在这之前的8月3日，中共中央已制定《关于湘鄂粤赣四省农民秋收暴动大纲》，决定在农民运动基础较好的这4个省举行秋收起义。八七会议一结束，毛泽东就作为中央特派员赴湖南去改组中共湖南省委并领导秋收起义。

1927年8月30日，湖南省委召开常委会议，讨论秋收起义的最后计划。会议决定秋收起义的领导机关分为两个：一个是由各军事负责人组成的党的前敌委员会，这个是秋收起义的军事指挥机关，以毛泽东为书记，作为武装起义的军事指挥机关。负责将修水、铜鼓、安源的工农武装力量编成工农革命军第一师，发动起义。另一个是党的行动委员会，由起义地区各地方党委负责人组成，以易礼容为书记，负责地方工作。会议决定集中力量在基础较好的平江、浏阳、醴陵等县和安源发起暴动，然后夺取长沙。

起义计划确定后，毛泽东先是从长沙来到株洲，然后又前往安源。在株洲，他会见了朱少连、陈永清等骨干，向他们传达了湖南省委的精神，并就具体部署进行了商量。9月初，他又到了安源，在张家湾组织召开了秋收起义的战前动员会。会后，毛泽东和浏阳县委书记潘心源、安源俱乐部党员易子义从安源出发去铜鼓，组织第三团暴动。

9月9日，由毛泽东、卢德铭亲自领导的秋收起义爆发了。一师下辖三个团，五千人分别向平江、湘乡、浏阳三地同时进兵。毛泽东亲自领导了第三团。

秋收起义的最初计划是由一团攻打平江，二团攻打萍乡、醴陵，三团攻打浏阳，然后完成对长沙的合围。然而，由于敌人兵力强大，加之我方分兵作战，力量薄弱，三路大军相继受到重创，兵员锐减到一千五百人，再打长沙已经不可能。在这种情况下，毛泽东果断决策停止进攻，将兵力集中到文家市。在9月19日晚召开的前敌委员会会议上，毛泽东提议放弃长沙，将起义军转移到敌人力量薄弱的农村山区，保存实力，再图发展。第二天清晨，起义军旋即开拔，一路历经艰险南下，于9月29日到达江西永新县三湾村。在这里，毛泽东将不足一千人的部队进行了改编，编为工农革命军第一军第一师第一团，团下辖一、三两个营。部队内部实行民主制度，官兵平等，各级部队分别建立党组织，一切重大问题均由党组织集体讨论决定。这次改编，被认为是建设新型人民军队的开端。

10月3日，部队离开三湾，转移到宁冈北部的古城。毛泽东在这里召开了前委扩大会并作了动员。他说："敌人在我们后面放冷枪，没有什么了不起。大家都是娘生的，敌人有两只脚，我们也有两只脚。贺龙同志两把菜刀起家，现在当军长，带了一军人。我们现在不只两把菜刀，我们有两营人，七百多条枪，还怕干不起来吗？"

会后，毛泽东决定将这支不足七百人的队伍带上井冈山。从此，中国革命走上了一条在农村建立革命根据地、以保存和发展革命力量的正确道路。这条道路，代表了1927年大革命失败后中国革命的方向。

继南昌起义和秋收起义后，中国共产党又领导发动了广州起义。

1927年11月，粤、桂军阀之间为争夺地盘爆发战争。张发奎将粤军主力调往肇庆、梧州一带，使得广州城内兵力空虚。广东省委书记张太雷根据中共中央的指示，成立了革命军事委员会，准备适时发动起义。12月11日凌晨，在张太雷、叶挺、黄平（革命军事委员会委员之一，1932年12月在天津被捕叛变）、周文雍、叶剑英、苏兆征、聂荣臻、徐向前、杨殷的领导下，国民革命第四军教导团全部、警卫团一部和广州工人赤卫队七个联队以及市郊部分农民武装，联合发动了广州起义。在广州的苏联、朝鲜、越南的部分革命者和使领馆人员也参加了起义。经过几个小时的激战，起义军占领广州的绝大部分市区。随即成立了广州苏维埃政府，提出"打倒帝国主义""打倒军阀""镇压地主豪绅"的政治纲领，并颁布了维护工农利益的法令。

在敌强我弱的情况下，起义军不可能坚守广州。当晚，叶挺就主张在粤军主力尚未回师广州之前，应迅速把起义军撤出广州，退向农村。然而，共产国际代表诺依曼和起义军中部分将士坚持"城市中心论"的观点，拒绝了这一正确意见，错过了保存实力的最好时机。就这样，因寡不敌众，在起义的第三天，广州起义最终失败了。张太雷壮烈牺牲。在接下来的六天中，粤军在城内大肆搜捕起义人员和地下党，共屠杀了5700多名共产党员和革命群众。

广州起义是共产党人对抗国民党反动派叛变革命又一次英勇反击。起义失败后，广东省委及时将武装力量分散出去，继续坚持斗争，保留了革命的火种。

南昌起义、秋收起义和广州起义，是中国共产党武装反抗国民党反动统治的三次较大规模的起义。此外，湖南、湖北、广东、江西、福建以及陕西、河南、直隶等省的党组织，根据党的八七会议精神，也领导发动了多次武装起义。在湖南南部，朱德、陈毅率领南昌起义军余部由广东进入后，在中共湘南特委和当地农军的配合下，发动了湘南起义；在湖北的洪湖地区和湖南的桑植地区，有周逸群、贺龙领导的湘鄂西起义；在鄂豫边，有中共黄麻特委领导的黄安、麻城起义；在广东，有以海丰、陆丰为中心的东江起义，还有中共琼崖特委领导的琼崖起义；在江西，有以吉安县东固为中心的赣西南起义和以弋阳、横峰为中心的赣东北起义，还有万安起义；在福建，有郭滴人、邓子恢、张鼎丞等领导的闽西起义；在陕西，有唐澍、白乐亭、谢子长等领导的清涧起义，还有刘志丹等领导的渭南、华县起义；在河南，有李鸣歧、马尚德（即杨靖宇）等领导的确山起义；在直隶，有中共北方局和顺直省委领导的玉田起义等。

这些武装起义表明，革命的火种是反革命镇压扑灭不了的。但是从全局来看，这一时期革命力量还很弱小，革命形势仍处于低潮。起义之后能坚持下来的地区，大多是处于数省边界、距离国民党统治的中心城市较远的偏僻山区。这也使越来越多的革命者开始认识到，中国共产党人不可能像俄国十月革命那样通过首先占领中心城市来取得革命在全国的胜利。到农村去，特别是到那些受过大革命风暴影响的农村中去，才会有革命发展的广阔天地。

应该指出，第六次全国代表大会的路线是基本上正确的，因为它确定了现时革命的资产阶级民主主义性质，确定了当时形势是处在两个革命高潮之间，批判了机会主义和盲动主义，发布了十大纲领等，这些都是正确的。第六次全国代表大会亦有缺点，例如没有指出中国革命的极大的长期性和农村根据地在中国革命中的极大的重要性，以及还有其他若干缺点或错误。但无论如何，第六次全国代表大会在我党历史上是起了进步作用的。

——《学习和时局》（1944年4月12日）

抗日战争进入战略相持阶段后，为了肃清党内"左"、右倾错误影响，进一步统一全党思想，1941年初至1945年，毛泽东在以延安为中心的全党范围内发动了一场以马克思主义理论教育为主、以提供夺取全面抗战胜利的思想保障为目的、历时四年的整风运动。运动期间，毛泽东多次作了报告。1944年4月12日，毛泽东在中共中央西北局高级干部会议上作关于学习问题与时局问题的报告。这个报告和同年5月20日在中央党校的报告，合并整理成《学习和时局》一文。对党的第六次全国代表大会的评价，就出自这篇文章。

7 中共六大：唯一一次在国外召开的党的代表大会

大革命失败后，国内政治形势和社会环境迅速恶化，全国笼罩在一片白色恐怖之中。中国共产党及时调整斗争策略，转入秘密状态，开始独立领导中国革命。但在现阶段革命的性质、对象、动力、前途等重大问题的认识上，党内还存在着一定的分歧和争论。与此同时，八七会议后，由于中国共产党领导的武装斗争此起彼伏，革命形势出现了一定的转变，但"左"倾情绪逐步滋长起来。针对这些问题，中共中央迫切需要召开一次全党代表大会认真加以解决。

中共六大的召开经过了长时间的酝酿和准备。八七会议曾提出，要在半年之内召开六大。1927年11月、1928年1月，中央临时政治局又两次做出召开六大的决定，并规定了产生代表的办法、党员人数与代表的比例、代表的党龄和青年团中央应出席代表的人数。然而，六大在国内召开已很不现实。此时，国内的白色恐怖已十分严重，要找到一个安全的开会地点十分困难。对于一些重大问题，中共中央也迫切需要得到共产国际的及时指导，会议期间必须确保信息传递的安全性和及时性。另一方面，鉴于中共领导人在实践斗争中相继犯了右倾机会主义和"左"倾盲动主义的错误，共产国际也需要对其进行直接指导，会址定在中国国内显然无法达到预期效果。反复权衡之后，共产国际不惜冒极大风险、花大量金钱，决定将上百名中国共产党的代表偷渡到苏联莫斯科来，在其直接指导下召开中国共产党第六次代表大会，进而达到彻底改组中共中央领导机关、进一步推动中国革命之目的。最终，党的六大决定在莫斯科召开。这也成为中国共产党历史上唯一一次在国外召开的代表大会。

1928年4月下旬至5月上旬，瞿秋白、周恩来等中央领导人和100多位代表分批秘密前往莫斯科，开始进行紧张的大会筹备工作。共产国际和联共（布）对中共六大准备工作给予了许多指导和帮助。斯大林在会见瞿秋白、苏兆征、李立三、向忠发、周恩来等中共领导人时指出：中国革命是资产阶级民主革命，不是"不断革命"，也不是社会主义革命；现在的形势不是高潮，而是两个革命之间的低潮。布哈林以共产国际代表的身份召集瞿秋白等21人举行"政治谈话会",就中国革命的性质、任务和形势,以及党在今后的路线、方针、政策等问题交换了意见。他们的谈话,对澄清中共党内在革命性质和革命形势问题上的模糊认识,具有重要的指导作用。

6月18日至7月11日,中国共产党第六次全国代表大会在莫斯科南部的纳罗法明斯克地区五一村召开,这里距离莫斯科市区大约有40公里。六大的主会场原是俄罗斯沙皇时代大贵族穆辛·普希金庄园的一座三层的楼房,即五一村帕尔科瓦亚大街18号旧庄园主楼。它因其白墙在阳光下光耀夺目、非常美丽,被称为"银色别墅"。出席大会的代表共142人,其中有选举权的代表84人。会上,瞿秋白代表第五届中央委员会作政治报告,周恩来作组织报告和军事报告,李立三作农民问题报告,向忠发作职工运动报告,布哈林代表共产国际作《中国革命与中国共产党的任务》的政治报告和关于政治报告的结论。大会通过了关于政治、军事、组织、苏维埃政权、农民、土地、职工、宣传、民族、妇女、青年团等问题的决议,以及经过修改的《中国共产党党章》。

大会分析了大革命失败后中国的社会情况,指出:中国仍然是一个半殖民地半封建的国家,引起现代中国革命的基本矛盾一个也没有解决,因此,"中国革命现在阶段的性质是资产阶级性的民权主义革命"。针对当时不少党员认为资产阶级既然已经退出革命,中国革命的性质便不再是资产阶级民主革命的错误认识,大会指出:应该以革命的任务来决定革命性质,而不是以革命动力来决定革命性质。这个判断在当时解答了党所面临的一个新问题。对中国革命的形势和任务,大会指出:当前中国的政治形势是处在两个革命高潮之间,即低潮时期。在这个时期,反革命的势力还超过工农,党的总路线是争取群众。大会总结了党领导的军事运动和红军建设的经验,提出加强军事斗争的任务。大会指出:必须努力扩大农村革命根据地,发展红军,实行土地革命,建立苏维埃政权。这是当前中国革命的"中心任务"。

大会总结了过去革命斗争的经验教训，提出反对"左"、右两种错误倾向。大会通过的决议案在指出大革命失败的客观原因的同时，进一步批评了党的领导机关的右倾机会主义错误，认为它是造成大革命失败的主要原因，其要害是放弃革命领导权。在基本肯定大革命失败后党所进行的斗争的同时，也批评了"左"倾盲动错误，并着重指明，目前最主要的危险倾向就是盲动主义和命令主义，"他们都是使党脱离群众的"。

大会选举出由中央委员23人、候补中央委员13人组成的中央委员会，以及由3名委员、2名候补委员组成的中央审查委员会。随后，六届一中全会选举苏兆征、项英、周恩来、向忠发、瞿秋白、蔡和森、张国焘为中央政治局委员，关向应等7人为政治局候补委员。7月20日召开的政治局第一次会议，选举向忠发为中央政治局主席兼中央政治局常委会主席，周恩来为中央政治局常委会秘书长。武汉码头工人向忠发被选为党的主要负责人，这是受到当时共产国际选拔干部时片面强调工人成分的影响。事实上，向忠发没有能力在中央起主导作用。1931年6月，向忠发在上海被捕叛变，随即被国民党枪杀。在六大召开以后一段时间内，党的实际负责人是周恩来。

在六大召开期间，考虑到以往派驻中国的代表屡犯错误和中国白色恐怖严重的实际情况，共产国际决定在莫斯科设中共驻共产国际代表团，协助共产国际指导中国革命。六大结束后，瞿秋白、张国焘、邓中夏、王若飞等人即作为中共常驻共产国际和赤色职工国际、农民国际的代表，留驻莫斯科开展工作，以瞿秋白为代表团负责人。

六大是一次有着重大历史意义的大会。它集中解决了当时困扰党的两大问题：一是在中国社会性质和革命性质问题上，指出现阶段的中国仍是半殖民地半封建社会，引起中国革命的基本矛盾一个也没有解决，现阶段的中国革命依然是资产阶级性质的民主主义革命；二是在革命形势和党的任务问题上，明确了革命处于低潮，党的总路线是争取群众，党的中心工作不是千方百计地组织暴动，而是做艰苦的群众工作，积蓄力量。这两个重要问题的解决，澄清了党内长期存在的错误认识，基本上统一了全党思想，对克服党内存在的"左"倾情绪，实现工作上的转变，起了积极的作用。六大也有不足，主要是：仍把城市工作放在中心地位，没有认识到中国革命的长期性和复杂性；仍把民族资产积极看作革命的敌人，对中间派的重要作用以及反动势力内部的矛盾分析和认识不足。

在六大召开后的两年间，出现了革命走向复兴的局面。大革命失败后似乎已陷入绝境的中国共产党，经过艰苦的斗争，又重新壮大起来了。

> 一国之内,在四围白色政权的包围中间,产生一小块或若干小块的红色政权区域,在目前的世界上只有中国有这种事。我们分析它发生的原因之一,在于中国有买办豪绅阶级间的不断的分裂和战争。只要买办豪绅阶级间的分裂和战争是继续的,则工农武装割据的存在和发展也将是能够继续的。此外,工农武装割据的存在和发展,还需要具备下列的条件:(1)有很好的群众;(2)有很好的党;(3)有相当力量的红军;(4)有便利于作战的地势;(5)有足够给养的经济力。
>
> ——《井冈山的斗争》(1928年11月25日)
>
> 这是1928年11月25日毛泽东代表中共红四军前委给中央写的报告。报告全面总结了井冈山工农武装割据的经验,进一步阐明了"工农武装割据"的思想,得出了中国红色政权能够继续存在和发展的结论。井冈山革命斗争的星星之火,点燃了中国革命的燎原之势。

8 井冈山的斗争:星星之火,可以燎原

在全党为挽救革命、寻找革命新道路而进行艰苦探索的过程中,以毛泽东为主要代表的一批共产党人,经过创建和发展农村革命根据地的实践,逐步走出了一条符合国情的革命道路。从进攻大城市转为向农村进军,是中国革命具有决定意义的新起点。

1927年10月,毛泽东率领秋收起义的工农革命军,到达地

处湘赣边界罗霄山脉中段的井冈山，利用国民党新军阀之间发生战争、井冈山地区敌人兵力空虚的大好时机，开始创建以宁冈为中心的井冈山农村革命根据地。工农革命军首先在边界各县进行打倒土豪劣绅、发动群众的游击暴动，在此基础上开展分田斗争，建立县、区、乡各级工农民主政权。

为了加强党的领导，以毛泽东为书记的前敌委员会先后派出党员干部，恢复、整顿和发展各县的党组织。到1928年2月，先后成立了宁冈、永新、茶陵、遂川四个县委和酃县特别区委，莲花县也开始建立党的组织。

前委十分重视军队建设，注重政治教育，加强对军队的无产阶级思想领导。毛泽东要求改变过去军队只顾打仗的旧传统，担负起打仗消灭敌人、打土豪筹款子、做群众工作三项任务。1928年4月，毛泽东又总结从事群众工作的经验，为部队制定了三大纪律、六项注意。三大纪律是：第一，行动听指挥；第二，不拿工人农民一点东西；第三，打土豪要归公。六项注意是：一、上门板；二、捆铺草；三、说话和气；四、买卖公平；五、借东西要还；六、损坏东西要赔。以后，六项注意又增加洗澡避女人和不搜俘虏腰包两项，发展为三大纪律、八项注意。这些规定对于革命军队的建设，对于正确处理军队内部关系特别是军民之间的关系，起了很大的作用。

与此同时，前委还对袁文才、王佐的地方农民武装进行改造，并积极帮助湘赣边界各县建立县赤卫队和暴动队。1928年2月，工农革命军打破江西国民党军队的第一次"进剿"，先后攻克茶陵、遂川、宁冈三个县城，成立县工农兵政府。这样，以宁冈为中心的湘赣边界革命根据地初步形成。

这个时候，朱德、陈毅率领的南昌起义余部，在发动湘南起义后，带领一万多人向井冈山转移。1928年4月下旬，朱德和毛泽东两军会师，合编为中国工农革命军第四军（不久改名为工农红军第四军），毛泽东任党代表和军委书记，朱德任军长。在成立中共湘赣边界特委和边界苏维埃政府后，红军接连击破国民党军队的三次"会剿"，使井冈山根据地得到发展和巩固。7月，彭德怀、滕代远、黄公略领导一部分国民党军队在湖南平江举行起义，组成红军第五军，12月到达井冈山与红四军会合，进一步壮大了红军的力量。

随着根据地的逐步稳定，1928年5月至7月，在边界各县掀起全面分田的高潮。各县、区、乡分别成立由贫苦农民组成的土地委员会，主持分田工作。一般以乡为单位，男女老幼一律按人口平分，以原耕地为基础，好坏搭配。1928年12月，在总结分田经验的基础上，颁布了井冈山《土地法》。这是中国共产党领导农民实行土地改革的第一次尝试，有着重大的意义。

在创建井冈山根据地的过程中，红军中有人对这种处在白色政权包围之中的小块红色政权缺乏信心，提出"红旗到底打得多久"的疑问。1928年10月召开的湘赣边界党的第二次代表大会，通过毛泽东起草的决议，它的第一部分《中国的红色政权为什么能够存在？》，即回答了这个问题。决议指出，由于中国是帝国主义间接统治的经济落后的半殖民地国家，半封建的地方性的农业经济（不是统一的资本主义经济）和帝国主义对中国实行划分势力范围的政策，使反动统治阶级内部不断发生分裂和战争。红色政权可以利用这种条件坚持下来并得到发展。只要有继续向前发展的革命形势，有很好的党并制定正确的政策，有很好的群众，有相当力量的红军，有便利于作战的地势和提供足够给养的经济力，红色政权就能够存在和发展。

在全国处于革命低潮的时候，毛泽东、朱德等领导的井冈山根据地的斗争，代表着中国革命发展的正确方向。井冈山根据地在建立革命武装、深入土地革命、加强政权建设等方面取得的显著成绩，为中国共产党领导的各地起义武装树立了榜样，也在广大革命者心中燃起了新的希望。在党的领导下把武装斗争、土地革命和建立革命政权三者结合起来的工农武装割据的思想和实践，虽然还没有在全党解决以农村为工作中心的问题，但已为解决这个问题奠定了基础。

井冈山的发展，引起了蒋介石的注意。1930年10月，刚刚结束了中原大战的蒋介石，立即调集10万兵力，任命江西省主席鲁涤平为总司令，第十八师师长张辉瓒为前线总指挥，向各革命根据发动了第一次大"围剿"。"围剿"的重点，是中央根据地和红一方面军。

与以往一省的"进剿"和几省的"会剿"不同，这时的大规模"围剿"已成为南京政府统一指挥下的全局行动，规模也大了很多。

12月7日，蒋介石亲抵南昌，召开"剿共军事会议"。会上，蒋介石制定了"长驱直入，外线作战，分进合击，猛追猛打"的十六字"围剿"方针。

兵来将挡，水来土掩。面对蒋介石的汹汹气势，在12月25日在离东固不远的小布镇召开的"苏区军民歼敌誓师大会"上，毛泽东用对联的形式提出了反"围剿"作战方针：

敌进我退，敌驻我扰，敌疲我打，敌退我追，游击战里操胜券；
大步进退，诱敌深入，集中兵力，各个击破，运动战中歼敌人。

毛泽东与蒋介石，两位产生于大时代的大人物，就这样第一次正面交手了。

"诱敌深入"的方针确立后，红军就掌握了战斗的主动权。12月30日凌晨，细雨浓雾。在龙冈地区的狭窄山路上，预先设伏的红军对张辉瓒部队发起了突然袭击。经过8个小时的激战，全歼敌军近一万人，活捉了张辉瓒。接着，红军乘胜东击，又在东韶歼灭谭道源部第五十师3000多人，其他各路敌军仓皇逃走。红军在五天内连打两个胜仗，歼敌15000多人，缴获各种武器12000余件，取得了第一次反"围剿"的胜利。

如此大快人心，毛泽东欣然写下一首《渔家傲·反第一次大"围剿"》来纪念这次战斗：

万木霜天红烂漫，天兵怒气冲霄汉。雾满龙冈千嶂暗，齐声唤，前头捉了张辉瓒。

二十万军重入赣，风烟滚滚来天半。唤起工农千百万，同心干，不周山下红旗乱。

1931年2月，蒋介石任命军政部部长何应钦兼任南昌行营主任，统一指挥湘、鄂、赣、闽四省"围剿"部队，投入20万军队，对中央苏区根据地发动第二次大"围剿"。鉴于上次失败的教训，蒋介石改变了作战方针，指示"围剿"部队"以厚集兵力、严密包围及取缓进为要旨"，以"稳扎稳打、步步为营"为战术，并实行严格的经济封锁。4月1日，国民党军队分四路向中央根据地大举进攻，其部队从江西吉安向东延伸到福建建宁，构成了一条长达800里的弧形阵线。苏区中央局经过反复讨论，仍决定采取毛泽东提出的"诱敌深入"的方针，反对"分兵退敌"和退出中央苏区两种错误主张。红一方面军依托根据地的有利条件，集中主力，选择敌军薄弱环节，保证每战拥有优势兵力，先打弱敌，之后由西向东横扫，各个歼灭敌人。自1931年5月16日的半个月中，红军从赣江东岸打到闽西北山区，横扫700里，接连打了富田、白沙、中村、广昌、建宁五个胜仗。歼敌3万多人，缴枪2万余支，痛快淋漓地打破了国民党军队的第二次"围剿",进一步扩大了中央根据地。蒋介石闻讯痛心疾首,哀叹曰:"我们十个人不能当一个人用,我们三十万人,打不过他们三万兵。"

在取得第二次反"围剿"的重大胜利后,兴奋不已的毛泽东又填了一首词《渔家傲·反第二次大"围剿"》:

白云山头云欲立,白云山下呼声急,枯木朽株齐努力。枪林逼,飞将军自重霄入。七百里驱十五日,赣水苍茫闽山碧,横扫千军如卷席。有人泣,为营步步嗟何及!

第二次"围剿"的失败让蒋介石恼羞成怒。他随即亲自部署第三次大"围剿"计划,并亲赴南昌指挥作战。

7月,蒋介石自任"围剿"军总司令,以何应钦为前线总司令,聘用英、日、德等国的军事顾问,调集军队30万人,立刻发动第三次"围剿"。倚仗有十倍于红军的兵力,蒋介石采取了"厚集兵力,分路围攻,长驱直入"的战术。其意图是:"分路围剿,务期先将匪军主力击破,捣其匪巢,然后逐渐清剿,再图根本肃清。"

毛泽东仍决定采取"避敌主力,打其虚弱"的打法,亲率红军主力绕道千里,到赣南兴国集中。待各路敌军纷纷逼近之时,红军突然从敌军中间的空隙穿出,在敌军主力背后接连打了三个大胜仗,歼敌1万多人。蒋介石立刻命令所有部队掉头东追,红军以一小部分兵力伪装主力吸引国民党军队一直向东北开去,主力部队再度穿越敌军重兵之间的大山,回到兴国境内隐蔽休整。到敌方发觉时,红军已休整半个月。敌军饥疲沮丧,只好下决心退却。红军乘势再歼敌3万多人,缴枪1.4万余支。这样,蒋介石亲自指挥的第三次"围剿"又以失败告终。战前誓要"剿灭赤匪"、不成功则"舍命疆场"的蒋介石仓皇败逃。第三次反"围剿"战斗胜利后,赣南、闽西两个革命根据地连成一片，形成拥有21座县城、面积5万平方公里、居民达250人的中央革命根据地。

中央根据地红军三次反"围剿"的胜利，对国民党军队是一个重大的打击。在第三次反"围剿"结束后不久，国民党第二十六军1.7万余人，在参谋长、地下党员赵博生和重要将领季振同、董振堂、黄中岳等以及中共秘密特别支部的领导下，于12月14日在江西宁都起义，改编为中国工农红军第五军团。宁都起义在国民党军队中引起很大震动，同时也使红军增加了一支生力军。

在中央根据地进行三次反"围剿"斗争的同时，鄂豫皖、湘鄂西、赣东北、湘赣、湘鄂赣等根据地的反"围剿"斗争也取得重大胜利。在约一年半的战斗中，各根据地共歼灭敌正规军20余万人，给国民党反动统治以重大打击；主力红军发展到约15万人，农村革命根据地得到进一步巩固和扩大。第三次反"围剿"胜利后，中国共产党拥有十万兵力，建立起十多块根据地，地跨江西、湖南、福建等十多个省300多个县，总人口达一千万。

经过红军将士的顽强斗争，根据地得到迅猛发展，形势的迅速发展客观上需要建立起一个对各根据地实行统一领导的机构。为此，中共中央决定，以中央根据地为依托，建立苏维埃中央政府。

1931年11月7日，中华苏维埃第一次全国代表大会在江西瑞金召开。来自中央苏区，闽西、赣东北、湘赣、湘鄂西等苏区，红军部队，以及设在国民党统治区的全国总工会、全国海员总工会的610名代表，齐聚叶坪村，共商成立临时中央政府、建设与扩大革命根据地事宜。

会上，毛泽东代表中共苏区中央局向大会作《政治问题的报告》。报告回顾并总结了中央苏区过去的工作，认为：中央苏区是全国最大的苏区，是苏维埃中央政府所在地，是红军主力的所在地。它的巩固与发展，在全国苏维埃运动中有着重要的意义。报告分析了中央苏区目前面临的新形势,指出:苏区必须建立巩固的革命根据地,必须巩固和扩大红军,必须使苏维埃政权真正变成工农群众的政权,必须彻底解决土地问题,必须加强反帝运动及职工运动的工作,必须纠正过去肃反工作中的错误,等等。

大会通过的《中华苏维埃共和国宪法大纲》(以下简称《宪法大纲》),确立了中华苏维埃共和国工农民主专政的性质,规定:"中华苏维埃政权所建设的是工人和农民专政的国家。苏维埃全政权是属于工人、农民、红军兵士及一切劳苦民众的。""这个专政的目的,是在消灭一切封建残余,赶走帝国主义列强在华的势力,统一中国,有系统的限制资本主义的发展,进行国家的经济建设,提高无产阶级的团结力与觉悟程度,团结广大贫农群众在它的周围,以转变到无产阶级的专政。"《宪法大纲》规定,在苏维埃政权领域内的工人、农民、红军士兵及一切劳苦民众和他们的家属,不分男女民族和宗教信仰,在苏维埃法律面前一律平等。《宪法大纲》还规定,不承认帝国主义在华的政治上、经济上的一切特权,废除一切不平等条约,帝国主义在华的一切财产收归国有。会上还通过了临时中央提供大会讨论的《中华苏维埃共和国土地法》《中华苏维埃共和国劳动法》《中华苏维埃共和国经济政策》等法令,以法律的形式把土地革命中实行的"平均分配一切土地"的政策固定下来,并规定工农大众享有的劳动和取得物质待遇等种种权利。

19日,全体代表齐聚叶坪村谢家祠堂,选举产生中华苏维埃共和国中央执行委员会。

谢家祠堂始建于明朝。临时搭建的主席台上,正中挂着一面红旗,右侧是马克思像,左侧是列宁像。会场上到处悬挂着"工农堡垒""民主专政""全世界无产者联合起来""拥护全苏大会""工农当家作主"的条幅标语。会议以举手表决的方式,选举产生了毛泽东、周恩来、朱德、项英、张国焘等63人组成中央执行委员会,作为全国代表大会闭会期间的最高政权机关。大会宣告了中华苏维埃共和国临时中央政府的成立。从此,一个崭新的红色国家政权在世界的东方诞生了!

欣喜之余,毛泽东挥毫写下"苏维埃为工农劳苦群众自己管理自己生活的机关,是革命战争的组织者与领导者"的题词。20日,大会闭幕,毛泽东致闭幕词。

中华苏维埃共和国临时中央政府和中央军事委员会的成立,具有重要的历史意义。它在一定程度上加强了对各苏区和各部分红军的统一领导和统一指挥。大会通过的一系列法规和决议案,在初步总结经验的基础上,为临时中央政府和各根据地的立法和施政方针确定了共同遵守的基本准则。然而,临时中央的着眼点仍是片面地强调苏维埃政权同国民党政权的对立,急于要求"把分散的苏区打成一片",这是不切实际的。由他们起草并为苏维埃代表大会通过的文件中,规定了一些过左的政策,对根据地的发展也产生了消极的影响。

大会通过的"宪法大纲"规定,中央执行委员会是最高权力机关,人民委员会在中央执行委员会之下处理日常政务,并发布一切法令和决议案。大会闭幕后,25日,以中央执行委员会名义任命朱德、周恩来、毛泽东等15人为中央革命军事委员会(简称中革军委)委员,朱德任主席,王稼祥、彭德怀任副主席。中革军委统一领导和指挥全国红军。27日,中央执行委员会在叶坪村的樟树林中召开第一全体会议。毛泽东以全票当选为中华苏维埃共和国临时中央政府主席。

从此,人们开始称呼毛泽东为毛主席。

在北伐战争时期，我们党是比较活泼的，五万多党员，生气勃勃，但是由于后一个时期陈独秀的右倾路线错误，革命失败了。后来我们就搞武装斗争，进入了土地革命战争时期。在这个时期，党内出现过三次"左"倾机会主义的错误，一连搞了七八年。……这三次"左"倾路线都跟共产国际有关系，特别是王明路线。第一次"左"倾路线同共产国际的关系不是很大；第二次"左"倾路线从共产国际学了一些东西，但那个总的路线算是中国自己的；第三次"左"倾路线就不同了，连六届四中全会的决议案都是俄国人给写的。第三次"左"倾路线在党内的统治长达四年之久，造成的损失最大，革命力量损失百分之九十以上。

——《在中共中央政治局扩大会议上的总结讲话》
（1956年4月28日）

1956年4月28日，毛泽东在中共中央政治局扩大会议上作总结讲话时，回顾了我们党在土地革命时期犯的三次"左"倾错误。这三次"左"倾错误，指的是以瞿秋白、李立三、王明为代表的三次"左"倾机会主义路线。这三次"左"倾错误的产生都与共产国际有关，特别是第三次"左"倾错误，几乎葬送了中国革命。

9 三次"左"倾错误：勇于自我革命

中国革命从来不是一帆风顺的，从党的成立到遵义会议前，中国共产党一共出现了三次"左"倾错误，给革命造成了重大损失。

第一次"左"倾错误是以瞿秋白为代表的。

大革命失败后，党在八七会议上确立了武装反抗国民党反动派的总方针。然而，这时的中共中央并没有认识到革命形势已经转入低潮的现实情况，而是错误地估计形势，不顾条件，盲目地要求一些地区举行武装起义。与此同时，共产国际方面对中国革命形势的认识也出现了问题。共产国际代表罗米那兹在起草的《中国共产党的政治任务与策略的议决案》中，认为民族资产阶级"已完全走入了反革命的营垒，而成为反革命之最积极的动力之一"。在这种情况下，党内"左"倾情绪逐渐滋长起来。

1927年11月9日至10日，中共中央在上海召开临时政治局扩大会议。会议由瞿秋白主持，共产国际代表罗米那兹参加。会议确定了实行全国武装暴动的总策略，并要求农村暴动同城市暴动相结合，而以城市暴动为"中心及指导者"，以形成城乡的武装总暴动，直到造成一省或几省的革命胜利的局面。会议还规定了一系列过"左"的政策。从11月中旬开始，这次扩大会议的精神开始在各地贯彻执行，出现了一系列严重后果："一些地区发生强迫工人罢工、农民暴动和盲目烧杀等情况，使党在这些地区一度严重脱离群众。农村的武装起义只有少数取得一定的胜利，多数没有成功，或者根本没有发动起来。武汉、长沙、上海等大城市中少数工人和积极分子举行的罢工，也很快被镇压下去。"

1928年2月下旬，在有中国共产党代表参加的共产国际执委会第九次扩大全会上，通过关于中国问题的决议，基本正确地分析了中国革命的性质和形势，批评了罗米那兹的错误观点。同年4月，中共中央临时政治局发出关于接受共产国际决议案的通告，承认中国共产党内存在着"左"倾盲动错误，并指出争取群众、建立城乡群众组织、巩固与健全党的组织是当前最重要的工作。至此，这次"左"倾盲动错误在全国范围的实际工作中基本停止。

第二次"左"倾错误是以李立三为代表的。

从1929年到1930年，国民党各派新军阀之间的矛盾进一步激化，相继展开混战。军阀混战加深了全国各阶层人民的苦难，也削弱了军阀自身的力量，在客观上为革命力量提供了有利条件。党内急躁冒进的情绪和"城市中心论"的错误主张再次抬头了。与此同时，共产国际在1929年内接连写来四封信，强调要"反右倾"，认为"现在已经可以并且应当准备群众，去实行革命的推翻地主资产阶级联盟的政权，而建立苏维埃形式的工农独裁"，提出城市工人要准备总政治罢工，红军斗争应统一起来等。这些错误主张，对中共中央及其领导人产生了重要影响，特别是为李立三"左"倾冒险错误提供了理论依据。

李立三，1899年生于湖南醴陵。早年赴法留学，回国后多次领导工人运动，是党内杰出的工运领袖。在中共六届一中全会上，由于共产国际的干涉，工人出身的向忠发担任了中共中央政治局主席兼中央政治局常委会主席。由于向忠发没有多少文化和领导能力，党内的工作实际上由时任中央政治局常委、秘书长兼组织部长的周恩来主持。1930年3月，周恩来被中共中央派往莫斯科向共产国际汇报工作。之后，在向忠发的支持下，党内工作的主持权就转移到李立三手中了。

1930年6月11日，李立三主持召开中共中央政治局会议。会议通过了由他制定的以武汉为中心的全国总暴动和集中红军进攻中心城市的计划，要求各路红军向武汉进攻，"饮马长江"。至此，以李立三为代表的"左"倾冒险主义错误正式形成，并在中共中央内部取得统治地位。

李立三"左"倾冒险错误给党造成了重大损失。在国民党统治区内，许多地方的党组织因为急于组织暴动而把原来的有限力量暴露出来，先后有11个省委机关遭受破坏，武汉、南京等地的党组织几乎全部瓦解，红军在进攻大城市时也遭到很大损失。但是，在红军和根据地中，一些了解并尊重实际情况的党和红军领导人对"立三路线"表示怀疑并进行了不同程度的抵制，使这种"左"倾冒险错误并没有在红军和根据地的实际工作中得到全面的贯彻。

李立三"左"倾冒险错误，也超出了共产国际所能允许的范围。1930年7月下旬，共产国际执委作出《关于中国问题议决案》，认为"暂时我们还没有全中国的客观革命形势"，并派周恩来、瞿秋白回国纠正李立三的错误。

9月下旬，中国共产党在上海召开扩大的六届三中全会。周恩来在传达共产国际决议的报告中论述了中国革命发展不平衡的表现，批评李立三在"工作布置上部分的犯了左倾冒险主义倾向的错误"。李立三作了自我批评。会后，李立三离开原有的领导地位。城市暴动的计划也被取消，农村革命根据地和红军的工作被提到越来越重要的地位，整个工作正在逐步转到正常的轨道上来。

第三次"左"倾错误是以王明为代表的。

王明，本名陈绍禹，1904年生，安徽六安人。青年时代受马克思主义影响参加了一些进步学生运动。1925年秋被党组织派到莫斯科中山大学学习。在校期间，深受校长米夫的器重。1929年4月回到上海。

1930年12月12日至15日，共产国际执委会主席团在莫斯科召开扩大会议，继续讨论"立三路线"问题。不可思议的是，这次会议将李立三"左"倾错误认为实质上是右的错误,根本上否定了六届三中全会的正确性。会上,他们对并不懂中国实际的王明大加赞扬,为他没有参加中共中央领导工作大鸣不平。18日,共产国际执委会政治书记处政治委员会致电远东局,要求中国共产党召开六届四中全会,以改变中共中央的领导,贯彻共产国际路线。

1931年1月7日,中国共产党扩大的六届四中全会在上海公共租界一幢西式洋楼里秘密举行。根据共产国际的意图,会议决定米夫在中国驻留半年左右的时间。会后,中共中央的领导权实际上由得到米夫支持的王明所操纵。原来连中央委员都不是的王明,一跃进入中央领导核心。由此开始了以教条主义为特征的"左"倾错误在党中央长达四年的统治。

1931年4月,参与领导中央特科工作的顾顺章在武汉被捕叛变。6月,担任中央政治局常务委员会主席的向忠发在上海被捕叛变。周恩来果断采取措施将中央机关和主要领导干部转移到安全地带。由于在上海的中央委员会和政治局委员已不到半数,根据共产国际远东局的提议,9月下半月,在上海成立临时中央政治局,由博古总负责。博古当年才24岁,是中共历史上最年轻的领导人。王明于10月离开上海,11月到达莫斯科后立即被任命为中共驻共产国际代表团团长,共产国际执行委员、主席团成员、政治局书记处书记。凭借这些身份,他仍然可以在莫斯科发号施令,遥控指挥在上海的中共临时中央政治局。

1933年年初,临时中央迁入中央根据地,"左"倾冒险主义的方针和政策开始在党、红军和根据地内全面推行。为了排除障碍,他们在组织上采取宗派主义的手段,对持有不同意见的干部实行"残酷斗争"和"无情打击"。在福建开展反对"罗明路线"的斗争,接着又在江西开展反对邓(小平)、毛(泽覃)、谢(唯俊)、古(柏)的斗争。

"左"倾冒险主义进一步发展的恶果，就是红军在第五次反"围剿"战争中的失败。1933年下半年，蒋介石先后调集100万军队对中央苏区实行第五次大规模军事"围剿"。为彻底剿灭红军，蒋介石采取了"堡垒主义"和逐步推进的新战术。此时，毛泽东已经被剥夺了党和红军的领导权，但他并没有置身事外，反而积极建言红军放弃黎川，诱敌深入，然后集中主力，在运动中歼灭敌人。然而，在中共中央负责人博古的支持下，已经完全取得中央红军指挥权的李德完全放弃了过去几次反"围剿"中行之有效的战术，主张"御敌于国门之外"，采取阵地战，使红军陷于被动地位。1934年4月中旬，国民党军队集中优势兵力进攻中央根据地的北大门广昌。博古、李德不顾敌强我弱的实际情况，调集红军主力，坚守广昌。经过18天血战，部队遭受重大作伤亡，广昌失守。

　　1934年10月10日晚，中共中央、中革军委率红一、红三、红五、红八、红九军团及中央、军委机关和直属部队共8.6万余人，从瑞金等地出发，实行战略大转移。后来，人们把这次战略大转移称为"长征"。

　　第三次"左"倾教条主义的危害是非常大的，直到遵义会议后，这次错误才基本被改正过来。毛泽东后来多次提到这次"左"倾错误。1941年，毛泽东写了一篇批判文章——《驳第三次"左"倾路线（节选）》，着重从政治路线和思想路线方面深入剖析了第三次"左"倾错误，阐明了解决中国革命一些基本问题的原则、策略和方法，对这次错误进行了系统分析和总结。

> 遵义会议纠正了在第五次反"围剿"斗争中所犯的"左"倾机会主义性质的严重的原则错误,团结了党和红军,使得党中央和红军主力胜利地完成了长征,转到了抗日的前进阵地,执行了抗日民族统一战线的新政策。
>
> ——《中国共产党在民族战争中的地位》
> （1938年10月14日）
>
> 抗日战争进入战略相持阶段后,形势的变化要求共产党人及时做出新的对策。为此,中共中央于1938年9月16日至11月6日在延安召开扩大的六届六中全会,重点解决对统一战线中的独立自主、战争和战略等问题的认识。10月12日至14日,毛泽东代表中共中央向大会作了《论新阶段》的政治报告。这篇题为《中国共产党在民族战争中的地位》的文章就是政治报告的一部分,是10月14日毛泽东在第六次全体会议上的讲话。在这次讲话中,毛泽东对遵义会议的重要意义作了高度评价。

10 遵义会议：生死攸关的转折点

1934年10月,中央红军主力被迫实行战略转移后,国民党调动了粤军、湘军、桂军的16个师77个团组成"追剿"部队,在赣南、湘粤边、湘东南、湘桂边构筑四道封锁线进行堵截和尾追。11月下旬,红军连续突破三道封锁线挺进到广西湘江地域时,蒋介石已调集25个师数十万大军，分五路前堵后追，企图消灭红军于湘江之侧。

由于国民党湘、桂军阀间的矛盾，敌军这最后一道湘江封锁线曾出现了一个缺口。11月27日，红军先锋部队占领湘江重要渡口界首。如果部队轻装前进，是有可能迅速抢渡湘江的。但是，自长征以来，原来推行"左"倾错误的中共中央领导人，在指挥红军实行突围和战略转移的时候，又犯了退却中的逃跑主义错误，把战略转移变成搬家式的行动，随军带上印刷机器、军工机器等一切笨重的器材，造成部队拥挤不堪，行动迟缓。中央机关到达渡口时已是29日。这时，湘、桂两军已在飞机支援下向渡口猛烈夹击。为强渡湘江，红军各军团浴血奋战，损失惨重。12月1日，国民党军队发动全线进攻，企图夺回渡口，围歼红军于湘江两岸。经过一整天的血战，红军阻止住敌军的进攻，中央领导机关和红军大部渡过湘江，终于突破敌军重兵设防的第四道防线。但是，红军也遭到惨重的损失。担任掩护任务的红五军团第三十四师和红三军团第十八团被阻止在湘江东岸，最后弹尽粮绝，大部壮烈牺牲。渡过湘江后，中央红军和中央机关人员从8万多人锐减到3万多人。

这时，蒋介石已察觉红军渡过湘江后的前进方向是要到湘西同红二、红六军团会合，立刻调集重兵，布置好口袋阵势，企图将中央红军一网打尽。博古、李德无视敌情，仍然坚持按照原定计划前进。在这紧要关头，毛泽东根据实际情况，建议中央红军放弃同红二、红六军团会合的计划，改向敌军力量薄弱的贵州挺进。

经过两个月艰难的行军，尤其是经过湘江激战之后，红军部队中已明显地滋长起怀疑不满和要求改换领导的情绪。一些曾经支持过"左"倾错误的领导人，也在严酷的事实教育下，逐步改变态度。1934年12月12日，中共中央负责人在湖南通道举行紧急会议。张闻天、王稼祥、周恩来等多数人同时赞成和支持毛泽东转向贵州的方针。但李德等人拒不接受。12月18日，中央政治局在贵州黎平举行会议，经过激烈争论，与会多数同志赞同毛泽东的建议，通过了《中央政治局关于战略方针之决定》，放弃向湘西前进计划，改向黔北挺进。随后，红军连克锦屏等7座县城，占领乌江南岸的猴场。12月31日晚至次日凌晨，中共中央在猴场召开政治局会议并作出决定，提出首先在以遵义为中心的黔北地区，然后向川南创建川黔边根据地的战略任务。会议还决定，"关于作战方针，以及作战时间和地点的选择，军委必须在政治局会议上作报告"，以加强政治局对军委的领导。这实际上剥夺了博古、李德的军事指挥权。会后，红军渡过乌江，于1935年1月7日攻克黔北重镇遵义。红军攻占遵义后，甩开了原来围追堵截的敌人，获得难得的休整时间。经过一段时间的长征，许多干部特别是高级干部，对中央主要领导人在军事指挥上的错误越来越产生怀疑，要求纠正错误、改变领导的意见越来越多。从通道会议、黎平会议再到猴场会议，经过一路的争论，中央大部分领导人对于中央军事指挥的错误问题，基本上取得了一致意见。

1935年1月15日至17日，具有伟大历史意义的中共中央政治局扩大会议在遵义老城黔军师长柏辉章官邸举行。出席会议的政治局委员有毛泽东、张闻天、周恩来、朱德、陈云、博古，候补委员有王稼祥、刘少奇、邓发、何克全（凯丰），还有军队负责人刘伯承、李富春、林彪、聂荣臻、彭德怀、杨尚昆、李卓然以及中央秘书长邓小平。军事顾问李德及担任翻译工作的伍修权列席了会议。

会议首先讨论黎平会议所决定的暂时以黔北为中心，建立苏区根据地的问题。最终，会议接受了刘伯承、聂荣臻的提议，决定放弃黎平会议所确定的以黔北为中心创建川黔边根据地的计划，中央红军北渡长江，同红四方面军会合，在川西或川西北创建根据地。

会议的第二项议程是总结第五次反"围剿"以来军事指挥上的经验与教训。博古首先作关于第五次反"围剿"的总结报告。他强调反"围剿"斗争的失败在于帝国主义、国民党反动力量的强大，以及白区和各苏区的斗争配合不够等，而不承认他和李德压制正确意见、在军事指挥上犯严重错误的事实。

接着，周恩来就军事问题作副报告。他指出，第五次反"围剿"失败的主要原因是军事领导的错误，并主动承担了责任，作了诚恳的自我批评，同时也批评了博古和李德。随后，张闻天作报告，比较系统地批评了博古、李德在军事指挥上的错误。

会上，毛泽东作了长篇发言，对博古、李德在军事指挥上的错误进行了分析和批判，并阐述了中国革命战争的战略战术问题和此后在军事上应采取的方针。

会议对博古、周恩来的报告内容进行讨论。张闻天代表毛泽东、王稼祥发言，反对博古的报告内容，系统分析了第五次反"围剿"和长征以来军事指挥上的错误，对以博古、李德为代表的"左"倾错误军事路线提出了尖锐的批评，深刻揭示了"左"倾军事路线在作战指挥、战略战术等方面的错误要害，并对博古和李德进行了点名批评。王稼祥坚决拥护毛泽东的意见，批评博古、李德等人单纯防御的指导思想，并第一个提出请毛泽东出来重新指挥红军。王稼祥的发言，被毛泽东后来称作投下了"关键的一票"。

毛泽东、张闻天、王稼祥等与会者一致认为：第五次反"围剿"失利和红军长征初期的损失，虽然有众多客观上的原因，但最主要的原因是在军事指挥上和战略战术上犯了严重的错误。毛泽东将"左"倾错误路线的军事指挥和战略战术上的错误概括为三句话：进攻中的冒险主义、防御中的保守主义、转移中的逃跑主义。

会议经过充分的讨论和争论，最终形成了基本意见：反对博古所作的报告，认为这个报告只强调客观原因，而没有"把我们军事指挥上的错误"提高到应有的高度。并指出：军事上领导错误主要责任人是李德、博古和周恩来，而李德、博古要负主要责任。

会议决定增补毛泽东为中央政治局常委；指定张闻天起草会议决议，委托常委审查后，发到支部讨论；常委再进行适当的分工；取消最高"三人团"，仍以最高军事首长朱德、周恩来为军事指挥者，而周恩来是党内委托的对于指挥军事下最后决心的负责者。

不难看出，通道会议、黎平会议、猴场会议，解决的是当时急需解决并且能够获得中央多数人赞同的进军方向和行动路线问题，并没有从根本上反思第五次反"围剿"以来军事领导的错误问题，遵义会议尖锐批评了这一问题，而且作出了"彻底纠正过去军事领导上所犯的错误，并改善军事领导方式"的决定，即改变李德、博古专权，一切重大军事决策都要经过政治局讨论。解决中央的组织领导问题是遵义会议作为伟大历史转折点的重要标志之一。

会后，张闻天根据与会多数人特别是毛泽东发言的内容，起草了《中央关于反对敌人五次"围剿"的总结的决议》，这个决议后来在云南的扎西会议上正式通过。决议充分肯定毛泽东等指挥红军多次取得反"围剿"胜利所采取的战略战术的基本原则，明确指出博古、李德在指挥军事和战略转变与实行突围问题上所犯的原则错误。

此后，在转战途中，根据实际需要，中央决定由张闻天代替博古负中央总的责任，决定以毛泽东为周恩来在军事上指挥上的帮助者。3月4日，中革军委设置前敌司令部，以朱德为司令员，毛泽东为政治委员。鉴于作战情况瞬息万变，指挥需要集中，3月中旬，在贵州鸭溪、苟坝一带，成立了由毛泽东、周恩来、王稼祥组成的新的"三人团"，负责全部军事行动。5月上旬，中央红军渡过金沙江，摆脱了几十万国民党军队的围追堵截，粉碎了蒋介石的围歼计划，取得了战略转移中具有决定意义的胜利。

遵义会议虽然没有全面地讨论政治路线方面的问题，但是，它明确地回答了红军的战略战术方面的是非问题，同时改变了中央的领导特别是军事领导，结束了"左"倾教条主义错误在中央的统治，确立了毛泽东在中共中央和红军的领导地位，从此，中国共产党能够在以毛泽东为代表的正确路线领导下，一步步引导中国革命走向胜利。

遵义会议取得的这些成果，都是在中国共产党同共产国际中断联系的情况下独立自主地取得的，它标志着中国共产党在政治上开始走向成熟。1945年4月20日，中共六届七中全会通过的《关于若干历史问题的决议》中指出：遵义会议"开始了以毛泽东同志为首的中央的新的领导，是中共党内最有历史意义的转变"；1981年6月27日，中共十一届六中全会通过的《关于建国以来党的若干历史问题的决议》中指出："一九三五年一月党中央政治局在长征途中举行的遵义会议，确立了毛泽东同志在红军和党中央的领导地位，使红军和党中央在极其危急的情况下保存下来，并且在这以后能够战胜张国焘的分裂主义，胜利地完成长征，打开中国革命的新局面。这在党的历史上是一个生死攸关的转折点。"2021年11月11日中共十九届六中全会通过的《中共中央关于党的百年奋斗重大成就和历史经验的决议》中指出：遵义会议"开始形成以毛泽东同志为核心的党的第一代中央领导集体，开启了党独立自主解决中国革命实际问题新阶段，在最危急关头挽救了党、挽救了红军、挽救了中国革命。"党的三个关于历史决议对于遵义会议的评价，足以说明其历史地位之重要。

> 红军不怕远征难,万水千山只等闲。
> 五岭逶迤腾细浪,乌蒙磅礴走泥丸。
> 金沙水拍云崖暖,大渡桥横铁索寒。
> 更喜岷山千里雪,三军过后尽开颜。
>
> ——《七律·长征》(1935年10月)

这首诗是1935年10月毛泽东在红军长征即将胜利结束时所作,是一首全面反映红军长征历程的作品。在历时一年的战略转移中,红军面临着体力透支、缺衣少食、疾病伤痛、穷山恶水、国民党军围追堵截等诸多困难,正是由于这种"不怕"的精神,才克服了一切艰难险阻,转战11个省,成功到达根据地。颔联、颈联以红军的战斗历程为序,选取了若干有代表性的场景,勾连起一副波澜壮阔的长征行军战斗图。岷山,在毛泽东的行军途中是一个有着特殊意义的地理坐标。实际上,长征最后的落脚点也是在红军翻过岷山后的第三天,也就是1935年9月20日才确定的。毛泽东后来说:"过了岷山,豁然开朗,转化到了反面,柳暗花明又一村了。"这种心情,恰与"三军过后尽开颜"互为印证。

11 长征:人类军事史上的壮举

遵义会议后,在新的中央领导的指挥下,中央红军仿佛获得了新的生命,在敌军重兵之间迂回穿插,展开机动灵活的运动战。

1935年1月19日，中央红军由遵义地区北进。从1月底至3月下旬，红军在四川、贵州边界反复四次渡过赤水河，使敌军扑朔迷离，疲于奔命。接着，又南渡乌江，分兵黔东，诱使滇军来援。当各路敌军开进贵州时，红军又疾进云南，在昆明附近虚晃一枪，突然掉头向北急行，于5月初渡过谷深水急的金沙江进入四川。至此，中央红军摆脱了几十万国民党军队的围追堵截，取得战略转移中具有决定意义的胜利。

渡过金沙江后，红军继续北上。经过大凉山彝族地区时，红军总参谋长刘伯承根据党的民族政策，与彝族沽基部落首领小叶丹歃血为盟，顺利通过这一地区。5月下旬，红军强渡大渡河，飞夺泸定桥，翻越终年积雪、人迹罕至的夹金山。6月18日，中共中央与中央红军主力到达懋功（今小金）地区，同张国焘、徐向前等率领的红四方面军会师。

为确定会师后红军的行动方针，6月下旬，中共中央在两河口召开政治局会议，决定集中主力向北进攻，创造川陕甘苏区。但是不久，张国焘却借口给养困难，提出南下四川、西康的方针，并提出"统一指挥"和"组织问题"有待解决，故意延宕。这给红军两个主力会师后的有利形势蒙上了阴影。

8月初，红军分编为左、右两路军北上。毛泽东、张闻天、周恩来等率中共中央机关和前敌指挥部随右路军行动。朱德、张国焘、刘伯承等率红军总司令部随左路军行动。8月下旬，右路军穿越草地后，等待左路军前来会合。可是，张国焘坚持南下。9月9日，他密电令右路军政治委员陈昌浩率部南下，企图分裂和危害党中央。毛泽东得知这一情况后，与周恩来、张闻天、博古紧急磋商，为贯彻北上方针，避免红军内部可能发生的冲突，决定连夜率红一、红三军和军委纵队先行北上。中共中央多次致电张国焘，要他立即率部北上，但他置之不理。9月12日，中央政治局在甘肃迭部俄界（今高吉）召开扩大会议，会议通过《中央关于张国焘同志的错误的决定》，号召红四方面军的干部、战士团结在中央周围，同张国焘的错误倾向作斗争，促其北上。随后，将北上红军改称陕甘支队，彭德怀任司令员，毛泽东任政治委员。

9月18日，陕甘支队在彭德怀的率领下一举突破甘南天险腊子口，占领哈达铺。在这里，毛泽东从一张报纸上了解到陕北根据地和红军活动的情况。9月27日，中央政治局常委在榜罗镇开会，正式决定前往陕北，同徐海东、程子华、刘志丹率领的红十五军团（由陕甘根据地的红二十六、红二十七军同从鄂豫皖根据地先期长征到达的红二十五军合编组成）会师。10月19日，到达陕北吴起镇。至此，中央红军行程二万五千里、纵横11个省的长征胜利结束，实现了空前的战略大转移。

而坚持南下的张国焘，公然分裂党和红军，另立"中央"，自认"主席"。1936年1月22日，中央政治局作出《中央关于张国焘同志成立第二"中央"的决定》，责令他立即撤销另立的"中央"，停止一切反党活动。张国焘的反党分裂行为，在红四方面军中是不得人心的。南下的部队在作战中伤亡很大，到4月间只剩下四万多人，减员过半。张国焘的南下方针在实践中已告失败。6月初，张国焘不得不宣布取消另立的"中央"。

原在湘鄂川黔根据地由任弼时、贺龙等领导的红二、红六军团，于1935年11月从湖南桑植出发，渡过金沙江，越过大雪山，在1936年7月2日同红四方面军会师于川康边的甘孜。中共中央指定红二、红六军团和红三十二军合编为红二方面军，由贺龙任总指挥，任弼时任政治委员。

经过朱德、刘伯承、任弼时、贺龙等的力争，并得到徐向前等红四方面军许多干部战士的支持，红四、红二方面军终于共同北上。10月9日，红四方面军指挥部到达会宁，同红一方面军会合。22日，红二方面军指挥部到达静宁以北的将台堡（今属宁夏回族自治区），同红一方面军会合。

至此，历时两年、总行程达数万里的红军长征，在冲破了国民党军队的围追堵截，克服了雪山草地的艰难险阻，经受了饥寒伤病的痛苦折磨，战胜了党内分裂的严重危机之后，宣告胜利结束。

长征胜利了！世人是如何看待世界军事史上这件传奇性胜利的事件呢？

长征开始时，蒋介石满怀信心地对部下说："'共军'离了'老巢'，'东流西窜'，老百姓不附和他们。这次'追剿'，与'国军'在江西'围剿'时，情形大不相同。我们一定可以解决他们，你们必须有信心。"于是，上百万国民党大军"追剿"不足十万之红军，历时两年有余，却最终以失败告终。除了懊恼之外，国民党将领中倒也有一部分人对此问题进行了深思。张学良感言："红军经过二万五千里长途疲惫，还能击败东北军，是值得深思的。"何健则感慨道："共产党组织民众、唤起民众是扎实的，毛泽东真有一套理论和办法。"

长征，作为人类历史上无与伦比的壮举，也受到了广泛的国际赞誉。斯大林说："中国共产党与国民党蒋介石斗争了十几年，经过长征到达了陕北根据地，这是件可喜的历史事件。"蒙哥马利则赞誉长征"是本世纪最伟大的军事史诗，是一次体现出坚忍不拔精神的惊人业绩"。

作为长征的亲历者、红军的最高指挥者，毛泽东是如何看待长征的呢？

他曾三次对长征作了总结。

一次是1935年9月22日在哈达铺镇一座关帝庙里召开的团以上干部会议上。他说："一年来，我们走了两万多里路，打破了敌人无数次的追堵、围剿。尽管天上有飞机，蒋介石做梦也想消灭我们，但是我们过来了，过了江西、湖南、广西、贵州、云南、四川，过了金沙江、大渡河、雪山、草地，过了腊子口，现在坐在哈达铺关帝庙里，安安逸逸开会了，这本身就是个伟大的胜利。……经过两万多里的长征，久经战斗，不畏艰苦的红军指战员是一定能够以自己的英勇、顽强、灵活的战略战术、战斗经验，来战胜北上抗日中的一切困难，你们不要看我们现在人数少，我们是经过锻炼的，不论在政治上、体力上、经验上，个个都是经过了考验的，是很强的，我们一个可以当十个，十个可以当百个。特别是有中央直接领导我们，这是我们胜利的保证。"

另一次是1935年11月5日在象鼻子湾对随行部队的讲话上。他说："我们从瑞金算起，总共走了三百六十七天。我们走过了赣、闽、粤、湘、黔、桂、滇、川、康、甘、陕，共十一个省，经过了五岭山脉、湘江、乌江、金沙江、大渡河以及雪山草地等万水千山，攻下许多城镇，最多的走了两万五千里。这是一次真正的前所未有的长征。敌人总想消灭我们，我们并没有被消灭，现在，长征以我们的胜利和敌人的失败而告结束。长征，是宣言书，是宣传队，是播种机。它将载入史册。我们中央红军从江西出发时，是八万人，现在只剩下一万人了，留下的是革命的精华，现在又与陕北红军胜利会师了，今后，我们红军将要与陕北人民团结在一起，共同完成中国革命的伟大任务！"

1935年12月27日，毛泽东在《论反对日本帝国主义的策略》中以一段蕴含诗的韵味、体现诗的节奏、充满诗的激情的话再一次总结了长征："讲到长征，请问有什么意义呢？我们说，长征是历史纪录上的第一次，长征是宣言书，长征是宣传队，长征是播种机。自从盘古开天地，三皇五帝到于今，历史上曾经有过我们这样的长征吗？十二个月光阴中间，天上每日几十架飞机侦察轰炸，地下几十万大军围追堵截，路上遇着了说不尽的艰难险阻，我们却开动了每人的两只脚,长驱二万余里,纵横十一个省。请问历史上曾有过我们这样的长征吗?没有,从来没有的。长征又是宣言书。它向全世界宣告,红军是英雄好汉,帝国主义者和他们的走狗蒋介石等辈则是完全无用的。长征宣告了帝国主义和蒋介石围追堵截的破产。长征又是宣传队。它向十一个省内大约两万万人民宣布,只有红军的道路,才是解放他们的道路。不因此一举,那么广大的民众怎会如此迅速地知道世界上还有红军这样一篇大道理呢?长征又是播种机。它散布了许多种子在十一个省内,发芽、长叶、开花、结果,将来是会有收获的。总而言之,长征是以我们胜利、敌人失败的结果而告结束。谁使长征胜利的呢?是共产党。没有共产党,这样的长征是不可能设想的。中国共产党,它的领导机关,它的干部,它的党员,是不怕任何艰难困苦的。谁怀疑我们领导革命战争的能力,谁就会陷进机会主义的泥坑里去。长征一完结,新局面就开始。"

红军主力相继战略转移后,留在长江南北的一部分红军和游击队,在党的领导下,在人民群众的支持下,在江西、福建、广东、浙江、湖南、湖北、安徽、河南等八个省展开了三年艰苦卓绝的斗争。经过三年的游击战争,南方红军和游击队基本上正确地执行了党的路线,完成了党所给予的任务,保留了革命的火种和战略支点。全面抗战爆发后,这些保存下来的红军和游击队改编成新四军,成为大江南北抗日前线中国共产党领导的一支重要的武装力量。

中国共产党领导下的中国革命,即将翻开崭新的一页。

当九一八事变发生后,共产党就发表宣言:要求停止内战,愿在三个条件下与国民党订立国内和平对日抗战的协定。可是那时仅有十九路军同意我们的主张,南京方面则完全不同意,并且还举行了大规模的"围剿"。及至华北问题发生,国难已临极端严重关头,我们乃于一九三五年八月一日进一步发表了组织抗日联军、国防政府的宣言。同年十二月发布了建立抗日民族统一战线的党的决议案,并提出统一战线的具体纲领。

——《中日问题与西安事变——和史沫特莱的谈话》

（1937年3月1日）

1937年3月1日,毛泽东在延安凤凰山住处会见美国作家、记者史沫特莱,回答她对中日战争与西安事变提出的一些问题。在谈话中,毛泽东回顾了自日本发动侵略战争以来中国共产党所做的努力,以及积极促成建立抗日民族统一战线的过程。

12 瓦窑堡会议：抗日民族统一战线方针的制定

1931年9月18日深夜,原根据不平等条约而驻扎在东北的日本关东军突然袭击中国军队驻地北大营和沈阳城。第二天,日本军队轻易地侵占了沈阳、长春等二十多个城市。这就是日本军国主义者蓄谋已久并精心策划发动的九一八事变。

九一八事变后,中日民族矛盾逐渐超越国内阶级矛盾,上升为主要矛盾。然而,在日本帝国主义武力大举侵略面前,国民党南京政府实行不抵抗政策，一再退让，更以"攘外必先安内"为理由，坚持以主力兵力"围剿"工农红军。这种态度，助长了日本帝国主义无所顾忌地用武力大规模进攻中国。在九一八事变发生后的四个月内，辽宁、吉林、黑龙江三省全部沦陷，东北人民陷入水深火热的亡国惨痛之中。1932年1月28日，日军又在上海挑起侵略战争。3月9日，日方在东北扶植清朝末代皇帝溥仪为"执政"（两年后改称"皇帝"），宣布成立伪"满洲国"。

日本的侵略强烈地震动了中国社会。各阶层爱国人士看到大片国土迅速沦丧，政府屈辱退让，无不痛心疾首，义愤填膺。群众性的抗日救亡运动很快在全国许多地方兴起。北平、上海、南京、广州、武汉等地的学生、工人和市民，纷纷游行示威、罢工罢课、发表通电，强烈要求政府抗日。1931年9月21日和24日，上海35000名码头工人先后举行反日大罢工，拒绝为日本船只装卸货物。9月28日，上海、南京的学生几千人前往国民党政府和国民党中央党部要求对日宣战。上海、汉口、天津等地的商号抵制日货，要求"实行对日经济绝交"。在被日军占领的东北，兴起了为数众多的抗日义勇军，在白山黑水间展开艰苦卓绝的抗日游击战争。

在民族危亡的严重关头，国民党阵营内部也出现了分化和破裂。东北军将领马占山、李杜等在东北抗日，给日军以相当大的打击。日军进攻上海时，蒋光鼐、蔡廷锴指挥的第十九路军进行了英勇抵抗，并和随后参战的第五军（张治中任军长），以及上海数十万民众一起，在武器装备和兵员数量远不如日军的困难条件下，坚持抵抗一个多月，给了日军沉重打击。冯玉祥在张家口组织察哈尔民众抗日同盟军，在共产党人的大力帮助和人民群众的广泛支持下，收复察哈尔省全部失地，使全国民心大振。

中国共产党坚决主张对日抗战。九一八事变发生后第三天，中共中央发表《为日本帝国主义强暴占领东三省事件宣言》,响亮地提出:"反对日本帝国主义强占东三省!立刻撤退占领东三省的陆海空军!自动取消一切不平等条约!"11月27日,刚刚成立的中华苏维埃共和国临时中央政府发表对外宣言,号召全国人民动员起来,武装起来,反对日本的侵略和国民党的反动统治。中共满洲省委指示各地党组织,加强同群众的抗日义勇军的联系,并组织党领导下的抗日武装,开展抗日斗争。中共中央还先后派出杨靖宇、赵尚志、周保中、赵一曼等到东北,加强各级党组织的领导力量。到1933年年初,由中国共产党直接领导的巴彦、南满、海龙、东满、宁安、汤原、海伦等十余支抗日游击队相继成立,逐渐成为东北的主要抗日武装力量。

在占领东三省后,1935年,日本侵略者又发动"华北自治运动",企图将河北、山东、山西、察哈尔、绥远五省和北平、天津、青岛三个特别市脱离中国政府管辖,置于自己的控制之下。面对日益加深的民族危机,如何联合尽可能多的力量进行抗日民族战争,成为摆在中国共产党和中国人民面前最紧迫的问题。

这时,鉴于法西斯势力在世界范围内日益猖獗的形势,共产国际也适时作出转变战略策略的决定。1935年七八月间,在莫斯科召开的共产国际第七次代表大会,要求纠正在国际共产主义运动中盛行的"左"倾关门主义倾向,把建立最广泛的世界反法西斯统一战线作为各国共产党的基本策略。大会期间,王明代表中共驻共产国际代表团作了关于建立反帝统一战线问题的发言。

8月1日,中共驻共产国际代表团草拟了《中国苏维埃政府、中国共产党中央为抗日救国告全国同胞书》(即"八一宣言"),10月1日正式发表。宣言强调建立包括上层在内的统一战线,扩大抗日民族统一战线的范围。为此,呼吁全国各党派、各军队、各界同胞,不论过去和现在有任何政见和利害的不同,有任何敌对行动,都应当停止内战,集中一切国力去为抗日而奋斗。宣言最后提出了抗日救国十大纲领。这表明中国共产党的政治策略开始发生新的转变。

一二·九运动爆发后,全国抗日救亡运动掀起了一个新的高潮。此时,中国共产党有必要对整个形势作出分析,制定出适合新情况的完整的政治路线和战略方针。

12月17日至25日,刚刚结束万里转战到达陕北的红军,在陕北安定县(今子长)瓦窑堡召开中共中央政治局扩大会议,讨论全国的政治形势和党的策略路线、军事战略问题。

张闻天主持会议并作了政治形势与策略的报告。张浩作了关于共产国际"七大"的传达报告。从12月17日至19日,中央政治局对这两个报告进行了充分的讨论,从中国实际出发,确定了抗日民族统一战线的策略方针。

12月23日,毛泽东作了关于军事战略问题的报告。报告分三个部分:(一)关于战略方针。战略方针应是坚决的民族革命战争,首先把国内战争与民族战争相联系,一切战争都在民族战争的口号下进行。(二)关于作战指挥上的基本原则。毛泽东根据几年来国内革命战争的经验,提出要执行积极防御、反对冒险主义和冒险政策、基本原则是运动战等军事策略。(三)关于行动方针。毛泽东提出要分三个步骤。首先是巩固陕北苏区,然后要打到山西,扩大红军数量;第三步则是适时由山西转向绥远,用小的游击战争与日军周旋,总的方针是与苏联取得联系。张闻天、周恩来等都同意这个报告,并且作了补充。张浩说:"泽东同志将九年来国内战争经验总结起来,是很有价值的。"会议于当天通过毛泽东根据报告内容起草的《中共中央关于军事战略问题的决议》。

12月25日,会议通过了张闻天起草的《中央关于目前政治形势与党的任务决议》。决议分六部分:(一)目前形势的特点;

(二）党的策略路线；（三）国防政府与抗日联军；（四）苏维埃人民共和国；（五）党内主要危险是关门主义；（六）为扩大与巩固共产党而斗争。决议指出："目前政治形势已经起了一个基本上的变化"，"党的策略路线是发动、团聚与组织全中国全民族一切革命力量去反对当前主要的敌人：日本帝国主义与卖国贼头子蒋介石"。决议确定要建立最广泛的抗日民族统一战线，批评了党内长期存在的"左"倾关门主义，分析了它的来源与危害，指出这是目前党内的主要危险，必须坚决加以纠正。

瓦窑堡会议结束后，中共中央积极开展工作，促成抗日民族统一战线的建立。1935年年底，中共中央派刘少奇到华北重建和加强遭受严重破坏的华北各地党组织，打开了新的工作局面。1936年2月，红军主力分别从陕西省绥德县沟口、清涧县河口等地强渡黄河，一举突破阎锡山晋绥军苦心布置的防线，进入山西。3月1日，毛泽东、彭德怀分别以中国人民红军抗日先锋军总政治委员、总司令的名义联合发出《中国人民红军抗日先锋军布告》，宣传红军抗日主张，扩大红军东征的政治影响，积极推进抗日民族统一战线的建立。1936年上半年，党中央先后派人到上海，与那里的党组织重新建立联系，并积极开展统一战线工作。5月，爱国人士宋庆龄、沈钧儒、邹韬奋、陶行知、章乃器等发起成立全国各界救国联合会，主张停止内战，一致抗日。与此同时，党中央积极争取国民党内爱国将领，宣传党的抗日主张，开展争取同盟者的工作。这个工作在以张学良为首的东北军和以杨虎城为首的国民党军第十七路军中取得突破性进展。到1936年上半年，红军和东北军、第十七路军之间，实际上已停止敌对行动。山西的上层统一战线工作也取得巨大成绩。

瓦窑堡会议是从土地革命战争到抗日战争伟大转折期间召开的一次极其重要的会议，是遵义会议的继续和发展。它总结了两次国内革命战争的基本经验，批评了"左"倾关门主义，解决了遵义会议没有来得及解决的党的政治策略问题，制定了抗日民族统一战线的策略路线，有力地推动了全国抗日民主运动的发展。它同时表明，中国共产党在总结革命中成功和失败的经验教训的基础上，已经成熟起来，能够从中国的实际出发，创造性地进行工作。

直至西安事变发生,在一九三六年年底,中国共产党的全权代表才同国民党的主要负责人取得了在当时政治上的一个重要的共同点,即是两党停止内战,并实现了西安事变的和平解决。这是中国历史上的一件大事,从此建立了两党重新合作的一个必要的前提。

　　今年二月十日,当国民党三中全会的前夜,中国共产党中央为了具体地建立两党合作,乃以一个系统的建议电告该会。

　　自此以后,两党的谈判接近了一步。……

　　但是不论如何,两党的统一战线是宣告成立了。这在中国革命史上开辟了一个新纪元。这将给予中国革命以广大的深刻的影响,将对于打倒日本帝国主义发生决定的作用。

——《国共合作成立后的迫切任务》
（1937年9月29日）

　　在日本侵略程度不断加深的形势下,中国共产党多次呼吁停止内战,一致抗日。然而,蒋介石坚定"攘外必先安内"的政策,还亲自飞抵西安,指挥张学良、杨虎城"剿共"。1936年年底,张、杨二人发动"兵谏",扣押了蒋介石。共产党多方奔走,促使西安事变和平解决,国共两党再次合作的曙光已然出现。

13 西安事变：国共走向第二次合作

　　1935年华北事变后日本侵略者的步步进逼,打破了国民党当局依靠外交途径解决中日问题的幻想,蒋介石和国民党中央对抗日的态度开始有所调整。从1935年年底开始，南京政府试探要求苏联的援助，并设法打通同中国共产党的关系，打算利用抗日的旗帜，以极苛刻的条件同共产党谈判，以达到"溶共"的目的。

这以后，国共双方通过多种渠道，进行秘密接触。中国共产党开始作出政策上的重大变动，决定放弃反蒋口号，倡导国共两党重新合作。1936年9月1日，中共中央发出《关于逼蒋抗日问题的指示》，明确指出"我们的总方针，应是逼蒋抗日"。与此同时，经过共产党的努力，东北军张学良、十七路军杨虎城决心联共抗日。

但是，蒋介石的本心还是要反共。他的"溶共"策略，其实是要共产党向国民党"投诚"，接受改编，特别是必须解除武装，才能"以政治方法来解决"。这自然是办不到的。因此，他仍然企图用武力来解决，继续下命令向陕北红军进攻。张学良和杨虎城多次向蒋介石提出停止内战、联共抗日的建议，遭到严厉训斥。

1936年10月下旬，蒋介石调集嫡系军队约三十个师，准备从河南开入陕甘参加"会剿"红军，并命令张学良、杨虎城率领全部军队开赴陕北前线。12月4日，蒋介石亲自到西安，逼迫张学良、杨虎城执行命令。7日下午，张学良到蒋介石所住的临潼华清池，再次向他痛陈利害，要求停止内战、一致抗日。蒋介石再次拒绝，并加紧镇压西安学生的抗日救国游行。在这种形势下，张学良、杨虎城感到除发动"兵谏"外，已别无他路可走。

12月12日凌晨，按照张学良、杨虎城商定的计划，东北军一部包围华清池，扣留了蒋介石；第十七路军同时行动，控制西安全城，囚禁了陈诚、卫立煌、蒋鼎文、朱绍良等国民党军政要员。张学良、杨虎城等18位高级将领署名发表《对时局通电》，说明发动"兵谏"的原因，并提出八项主张：（一）改组南京政府，容纳各党各派共同负责救国。（二）停止一切内战。（三）立即释放上海被捕之爱国领袖。（四）释放一切政治犯。（五）开放民众爱国运动。

（六）保障人民集会结社之政治自由。（七）确实遵行孙总理遗嘱。（八）立即召开救国会议。这就是震动中外的西安事变。

事变发生后，立即引起国内外和国民党内部各种政治势力的强烈反响。广大革命群众纷纷要求严惩蒋介石。南京政府亲日派的何应钦主张"讨伐"张学良、杨虎城，准备向西安进攻；亲英美派的宋美龄、孔祥熙、宋子文等，主张和平解决。日本政府想乘机挑起中国大规模内战；英美政府则从自身利益出发，主张缓和空气。

西安事变对中国共产党来说也是突如其来的。事变爆发后，张学良立即致电中共中央，希望听取中共的意见。中共中央经过反复研究和慎重考虑，从中华民族的根本利益出发，确定了和平解决西安事变的基本方针。12月15日，毛泽东、朱德、周恩来等联名致电国民政府，表示支持张学良、杨虎城宣布的八项政治主张，坚决反对亲日派的趁机讨伐、发动内战。19日，中共中央发出《关于西安事变及我们任务的指示》，提出："反对新的内战，主张南京与西安间在团结抗日的基础上，和平解决。"

与此同时，中共中央派遣周恩来等到达西安。17日、18日，周恩来同张学良、杨虎城分别会商，张学良、杨虎城完全接受中国共产党提出的解决方针和军事部署。23日、24日，周恩来与张学良、杨虎城一起，与蒋介石的代表宋子文、宋美龄进行了谈判，迫使蒋介石作出了"停止剿共，联共抗日"等六项承诺。

25日，蒋介石被释放，并由张学良陪同回南京。26日，蒋介石抵达南京后，立即把张学良扣留下来，并调集部队进逼西安。消息传出后，西安出现动荡不安的局势。在这种困难的情况下，周恩来坚定而细致地进行工作，基本上保持了西安事变和平解决的成果。

西安事变和平解决后，内战在事实上大体停止下来，国内和平初步实现。在抗日的前提下，国共两党实行第二次合作成为不可抗拒的大势。

西安事变后，根据国共双方达成的协议，由红军接管了原来东北军驻扎的延安。1937年1月13日，中共中央机关从保安迁往延安。从此时起，延安成为中共中央机关所在地，也开始成为领导全民族抗战的中心。

为促进国共两党合作的实现，1937年2月10日，中国共产党发表了《中共中央给中国国民党三中全会电》，电文提出了著名的五项要求和四项保证。五项要求是："（一）停止一切内战，集中国力，一致对外；（二）言论、集会、结社之自由，释放一切政治犯；（三）召集各党、各派、各界、各军的代表会议，集中全国人才，共同救国；（四）迅速完成对日抗战之一切准备工作；（五）改善人民的生活。"电文明确表示，如果国民党三中全会将这五项要求定为国策，中国共产党为了达到全国一致抗日的目的，愿意作出如下四项保证："（一）在全国范围内停止推翻国民政府之武装暴动方针；（二）苏维埃政府改名为中华民国特区政府，红军改名为国民革命军，直接受南京中央政府与军事委员会之指导；（三）在特区政府区域内实行普选的彻底的民主制度；（四）停止没收地主土地之政策，坚决执行抗日民族统一战线之共同纲领。"

《中共中央给中国国民党三中全会电》发出后，得到全国民众的热烈支持，并且推动了国民党内部抗日派反对亲日派的斗争。在2月15日召开的国民党三中全会上，宋庆龄、何香凝、冯玉祥等十多人提出了恢复孙中山"联俄、联共、扶助农工"三大政策的提案。这次会议通过的决议，虽然仍使用反共的语言，但所提的谈判条件同中国共产党所提的条件在实际上是相近的。这表明以蒋介石为首的国民党当局正在接受中国共产党倡导的国共两党合作抗日的政策。

为了使国民党的政策进一步转变，从二月份起，周恩来等先后在西安、杭州、庐山三地同国民党代表进行谈判。谈判的焦点，集中在红军改编后的编制、人数、设不设总指挥部，苏区地位、行政长官人选,两党合作的形式及纲领,共产党公开活动的时间等问题上。由于蒋介石还缺乏足够的诚意,谈判中对许多重大问题一时还没有取得结果。

西安事变和平解决后,为了帮助全党认清当前的形势,迎接全民族抗日的新形势,中共中央于1937年5月至6月先后在延安召开中国共产党全国代表会议(当时称苏区党代表会议)和中国共产党白区工作会议。这两次会议,为迎接全国抗日战争的到来在政治上、思想上和组织上作了重要准备。会后,党积极开展了以争取民主为中心的巩固和平、促进团结、实现抗战的各项工作。

1937年7月7日夜,日本侵略军在北平西南的卢沟桥附近,以军事演习为名,突然向当地中国驻军发动进攻,并炮轰宛平县城。中国驻军第二十九军一部奋起抵抗。卢沟桥事变(又称七七事变),标志着全国抗战的开始。

卢沟桥事变发生的第二天,中共中央发出《中国共产党为日军进攻卢沟桥通电》,向全国人民呼吁:号召"全中国同胞,政府,与军队,团结起来,筑成民族统一战线的坚固长城,抵抗日寇的侵掠!国共两党亲密合作抵抗日寇的新进攻!"同日,毛泽东、朱德、彭德怀等致电蒋介石,表示红军将士愿意"为国效命,与敌周旋,以达保土卫国之目的",要求"御侮抗战之旨,实行全国总动员,保卫平津,保卫华北,收复失地"。同时,红军将领致电宋哲元,表示"誓做贵军后盾"。7月14日,叶剑英在西安代表中共中央向南京表示:"愿在蒋指挥下努力抗战,红军主力准备随时出动抗日。"同日,中共中央军委命令红军做好开赴前线的准备。7月15日,中共代表周恩来将《中共中央为公布国共合作宣言》交给蒋介石。宣言提出发动全民族抗战、实行民权政治、改善人民生活等三项基本要求,重申中共为实现国共合作的四项保证。17日,周恩来、博古、林伯渠同蒋介石、邵力子、张冲在庐山谈判。中共代表提出以《中共中央为公布国共合作宣言》为国共两党合作的政治基础,约定由国民党中央通讯社发表。

7月底,北平、天津相继失守。8月初,日军以30万兵力沿平绥、平汉、津浦三条铁路向华北腹地大举进攻。8月13日,日军为了求得"速战速决",又把战火烧到上海,这就是八一三事变。

在全国抗日救亡运动不断高涨和共产党倡议国共合作的情况下,国民政府在一定程度上改变了对日本的态度。7月17日,蒋介石在庐山发表谈话,提出解决事变的最低限度条件,表示了抗战决心。但这时他仍希望把卢沟桥事变作为"局部事件",通过外交途径求得和平解决。直到八一三事变爆发后,蒋介石才明白:日本的侵略目的是想并吞整个中国,中日之间的全面战争再难避免。这时,他不得不改弦更张,决心接受中国共产党和爱国人民的建议,实现团结抗日。

蒋介石急欲调动红军开赴抗日前线,所以在红军改编问题上有所松动,也同意在国民党统治区若干城市设立八路军办事处和出版《新华日报》。8月22日,国民政府军事委员会发布命令,将红军改编为国民革命军第八路军,任命朱德、彭德怀为正副总指挥。25日,中共中央军委发布命令:红军改编为八路军,朱德任总指挥,彭德怀任副总指挥,叶剑英任参谋长,左权任副参谋长,任弼时任政治部主任,邓小平任政治部副主任。

在共产党方面的一再催促下,9月22日,国民党中央通讯社公布了《中共中央为公布国共合作宣言》。第二天,蒋介石发表谈话,在事实上承认中国共产党的合法地位。中共"宣言"和蒋介石谈话的发表,宣告国共两党重新合作和中国抗日民族统一战线的形成。

国共合作受到全国各族人民、各民主党派和爱国民主人士的热烈欢迎。国民党左派领袖宋庆龄发表声明指出:"共产党是一个代表工农劳动阶级利益的政党。孙中山知道没有这些劳动阶级的热烈支持与合作，就不可能顺利地实现完成国民革命的使命。……国难当头，应该尽弃前嫌。必须举国上下团结一致，抵抗日本，争取最后胜利。"救国会领袖沈钧儒、邹韬奋，中华民族解放行动委员会领导人章伯钧等，都积极拥护以国共合作为基础的抗日民族统一战线政策。国民党内李济深、陈铭枢等领导的中华民族革命同盟，也从一度反蒋抗日转到拥蒋抗日的立场。国家社会党、中国青年党、中华职业教育社、乡村建设派等一致表示拥护政府抗战，拥护国共两党合作抗日。

　　在中国共产党的积极努力和推动下，以国共两党合作为中心，中国各族人民、各民主党派、各爱国军队、各阶层爱国人士以及海外华侨的抗日民族统一战线终于发展起来。在这一旗帜下，全国人民团结一致，开始了中国近代以来规模空前的民族革命战争。

> 上海的朋友在将我的《论持久战》翻成英文本，我听了当然是高兴的，因为伟大的中国抗战，不但是中国的事，东方的事，也是世界的事。……我的这本小书，是一九三八年五月间作的，因为它是论整个中日战争过程的东西，所以它的时间性是长的。至于书中论点是否正确，有过去全部抗战经验为之证实，今后经验也将为之证实。
>
> ——《抗战与外援的关系——〈论持久战〉英译本序言》
> （1939年1月20日）

全民族抗日统一战线形成后，中国的抗战局势依旧十分复杂。"速胜论"和"再战必亡"的"亡国论"都占有一定市场。为了从思想上解决"速胜论""亡国论"等错误观点，1938年5月，毛泽东写就了这篇《论持久战》。《论持久战》的影响巨大，还被翻译成英文，向海外发行。1939年1月20日，毛泽东为英译本写了这篇序言。在序言里，他谦虚地写道："至于书中论点是否正确，有过去全部抗战经验为之证实，今后经验也将为之证实。"今天，关于毛泽东当时对战争局势预判正确性与否，已无需作答。

14 全面抗战与持久战：抗战的路线和方针

围绕着如何进行抗日战争的问题，国共两党一直都存在着巨大的分歧。1937年9月6日出版的《解放》第一卷第十五期刊登了这样一份决定——《中共中央关于目前形势与党的任务的决定》。这份重要决定形成于1937年8月的洛川会议，明确了中国共产党日后抗战的战略和方向。

全国抗战一开始，中国共产党就主张改善民生，组织宣传群众，发动起全国人民进行广泛的抗战。而国民党方面，掌握实权的主体是代表大地主大资产阶级利益的亲英美派的蒋介石集团。他们害怕民众的觉醒会危及自身利益，只是单纯依靠政府和军队的抗战，实行的是一条片面抗战路线。

针对这两条抗战路线，1937年7月23日，毛泽东发表《反对日本进攻的方针、办法和前途》一文，明确指出对抗日本侵略存在着两种方针、两套办法和两个前途。

两种方针：一种是坚决抗战的方针，另一种是妥协退让的方针。两套办法：一套是动员全国人民、全国军队，争取广泛外援的办法，具体地说就是要实现八大纲领，另一套是与此相反、不实现八大纲领的办法。两个前途：一个是"驱逐日本帝国主义、实现中国自由解放的前途"，一个是"日本帝国主义占领中国、中国人民都做牛马奴隶的前途"。中国共产党历来主张实行坚决抗战的方针。为此，必须实行全国军队和人民的总动员以及革新政治等一整套办法。毛泽东向全党全国呼吁："只有全民族实行抗战，才是我们的出路。我们要求立刻给进攻的日军以坚决的抵抗，并立刻准备应付新的大事变。全国上下应立刻放弃任何与日寇和平苟安的打算。"

为了贯彻全面抗战的方针，1937年8月22日至25日，中共中央在陕北洛川城北10公里处的红军指挥部驻地冯家村召开政治局扩大会议，讨论确定党在抗日战争时期的任务及各项政策，制定指导全国抗战的路线、方针、政策。这就是著名的洛川会议。参加会议的政治局委员、中央委员和各方面主要负责人有：毛泽东、张闻天、周恩来、朱德、任弼时、关向应、刘伯承、贺龙、博古、彭德怀、张浩、林彪、聂荣臻、罗荣桓、张文彬、萧劲光、林伯渠、徐向前、周建屏、傅钟、凯丰、张国焘、周昆共23人。张闻天主持了会议。

毛泽东代表中央政治局在会上作了军事问题以及同国民党关系问题的报告。他深刻地分析了卢沟桥事变以后中国革命的形势，指出抗日战争将是用持久战打倒日本帝国主义，建立民主共和国。中国共产党的任务是争取对民族革命战争的领导权。他强调指出：单纯从共产党和红军的数量，不能解释领导权问题。但从共产党的声威和红军作战能力，全国人民的瞩望来看，共产党必须争取抗日战争的领导地位。我们的方针，最基本的是持久战。中日双方都有其弱点和长处，持久战的结果，是中国的胜利。他指出：红军的基本任务是创立敌后抗日根据地，钳制与消灭敌人，配合友军作战（战略支持任务），保存与扩大红军，以挫败日寇亡华方针。红军必须坚持独立自主的游击战，就是打得赢就打，打不赢就跑。红军作战着重于山地游击战，包括有利条件下消灭敌人的主力兵团与在平原地区发展游击战。山地游击战要达到创立根据地的目的。

关于同国民党关系的问题，毛泽东指出：共产党必须坚持、巩固并扩大抗日民族统一战线。我们准备有所让步，采取不决裂的方针，以通过政治纲领为原则，现在要催促国民党发宣言。同时，还要做地方军阀的统一战线工作。共产党必须在统一战线中坚持党的阶级的独立自主的立场，这种独立性包括政治上和组织上两个方面。1927年春夏做了资产阶级的尾巴的教训，必须吸取。必须保证共产党对红军的绝对领导。红军的调动，只能由中国共产党来决定，而不能由国民党决定。

接着，出席会议的人员围绕毛泽东的两个报告进行了讨论。先后在会上发言的有：朱德、林伯渠、任弼时、彭德怀、刘伯承、周恩来、林彪、凯丰、聂荣臻、张国焘、博古、关向应、张浩、张闻天等。他们完全同意毛泽东报告中关于战局的分析和提出的共产党独立自主领导抗日战争的方针政策，认为全国抗战开始以后，共产党和国民党的争论，已经不是应否抗战的问题，而是如何争取胜利的问题，且争取抗战胜利的关键，是坚持统一战线中的独立性，动员组织群众，发展红军力量，开展抗日游击战争，经过持久抗战，去争取胜利。

8月25日，会议通过了《中央关于目前形势与党的任务的决定》。决定指出，中国的抗战是一场艰苦的持久战。争取抗战胜利的关键，在于使已经发动的抗战发展为全面的全民族的抗战。要求共产党及其领导的民众和武装力量站在抗战的最前线，使自己成为全国抗战的核心。会议还通过了以下几个具体决定：（一）决定以《抗日救国十大纲领》作为党领导抗战的纲领。《抗日救国十大纲领》的主要内容是：1.打倒日本帝国主义；2.全国军事的总动员；3.全国人民的总动员；4.改革政治机构；5.抗日的外交政策；6.战时的财政经济政策；7.改良人民生活；8.抗日的教育政策；9.肃清汉奸卖国贼亲日派，巩固后方；10.抗日的民族团结。（二）决定在敌人后方放手发动独立自主的游击战争，使游击战争担负配合正面战场、开辟敌后战场、建立敌后抗日根据地的任务。（三）决定在国民党统治区放手发动抗日群众运动，争取全国人民应有的政治经济权利。（四）决定以减租减息作为党在抗日战争时期解决农民问题的基本政策。（五）决定组成中共中央革命军事委员会（简称中央军委），以加强党对军事工作的领导。中央军委由毛泽东、朱德、周恩来、彭德怀、任弼时、张浩、叶剑英、林彪、贺龙、刘伯承、徐向前11人组成，毛泽东任书记（亦称主席），朱德、周恩来为副书记（亦称副主席）。同日，中央军委正式发布中国工农红军改编为国民革命军第八路军的命令。

洛川会议是在全国抗战刚刚爆发的重要关头召开的一次重要会议。会议正式形成了党的全面抗战路线，阐明了党在抗日战争时期的基本政治主张，明确了我军的战略任务和战略方针，为全党和全国人民指明了抗战的正确方向，极大地增强了人们争取抗战胜利的信心。

为动员并组织全面抗战，必须明确提出抗战的军事战略方针。

"七七事变"后，中华民族逐渐结成了最广泛的爱国统一战线，同日本帝国主义进行了殊死搏斗，先后取得了平型关、台儿庄等战斗的胜利，极大地鼓舞了中国人民的斗志，"速胜论"的观点在一定程度上流传开来。与此同时，由于国民党的片面抗战路线以及积贫积弱的国力无力在短时间内与强大的日本法西斯力量对抗，在抗日战争刚进行到第十个月后，北平、华北、上海、南京如东三省一样相继落入敌手，也使一部分人产生了悲观情绪，"再战必亡"的"亡国论"也占有一定市场。

在延安指导敌后抗战的毛泽东并没有被当时波诡云谲的形势搞晕了头脑。他深刻地认识到：只有对抗战以来的经验作出正确总结，对持久战进行深刻分析和研究，才能在思想上解决"速胜论""亡国论"等错误观点。因此，继《中国革命战争的战略问题》和《抗日游击战争的战略问题》之后，毛泽东在条件简陋的窑洞中，经过8天9夜的呕心沥血，写下了这篇分析和指导抗日战争、长达五万余字的又一重要军事著作——《论持久战》，并于1938年5月26日至6月3日，在延安抗日战争研究会上进行了长达九天的讲演。

《论持久战》有三方面主要内容：（一）揭示抗日战争发展的基本规律，驳斥"速战论"和"亡国论"的错误；（二）明确提出"持久战"的观点，并对战争的三个阶段进行系统论述；（三）阐释了只有实行人民战争才能胜利的思想，提出了一系列正确的战术战略。

其中，第三个问题是中国抗日战争最终取得胜利的军事保证，也是文章论述的重点。在《论持久战》中，毛泽东全面地分析了中日战争所处的时代和中日双方的基本特点，完整、准确地阐述了中日战争的持久战总方针，有力地驳斥了"亡国论""速胜论"等错误观点，明确指出："中日战争不是任何别的战争，乃是半殖民地半封建的中国和帝国主义的日本之间在20世纪三十年代进行的一个决死的战争。"而战争双方的基本特点是："日本的军力、经济力和政治作战力是强的，但其战争是退步的、野蛮的，人力、物力又不充足，国际形势又处于不利。中国反是，军力、经济力和政治组织力是比较弱的，然而正处于进步的时代，其战争是进步的和正义的，又有大国这个条件足以支持持久战，世界的多数国家是会要援助中国的。""这些特点，规定了和规定着双方一切政治上的政策和军事上的战略战术，规定了和规定着战争的持久性和最后胜利属于中国而不属于日本。"而"亡国论者"只看到敌强我弱这一个特点，"速胜论者"则根本忘记敌强我弱这一个特点。

毛泽东根据敌对双方互相矛盾着的各种因素以及这些因素在战争中的发展变化，科学地预见了中国持久抗战将经历三个阶段："第一个阶段，是敌之战略进攻、我之战略防御的时期。第二个阶段，是敌之战略保守、我之准备反攻的时期。第三个阶段，是我之战略反攻、敌之战略退却的时期。"毛泽东着重指出，第二阶段是整个战争的过渡阶段，"将是中国很痛苦的时期，然而它是转变的枢纽。中国将变为独立国，还是沦为殖民地，不决定于第一阶段大城市之是否丧失，而决定于第二阶段全民族努力的程度。如能坚持抗战，坚持统一战线和坚持持久战，中国将在此阶段中获得转弱为强的力量"。

毛泽东还阐述了能动性在战争中的作用，战争与政治的关系，实行持久战总方针所应采取的具体作战方针、作战原则和作战形式等。并强调:"在第一和第二阶段即敌之进攻和保守阶段中,应该是战略防御中的战役和战斗的进攻战,战略持久中的战役和战斗的速决战,战略内线中的战役和战斗的外线作战。在第三阶段中,应该是战略的反攻战。"为了实现持久战的战略总方针,毛泽东再次强调八路军的战略方针是:"基本的游击战,但不放松有利条件下的运动战。"他还运用马克思主义历史唯物主义观点,提出"兵民是胜利之本"的重要思想。他说:"武器是战争的重要的因素,但不是决定的因素,决定的因素是人不是物。力量的对比不但是军力和经济力的对比,而且是人民和人心的对比。""战争的伟力之最深厚的根源,存在于民众之中。"只要动员全国老百姓,就会造成陷敌于灭顶之灾的汪洋大海之中。"抗日战争是持久战,最后胜利是中国的——这就是我们的结论。"毛泽东在这篇论著中,首次明确提出政治工作三原则:即官兵一致、军民一致、瓦解敌军。

《论持久战》一经发出,犹如黑暗中的一盏明灯,给彷徨无助的国人带来了希望,成为全国抗日战争的基本指导思想。它不仅坚定了中国人民持久抗战的胜利信心和决心,而且引起中外人士的强烈反响。

程思远回忆说:"毛泽东《论持久战》刚发表,周恩来就把它的基本精神向白崇禧作了介绍。白崇禧深为赞赏,认为这是克敌制胜的最高战略方针。后来白崇禧又把它向蒋介石转述,蒋也十分赞成。在蒋介石的支持下,白崇禧把《论持久战》的精神归纳成两句话:'积小胜为大胜,以空间换时间。'并取得了周公的同意,由军事委员会通令全国,作为抗日战争中的战略指导思想。"

当时,周恩来还把《论持久战》由武汉寄到香港,委托宋庆龄找人译成英文,向海外发行。毛泽东很重视这件事,特为英文本写了序言,指出:"中国的抗战是世界性的抗战。孤立战争的观点,历史已指明其不正确了。""希望此书能在英语各国间唤起若干的同情,为了中国的利益,也为了世界的利益。"在海外,这部论著同样得到高度评价。一位外国记者曾评论说:"不管他们对于共产党的看法怎样,以及他们所代表的是谁,大部分的中国人现在都承认毛泽东正确地分析了国内和国际的因素,并且无误地描绘了未来的一般轮廓。"

> 游击战争是在全战争中占着一个重要的战略地位的。没有游击战争，忽视游击队和游击军的建设，忽视游击战的研究和指导，也将不能战胜日本。
>
> ——《战争和战略问题》（1938年11月6日）

在反抗日本侵略的战争中，国民党在正面战场组织了多场战役，有力地阻止了日军向中国腹地的推进。与此同时，共产党领导的敌后战场，广泛发动群众，开展游击战争，钳制和歼灭了日军大量兵力，逐渐成为中国人民抗日战争的主战场。1938年11月6日，毛泽东在《战争和战略问题》一文中，就对游击战争的重要作用作了详细的阐述。

15 游击战争：取得抗战胜利的战略因素

1937年11月上旬太原失守前，八路军主要是直接在战役上配合国民党军作战。平型关大捷、忻口战役都是八路军在战役上配合友军作战取得胜利的经典战役。同时，八路军以小部分兵力进行发动群众和组织群众武装的工作。时任中共山西公开工作委员会书记的薄一波，在山西组建新军。到1939年年底，新军总兵力发展到5万余人。这支部队密切协同八路军作战，起了很大作用。

太原失陷后，中国共产党领导的军队根据洛川会议的决定，着重向敌后发展，开辟敌后战场，建立敌后抗日根据地，主要从战略上配合国民党军作战。这样，在中国的抗日战争中就形成两个互相配合的战场：一个是主要由国民党军队担负的正面战场，一个是由共产党军队担负的敌后战场。

11月中旬，八路军三大主力第一一五师、第一二〇师、第一二九师和山西新军按晋东北、晋西北、晋东南、晋西南四个地区在敌后实行战略展开。第一一五师一部在罗荣桓、聂荣臻率领下，成立了晋察冀军区。至12月下旬，边区发展到30余县，部队发展到2万余人。1938年1月10日至15日，在河北阜平召开晋察冀边区军政民代表大会，成立了晋察冀边区临时行政委员会。这是敌后由共产党领导建立的第一个统一战线性质的抗日民主政权，它的成立，标志着八路军首创的晋察冀抗日根据地基本形成。到1938年10月，八路军共作战1500余次，歼敌5万余人，收复大片国土，从山区到平原，建立了晋察冀、晋绥、晋冀豫、晋西南和山东等大块抗日根据地，开辟了广大的敌后战场，部队发展到15万余人，成为华北抗战的主力军。

在此前后，国共两党达成协议，将留在南方八省边界地区的红军和游击队（除琼崖红军游击队外），改编为国民革命军陆军新编第四军，即新四军。由叶挺任军长，项英任副军长，下辖四个支队。新四军成立后，也迅速进入敌后，开展抗日游击战争和创建根据地。到1940年年底，先后建立了苏南、皖东、豫皖苏边、苏皖边、苏北、鄂豫边等根据地，面积达到4.4万余平方公里，人口1470余万，新四军主力部队发展到8.8万余人。新四军挺进大江南北，开展独立自主的游击战争，建立敌后抗日根据地，开辟了华中敌后战场。华中抗日根据地的创建和发展，使新四军有了基本的阵地和可靠的后方。

陕甘宁边区是八路军、新四军的总后方。1936年10月，红二、四方面军长征到达陕北，与中央红军胜利会师，陕甘宁革命根据地从此成为中国革命的大本营。1937年9月6日，原陕甘宁革命根据地的苏维埃政府正式改称陕甘宁边区政府，首府延安，林伯渠任主席，张国焘任副主席。边区军民艰苦奋斗，建立了抗日民主政权，实行一系列民主改革；重视加强边区党的建设，开展整风运动；根据当地的实际情况，大力发展经济；大力发展文化教育事业。陕甘宁边区是中国共产党的政治中心，是抗日根据地的试验区和示范区，是自力更生、艰苦奋斗的榜样，也是解放战争的坚强支柱。

八路军、新四军在敌后开展游击战争，最初是依托山区进行的。经过一年多的敌后抗战，取得了巨大的成绩。到1938年10月，八路军和新四军同日军作战达1600余次，歼敌5.4万人；八路军发展到15.6万余人，新四军发展到2.5万人。与此同时，在共产党人杨靖宇等领导下的东北抗日联军，也更加活跃地战斗在白山黑水间，给日伪军以沉重的打击。

1938年10月，日军占领广州、武汉以后，中国的抗日战争逐渐转入战略相持阶段。随即，中共中央作出重要决策，将原在山西山区的八路军三大主力分别向河北和山西的平原地区挺进。11月下旬，第一二九师主力进入冀南，第一二〇师主力进入冀中，第一一五师一部进入冀鲁豫边区和山东，在这些地区开辟新的抗日根据地。新四军各部也利用河湖港汊等复杂地形开展游击战。

在战略相持阶段，日军逐步将主要兵力用于打击敌后战场的人民军队，以保持和巩固其占领地。由此，敌后游击战争成为主要的抗日作战方式。从1938年冬到1940年的两年多时间，中国共产党领导的敌后抗战牵制和抗击了大量侵华日军。敌后游击战争通过在广大地区内以无数大小的战斗对日军进行袭击，积小胜为大胜，逐步歼灭日军的有生力量，使人民抗日力量在战斗中成长壮大起来。到1940年年底，除东北抗日联军外，共产党领导的武装部队发展到50万人，还有大量地方武装和民兵。

1940年夏，日本帝国主义一面加紧对国民党政府的政治诱降活动,一面加强对敌后抗日根据地的"肃正"讨伐。为了粉碎日军的图谋,克服国民党政府对日妥协投降的危险,华北八路军向日军发动了一次大规模的进攻战役。随着战役的展开,八路军参战部队达到了105个团20余万人,故称"百团大战"。

百团大战沉重打击了日伪军的"囚笼政策",有效巩固了华北抗日根据地。同时,牵制和消耗了日军大量兵力,有力地策应了正面战场作战,抑制了国民党顽固派的投降逆流。百团大战也彻底粉碎了国民党顽固派诬蔑八路军"游而不击"的谬论,提高了中国共产党和八路军的威望。连蒋介石都不得不承认八路军的战绩,在百团大战中致电朱德、彭德怀说:"贵部窥此良机,断然出击,予敌甚大打击,特电嘉奖。"

在开展敌后游击战争的同时,毛泽东针对党内右倾机会主义者轻视游击战争、把自己的希望寄托于国民党军队作战的错误思想,先后撰写了《抗日游击战争的战略问题》《论持久战》《战争和战略问题》等多篇文章,驳斥了这种观点,系统阐释了中国革命的武装斗争应采取游击战争的理论,有力地指导着敌后抗战事业。

> 大家学习党史，学习路线，知道中国共产党历史上有两个重要关键的会议。一次是一九三五年一月的遵义会议，一次是一九三八年的六中全会。
>
> ……六中全会是决定中国之命运的。
>
> ——《关于第七届候补中央委员选举问题》
>
> （1945 年 6 月 10 日）

1945 年 6 月 10 日，毛泽东出席中国共产党第七次全国代表大会。这次会议公布了 9 日正式中央委员选举结果，共选出正式中央委员 44 人，毛泽东当选正式中央委员。接着，毛泽东在会上作关于选举候补中央委员问题的报告。在报告中，毛泽东对党的六届六中全会进行了高度评价，称其是"决定中国之命运的"。

16 六届六中全会：决定中国之命运

在抗日战争中，党如何正确处理抗日统一战线中的统一和独立、团结和斗争的关系，成为对抗战成败具有决定意义的关键性问题。洛川会议制定全面抗战路线和独立自主游击战的战略方针，已为抗战实践所证明是正确的。可是，1937 年 11 月底从苏联回国的王明，却以传达共产国际和斯大林"新政策"为名，在 1937 年 12 月和 1938 年 3 月召开的两次政治局会议上，对中共中央和毛泽东横加指责，对洛川会议以来中共中央在统一战线问题上的许多正确观点和政策提出批评。他虽然也讲了要坚持抗战、坚持统一战线，但重点却是否定洛川会议以来中央的路线和政策，不点名地批评毛泽东关于国民党中有左、中、右派的分析，点名批评刘少奇有关"抗日游击战争基本政策"的正确观点，主张"一切服从统一战线"，"一切经过统一战线"，把党和人民军队的活动限制在国民党允许的范围内。王明的右倾错误主张对党的工作造成危害，使党未能在1937年冬至1938年春在华中敌后更广泛地开展抗日游击战争和创建抗日根据地。

中共中央对王明的右倾错误进行了坚决的抵制和斗争。1938年3月，中共中央派任弼时去莫斯科，如实向共产国际说明中国的抗战情况、国共两党关系及党所采取的路线和政策。任弼时实事求是的汇报，使共产国际领导人对中国的实际情况有了较多了解。8月，中共驻共产国际代表王稼祥回国，带回了共产国际的指示，并在9月14日召开的中共中央政治局会议上传达了共产国际的指示和季米特洛夫的口头意见："中共一年来建立了抗日民族统一战线，尤其是朱（德）、毛（泽东）等领导八路军执行了党的新政策，国际认为中共的政治路线是正确的，中共在复杂的环境及困难的条件下真正运用了马克思主义。""在领导机关中要在毛泽东为首的领导下解决，领导机关中要有亲密团结的空气。""应该告诉全党，支持毛泽东为中国共产党领导人，他是在实际斗争中锻炼出来的，其他人如王明，就不要再争当领导人了。"王稼祥传达的共产国际的正确指示，第一次明确肯定了毛泽东的领导地位，这就从根本上剥夺了王明以共产国际的"钦差大臣"自居，不断对中共中央的政治路线说三道四的资本，对统一全党的认识，尤其是对加强中央领导机关指导思想的一致，起了重要的作用，也为六届六中全会的召开创造了有利条件。

1938年9月29日至11月6日，党的扩大的六届六中全会在延安桥儿沟天主堂召开。参加这次全会的有中央委员17人，中央各部门和全国各地区负责人30余人。这是1928年党的六大以来到会人数最多的一次中央全会。

会上,毛泽东代表中央政治局作了题为《论新阶段》的政治报告。这是会议的中心议题。张闻天、周恩来等同志也分别向会议报告了各方面和各地区的工作情况。最后,王稼祥致闭幕词。

毛泽东在报告中指出:坚持抗战,坚持持久战,力求团结与进步——这就是15个月抗战的基本教训,也就是今后抗战的总方针。目前,抗战正处于由战略防御转入战略相持阶段的过渡时期。我国军民要抓住敌人兵力不足和兵力分散的弱点,把正面战场的抵抗和敌后广泛的游击战争结合起来,大量地消耗敌人的有生力量,从而促使抗日战争转入战略相持阶段。为了使全党切实担当起历史重任,毛泽东号召共产党员要在抗日战争中发挥实事求是的模范作用。他还特别强调了全党要深入学习马克思列宁主义并指导实践的问题,要求全党必须着重地致力并解决普遍深入地研究马克思列宁主义的理论的任务;必须学习我们的历史遗产,用马克思主义的方法给予批判的总结;必须时刻注意研究党运动的现状及其发展。

会议再次强调中国共产党必须独立自主地领导全国人民进行抗日战争,批评了党内在统一战线问题上存在的关门主义和投降主义偏向,尤其是王明"一切经过统一战线""一切服从统一战线"的错误主张,强调正确的统战方针应该是既统一又独立。全会重申,抗战时期党要把主要工作方面放在战区和敌后,坚持独立自主地放手组织人民抗日武装斗争的方针,以主要力量在敌后开展独立自主的游击战争,建设抗日民主根据地。实际上,这是中国革命在抗日民族解放战争的条件下继续走乡村包围城市的道路。

全会正确地分析了抗日战争的形势,确定了党在抗战新阶段的任务,为实现党对抗日战争的领导进行了全面的战略规划,从政治上、思想上、组织上保证了党中央正确路线的贯彻执行，推动了各项工作的迅速发展。确定敌后抗战总的战略部署是"巩固华北，发展华中"。全会决定撤销长江局，设立南方局和中原局，周恩来和刘少奇分别任书记，东南分局改为东南局，项英任书记；决定充实北方局，由朱德、彭德怀、杨尚昆组成常务委员会，杨尚昆任书记。全会还补选林伯渠、董必武、吴玉章为中央委员会委员。

全会强调巩固和加强党的团结的重要性，"中国共产党内部的团结，是团结全国人民争取抗日胜利和建设新中国的最基本的条件"。毛泽东系统论述了党的干部政策问题。他说："共产党的干部政策，应是以能否坚决地执行党的路线，服从党的纪律，和群众有密切的联系，有独立的工作能力，积极肯干，不谋私利为标准，这就是'任人唯贤'的路线。"全会还对过去反倾向斗争中给干部乱加罪名、扣帽子的做法予以严肃批评。

全会通过了《中共扩大的六中全会政治决议案》，批准了以毛泽东为代表的中央政治局的正确路线，基本上克服了党内以王明为代表的右倾错误，制定了党领导抗战的全面战略规划，统一了全党思想，为党领导抗战取得最终的胜利奠定了坚实的基础。

在六届六中全会上，许多同志还以亲身经历，说明了毛泽东同志是中国革命的正确领导者，是经过考验的中国共产党的领袖。张闻天说："能否成为党的领袖，决定于他的聪明能力，对党的忠实及其实际工作，在最困难的时期最能坚持党的正确路线。有了这些条件，则不但党内承认，民众也承认为革命领袖。"彭德怀在会上说："党有了群众信仰的领袖。在我们知道的十年中，毛泽东同志基本上是正确的。""领袖的培养是在坚决斗争中锻炼出来的，是由正确的领导而取得的。领袖不能委任，领袖也不是抢来的，领袖是长期斗争中产生的。"陈云在会上说："我感到中央自1935年遵义会议以后到现在,无什么大的错误,这主要是由于中央有远见,起了把舵的作用。"

如果说,遵义会议开始纠正了党内错误的指导思想,解决了毛泽东在中央的军事领导权的话,那么,六届六中全会就是维护了党内的正确思想,完全确立了毛泽东在全党的政治领导权。因此,后来毛泽东在党的七大上这样评价:"六中全会是决定中国之命运的","没有六中全会,今天的局面不会有这样大"。

抗战以来，全国人民有一种欣欣向荣的气象，大家以为有了出路，愁眉锁眼的姿态为之一扫。但是近来的妥协空气，反共声浪，忽又甚嚣尘上，又把全国人民打入闷葫芦里了。特别是文化人和青年学生，感觉锐敏，首当其冲。于是怎么办，中国向何处去，又成为问题了。因此，趁着《中国文化》的出版，说明一下中国政治和中国文化的动向问题，或者也是有益的。

……中国革命的历史进程，必须分为两步，其第一步是民主主义的革命，其第二步是社会主义的革命，这是性质不同的两个革命过程。而所谓民主主义，现在已不是旧范畴的民主主义，已不是旧民主主义，而是新范畴的民主主义，而是新民主主义。

由此可以断言，所谓中华民族的新政治，就是新民主主义的政治；所谓中华民族的新经济，就是新民主主义的经济；所谓中华民族的新文化，就是新民主主义的文化。

——《新民主主义论》（1940年1月）

《新民主主义论》，最早名为"新民主主义的政治与新民主主义的文化"，是毛泽东于1940年1月9日在陕甘宁边区文化协会第一次代表大会上的讲演，发表在1940年2月延安出版的《中国文化》创刊号上。后经其多次修改、充实，形成今天我们所能看见的版本。全文共分为15大部分，系统论述了中国革命的历史特点，新民主主义政治、经济、文化和新旧三民主义的异同等诸多内容。这篇文章也超越了"目的主要为驳顽固派"的初衷，其中论及的许多重要思想，成为解决中国民主革命问题的纲领指南。文章对中国近百年来，特别是五四运动以后20多年丰富革命经验的科学总结，是中国共产党在长期革命和斗争中形成的集体智慧的结晶。

17 新民主主义论：新的指导理论的产生

抗日战争进入战略相持阶段后，国民党统治集团一方面受到日本诱降和英美对日本绥靖政策的影响，另一方面惧于共产党武装力量的发展壮大，其投降、分裂、倒退活动日益严重。1939年1月，国民党五届五中全会决定了"溶共""防共""限共""反共"的反动方针。会后设立"防共委员会"，同时在国民党统治区大肆进行反共宣传，加强"中统""军统"等特务机构的活动，打击并破坏共产党和其他进步组织，监禁共产党员和爱国人士。各地的反共磨擦活动日趋严重，接连发生博山惨案、深县惨案、平江惨案、确山惨案等袭击和杀害共产党领导的抗日军民或后方工作人员的严重事件。

1939年11月，国民党五届六中全会进一步确定以"军事限共为主、政治限共为辅"的方针。此后，国民党顽固派接连发动三次武装进攻共产党军队和抗日根据地的反共高潮。

1939年冬至1940年春，国民党顽固派掀起第一次反共高潮。12月，国民党军队进攻陕甘宁边区，先后侵占了边区五座县城，并阴谋进攻延安。在山西，阎锡山发动十二月事变，进攻共产党领导的新四军和八路军。蒋介石在中条山的几个军也采取同样的军事行动。1940年二三月间，国民党军队进攻太行和冀南抗日根据地，矛头直指八路军总部。这些武装进攻遭到八路军和敌后人民的坚决反击，最后都以失败告终，第一次反共高潮被打退。

1940年秋，国民党把反共武装进攻的重点从华北转向华中，在皖东、苏北发动大规模武装磨擦。九十月间，国民党韩德勤部向苏北的新四军发动进攻。新四军出于自卫进行反击，在黄桥战役中消灭韩军1.1万人。之后，蒋介石集团掀起第二次反共高潮。1941年1月，新四军军部及所属皖南部队9000余人，在移师北上途经泾县茂林地区时，突然遭到国民党7个师8万余人的包围袭击。在双方力量悬殊的情况下，新四军英勇拼杀，终因弹尽粮绝，除2000人突围外，大部被俘、失散或牺牲。军长叶挺被无理扣押，副军长项英遇害。这就是震惊中外的皖南事变，是国民党第二次反共高潮的最高峰。

皖南事变后，共产党同国民党顽固派进行了坚决斗争。在全国人民的声讨和国际舆论的压力下，国民党当局陷入孤立，反共活动不得不有所收敛。1941年3月6日，蒋介石在国民参政会第二届会议上发表演说，"保证"决不再有"剿共"的军事行动。接着，国民参政会选举董必武为驻会参政员，蒋介石约请周恩来面谈，答应解决国共之间的若干问题。至此，国民党的第二次反共高潮被击退。

1943年春，在中国共产党领导的敌后抗战得到很大发展的时候，国民党又掀起第三次反共高潮。蒋介石署名出版《中国之命运》一书，公开反对共产主义和自由主义，暗示在两年内要消灭共产党和一切革命力量。6月，国民党顽固派调动军队在陕甘宁边区周围进行挑衅。为了制止国民党顽固派的反共高潮，中国共产党在政治上发起有力反击，通过媒体、舆论等揭露国民党顽固派的内战阴谋，各根据地军民纷纷开展声势浩大的反对内战、保卫边区的群众运动。英美等国出于遏制日本的需要，也不希望中国在此时发生内战。在内外压力下，蒋介石被迫停止军事行动。这次反共高潮还没发展成大规模的武装进攻就被制止了。

在战场上打退国民党的第一次反共高潮的同时，共产党还迎击了国民党在政治战线上的进攻。

1939至1940年之际，就在抗日战争进入战略相持的紧张时刻，国民党顽固派却不断掀起反共活动的浪潮。一方面，他们由制造小规模的军事磨擦转向发动较大规模的武装进攻，冲击根据地抗战力量；另一方面，又重点加强在思想战线上对共产党的理论攻势，大肆鼓吹"一个主义""一个政党""一个领袖"，企图异化共产党的指导思想。

为了回击国民党顽固派的责难，同时也为了把更多的人吸引到科学共产主义的理论大旗下，这一时期，毛泽东在接连发表了《〈共产党人〉发刊词》《目前的形势和党的任务》《中国革命和中国共产党》后，毛泽东又撰写了《新民主主义论》，第一次提出了完整的新民主主义科学理论，系统回答了中国应该建立一个怎样的国家，这个国家的政治制度、经济制度、文化制度应该是怎样的，这个国家的前途是什么等问题。

毛泽东指出，半殖民地半封建社会的性质，决定了中国革命必须分两步走：第一步进行民主主义革命，第二步进行社会主义革命。中国民主革命在五四运动以后已经不是资产阶级领导的民主革命，而是新民主主义的革命。新民主主义革命是无产阶级领导的人民大众的反帝反封建的革命。区别新旧民主主义革命性质的根本标志是无产阶级领导权问题。

新民主主义革命的基本纲领是：政治上，推翻帝国主义和封建主义的压迫，在中国建立一个以无产阶级为领导的、以工农联盟为基础的各革命阶级联合专政的民主共和国。经济上，没收操纵国计民生的大银行、大工业、大商业，建立国营经济；没收地主土地归农民所有，并引导农民发展合作经济；允许民族资本主义经济的发展和富农经济的存在。文化上，废除封建买办文化，发展民族的科学的大众的文化。

新民主主义的发展前途，必然是社会主义。新民主主义革命和社会主义革命是两个不同的革命阶段，不能"毕其功于一役"，但两个革命阶段必须也必然是相互连接的，不容横插一个资产阶级专政。实现党在民主革命阶段的最低纲领，也是为着将来实现最高纲领。新民主主义革命是以共产主义思想为指导的。

统一战线、武装斗争、党的建设，这是中国共产党在中国革命中战胜敌人的三个主要法宝。"统一战线和武装斗争，是战胜敌人的两个基本武器。统一战线，是实行武装斗争的统一战线。而党的组织，则是掌握统一战线和武装斗争这两个武器以实行对敌冲锋陷阵的英勇战士。"

毛泽东对新民主主义理论的完整论述，是他进行了大量的理论研究工作，并集中全党集体的智慧，对中国革命的经验进行系统总结的结果，它标志着马克思列宁主义基本原理同中国革命具体实践相结合的毛泽东思想，有了进一步的发展。新民主主义理论的提出，对于党内的思想统一和广大人民的思想统一，对于中国革命的胜利发展，都具有非常重要的作用。

大家明白，我们在一九三七年以前入党的党员，剩下的不过数万人，而我们现在的党员是一百二十多万，其中大多数是农民及其他小资产阶级出身的，他们有很可爱的革命积极性，并愿接受马克思主义的训练；但是，他们是带了他们原来的不符合或不大符合于马克思主义的思想入党的。这种情形，就是在一九三七年以前入党的党员中也是存在着的。这是一个极其严重的矛盾，一个绝大的困难。在这种情形下，如果不进行一个普遍的马克思主义的教育运动，即整风运动，我们还能顺利地前进吗？显然是不能的。

——《论军队生产自给，兼论整风和生产两大运动的重要性》（1945年4月27日）

1945年4月27日，《解放日报》发表毛泽东写的社论《全军生产自给，今年应是普遍推行的一年——兼论整风与生产的历史重要性》。社论指出1942和1943两年先后开始的带普遍性的整风运动和生产运动"曾经分别地在精神生活方面和物质生活方面起了和正在起着决定性的作用"。这篇社论编入《毛泽东选集》时，题为《论军队生产自给，兼论整风和生产两大运动的重要性》。

18 整风运动：党内一次普遍的马克思主义教育运动

中国共产党成立后，在领导中国革命的过程中，既取得了巨大的成就，也经历过严重的挫折；即有成功的经验，也有失败的教训。

其中，给中国革命事业带来损失最大的，是以教条主义为主要特征的王明"左"倾错误。遵义会议以来，党在组织上确立了以毛泽东为核心的中共中央的正确领导，从军事上、政治上纠正了王明的"左"倾错误，但是，还没有来得及从全党范围内对过去的历史经验进行系统的总结，特别是没有来得及从思想上对过去党内历次"左"倾和右倾错误的根源进行深刻的总结。同时，抗战以来伴随着党组织的发展壮大，一些非马克思主义思想也被带进党内，成为各种错误倾向滋长的温床。因此，在党内进行一次普遍的马克思主义的教育运动是十分必要的。

1941年9月10日至10月22日，中共中央政治局扩大会议（即九月会议）在延安召开。先后参加会议的共23人。这次会议虽然开的时间很长，但实际上只有9月10日、11日、12日、29日和10月22日开了五次会。

毛泽东在第一天的会上作了"反对主观主义和宗派主义"的报告，他指出："过去我们的党很长时期为主观主义所统治，立三路线和苏维埃运动后期的'左'倾机会主义都是主观主义。苏维埃运动后期的主观主义表现更严重，它的形态更完备，统治时间更长久，结果更悲惨。这是因为这些主观主义者自称为'国际路线'，穿上马克思主义的外衣，是假马克思主义。""遵义会议，实际上变更了一条政治路线。过去的路线在遵义会议后，在政治上、军事上、组织上都不能起作用了，但在思想上主观主义的遗毒仍然存在。"

毛泽东在讲话中还分析了主观主义的三个来源：中国的传统，"左"的传统；外国的传统，过去共产国际如布哈林、季诺维也夫等人的影响；中国是科学不发达的、存在广大小资产阶级的国家。接着，他提出了克服主观主义、宗派主义的办法：要认识主观主义的严重性；要分清创造性的马克思主义和教条式的马克思主义；宣传创造性的马克思主义；要使中国革命丰富的实际马克思主义化；对于理论脱离实际的人，提议取消他的"理论家"的资格；宗派主义既排外又排内，必须整顿；要实行两条路线的斗争，反对主观主义和宗派主义，反对教条主义和事务主义；报纸上要多登文章，奖励辩证唯物论的文章，反对主观主义的文章；实行学制的改革，把过去的一套彻底打碎；要用分析和综合的方法来解决问题；研究六大至七大的中央决议；教育委员会的工作，先进行调查，再进行改革；延安开一个动员大会，集中力量反对主观主义和宗派主义；把犯了错误的干部健全地保留下来；实行全党动员，除增强党性决定、调查研究决定外，再写些文章。

毛泽东讲完话后，王稼祥总结了主观主义产生的根源，他说："除由于中国社会原因外，就是经验不够，学了一些理论而没有实际工作经验的人，易做教条主义者，从莫斯科国际回来没有实际工作经验的人，更易做教条主义者；实际工作经验多的人，不易做教条主义者，而容易成为狭隘经验主义者。"

毛泽东的报告明确提出了整风所要解决的问题、方法及根本方针，为这次会议及其后的全党整风运动定下了基调，得到了与会代表的赞同。会上，共有28人次发言，主要谈在中央内部开展反对主观主义和宗派主义斗争的重要意义，许多人以自我批评、对党高度负责的态度认真检讨了自己在历史上所犯的错误。

张闻天在会上作了两次检讨发言。大会第一天，他即表示要对自己的错误"作彻底的清算，不要掩盖，不要怕揭发自己的错误，不要怕自己的瘌痢头给人家看"。9月29日，他对自己在苏维埃后期的错误作了进一步分析，说道："对中央苏区工作，同意毛主席的估计，当时路线是错误的。政治方面是'左'倾机会主义，策略是盲动的。军事方面是冒险主义（打大的中心城市、单纯防御等）。组织上是宗派主义，不相信老干部，否定过去一切经验，推翻旧的领导，以意气相投者结合，这必然会发展到乱打击干部。思想上是主观主义与教条主义，不研究历史与具体现实情况。"

博古也诚恳地作了两次检讨发言。他表示对党在1932年至1935年的错误承担主要责任，认为自己过去只学了一些理论，便拿一套公式教条来反对人家。这些错误产生的根源在于当时自己完全没有实际经验，将在苏联学的德波林主义的哲学教条和苏联社会主义建设的教条经验照搬到中国来。他对自己给党造成的重大损失感到十分悲痛，希望在大家帮助下逐渐克服。

任弼时也在9月12日的会议发言中对自己在中央苏区一段时间内对毛泽东的错误批评作了实事求是的自我批评。他说：二十年党的历史说明，根本问题是思想方法问题，即如何使理论与实际真正联系的问题。并提出，对于毫无社会经验和常识的人，没有经过实际下层斗争锻炼的人，去参加一些下层工作锻炼是必要的。

只有王明在会上丝毫不作自我批评。他虽然作了两次发言，承认1932年至1935年的错误是路线错误，却把责任完全推到博古身上，为自己开脱。为了帮助王明转变态度，认识错误，毛泽东、王稼祥、任弼时一起多次找王明交谈，但毫无效果。在10月7日的谈话中，王明甚至攻击中共中央自抗战以来的方针太"左"了。他认为目前应当以国民党为主，共产党跟从之。建议中央不要实行新民主主义，设法同蒋介石妥协。次日，他又在中央书记处工作会议上大肆宣扬这种错误观点。

鉴于这种情况，会议期间，中央书记处又召开几天工作会议，进一步对王明的错误进行批评。10月13日，毛泽东根据大家发言的意见，归纳了几点看法，作为准备提交六届七中全会，再提交七次大会的一个结论草案。其要点是：（一）这一时期"左"倾机会主义错误比之立三路线，形态更完备，时期更长久，结果更悲惨。（二）这一错误的时期问题，从1932年开始，到1934年五中全会时便发展到最高峰。（三）我党20年来的历史问题。五四运动到大革命时期，是唯物辩证法运用比较好的时期，是我党生动活泼时期。1927年下半年，是陈独秀右倾机会主义统治时期，其思想是机械唯物论的。立三路线与苏维埃后期是"左"倾机会主义时期，是主观主义与形式主义。四中全会虽在形式上克服了立三路线，但在实际政策上没有执行正确的转变。遵义会议后，又恢复了按辩证法行事，即按实际办事。抗战四年来，我党的自觉性比五四时期更提高了，更加生动活泼，更能灵活地运用辩证法。（四）这次讨论，要从检讨过去错误中得到经验教训，使全党了解失败为成功之母。要采用治病救人的办法。现在我们党最缺乏的是对于中国实际的调查和研究，今后我们要使马克思主义的普遍真理与中国革命的具体实践统一起来。（五）要进行加强对学习组的领导、对过去被冤屈打击的干部重新作结论等实际工作。这个结论草案没有形成正式决议，它的许多重要内容和思想观点后来被吸收在中共六届七中全会通过的《关于若干历史问题的决议》中。

1941年的九月会议，通过检讨主观主义和宗派主义，初步统一了中央领导层的思想，实际上成为一次党中央一级干部的整风会议。

会议期间，中共中央成立了以毛泽东为组长、王稼祥为副组长的中央学习研究组，组织在延安的高级干部学习马克思列宁主义理论。同时决定成立各地高级学习组。学习的内容主要是阅读六大以来党的历史文件。中共中央书记处为此还编印了《马恩列斯思想方法论》和《六大以来》等学习文件。这样，就为开展全党普遍整风运动作了组织和思想上的准备。

这次会议结束后不久，轰轰烈烈的整风运动开始了。

1942年2月上旬，毛泽东先后作了《整顿党的作风》和《反对党八股》的报告，全面阐述整风的任务和方针，标志着全党普遍整风的开始。4月，中央宣传部发出《关于在延安讨论中央决定及毛泽东同志整顿三风报告的决定》，规定了整风的目的、内容、方针、步骤和阅读的文件。5月下旬，中央政治局成立中央总学习委员会，毛泽东任主任，领导整风运动。同时，中央直属机关、军委直属系统、陕甘宁边区系统、文委系统和中央党校都建立了学习委员会，领导近万名干部参加整风学习。华北、华中各抗日根据地的党组织和在国统区的中共中央南方局，也先后开展整风学习。

整风运动的任务是：反对主观主义以整顿学风，反对宗派主义以整顿党风，反对党八股以整顿文风。反对主观主义是整风运动的中心内容。主观主义的主要表现形式是教条主义和经验主义，这是党的历史上反复出现"左"倾和右倾错误的思想根源。主观主义在组织上和文风上的表现，就是宗派主义和党八股。毛泽东在几篇报告中，尖锐批评了主观主义、宗派主义和党八股的种种表现及其对革命事业的危害，深刻分析了造成这些错误的思想根源。他突出强调"实事求是"的重要性，号召全党学会用马克思列宁主义的立场、观点和方法，认真研究中国的历史，研究中国的经济、政治、军事和文化，根据详细的材料加以具体的分析，然后引出理论性的结论来，用以指导中国革命的实践。

在整风运动中，一些党的高级领导人也纷纷发表文章，进行理论探索。陈云的《怎样做一个共产党员》、刘少奇的《论共产党员的修养》等被列入整风学习的重要文件，对提高党员的思想政治水平和党性修养起了重大作用。

整风运动贯彻"惩前毖后，治病救人"的方针。对犯错误的同志，不着重于个人责任，而着重于分析犯错误的原因，吸取教训，避免重犯类似的错误。通过认真阅读整风文件，联系个人的思想、工作、历史以及自己所在地区或部门的工作进行检查，开展批评和自我批评等方法，使全党提高思想认识，明确了努力方向。

在延安整风期间，曾一度出现"抢救失足者运动"的错误。出现大搞"逼、供、信"的过火斗争，造成大批冤假错案。中共中央经过努力，及时纠正了这一错误。

在全党普遍整风的基础上，中央领导层进一步讨论党的历史问题，主要是批评王明的错误路线及其影响。一系列地区工作与历史座谈会的召开，使许多干部更好地认识了党史上的路线是非，提高了马克思主义思想水平。1945年4月，党的六届七中全会通过《关于若干历史问题的决议》，对党的历史上若干重大问题作出正式结论，使全党对中国民主革命基本问题的认识达到了马克思列宁主义基础上的一致。至此，整风运动胜利结束。

通过整风运动，克服了党内"左"右倾错误思想，特别是以王明为代表的"左"倾教条主义，使全党进一步掌握了马列主义普遍真理同中国革命具体实践相结合的基本方向，加强了党的团结和统一，为抗日战争和全国革命的胜利奠定了巩固的思想基础。

今天我们边区有两种秧歌：一种是老秧歌，反映的是旧政治、旧经济；一种是新秧歌，反映的是新政治、新经济。有一个秧歌叫《赵富贵》，还有一个秧歌叫《张治国》，听说在吴起镇演出后，警三旅有一个士兵把自己的手捆起来，跑到连长那里请求处罚。为什么要请求处罚？他说"我想开小差，不但自己想开小差，还想组织别人开小差"，还讲出在他棉衣里缝了多少法币。他要求处罚。他自己讲出来了，当然也就不处罚了。这就是我们的文化的力量。早几年那种大戏、小说，为什么不能发生这样的力量呢？因为它没有反映边区的政治、经济。过去，成百成千的文学家、艺术家、文化人脱离群众。开了文艺座谈会以后，去年搞了一年，他们慢慢地摸到了边，一经摸到了边，就受到广大群众的欢迎。所谓摸到了边，就是反映了群众的生活，真正地反映了边区的政治、经济，这就能够起指导作用。

——《关于陕甘宁边区的文化教育问题》
（1944年3月22日）

1944年3月22日，毛泽东在中共中央宣传委员会召开的宣传工作会议上讲话，谈发展陕甘宁边区的文化教育问题。讲话论述了政治、军事、经济、文化的关系和应将文化教育工作提上陕甘宁党政领导机关的议事日程。在讲话中，毛泽东还以秧歌《赵富贵》和《张治国》为例，讲了延安文艺座谈会前后的一些变化。

19 延安文艺座谈会：文艺要为工农兵服务

抗战爆发后，大批文艺工作者从全国各地奔赴延安和各敌后抗日根据地。他们运用美术、舞蹈、音乐、戏剧、诗歌等多种形式，创作了一大批优秀文艺作品，表现了抗日根据地对敌斗争的热情现状，讴歌了在中国共产党领导下的人民武装力量，极大地鼓舞了根据地军民抗日斗争的热情。但同时，由于这些文艺界人士大多是在抗战爆发后从上海等大城市来到延安的，在如何将文艺同工农兵结合的问题上缺乏正确认识，持有工农兵头脑简单，艺术要脱离政治，作家可以不要马列主义等错误观点的人也不在少数。一些脱离实际、脱离群众的作品仍存在一定市场。更令人担忧的是，文艺界长期积累的宗派主义现象也开始在根据地滋生。这些问题，引起了毛泽东等中央领导同志的重视。

1942年4月，毛泽东先后约见了艾青、刘白羽、何其芳、严文井、周立波、曹葆华、姚时晓等20多人，系统了解了延安文艺界的现状，为构思中国革命文艺的前进方向与发展道路作了认真的调研。针对延安文艺界存在的问题，毛泽东认为很有必要召开一次座谈会，让文艺工作者自由辩论，各抒己见，最后把大家的思想统一到革命的道路上来。

杨家岭中共中央办公厅大楼，共3层。三楼是中央书记处会议室，二楼是办公室，一楼两头分别是会议室兼中央办公厅餐厅和图书馆，中间是工作人员住处。1942年5月2日，对后来党的文艺政策的制定和文艺工作健康发展产生深远影响的延安文艺座谈会就在一楼不足120平米的房间内开幕了。

会议由凯丰主持，他简要讲了几句开场白后，就请毛泽东讲话。

毛泽东首先讲了开会的目的，接着讲为达此目的应该解决文艺工作者的立场、态度、工作对象、工作和学习五个问题，并逐一作了精要阐述。在讲话中，毛泽东还对自己做了深刻的自我批评，说自己当学生时认为世界上最干净的只有知识分子，工农比较脏。后来和工农在一起革命了，才发现自己当年大大的错误。毛泽东对自己的深刻剖析，彻底消除了与会代表的顾虑。萧军性格刚直而狂放，首先起身发言。他说：这样一个会，我看了情况就可以写十万字。我是相信罗曼·罗兰提倡的新英雄主义的，我不单要做中国第一的作家，而且要做世界第一的作家。发言的最后，萧军提出了作家应不受组织指挥，保持独立、自由的观点。胡乔木随即对萧军的观点进行了驳斥，认为文艺需要党组织，现在要解决的是"党如何领导文艺"的问题。两人你一言我一语地展开了激烈的争论。这时，天色已晚。凯丰建议休会。毛泽东意识到开幕会已达到抛砖引玉的效果，同意休会，建议在16日继续进行大会发言。

5月16日，座谈会进行第二次会议，继续进行个人发言。艾青在发言中主要谈到了"文艺与政治的关系"。他认为："政治、军事、文艺是一家，但谁也不领导谁。""文艺不应该成为政治的附庸和留声机。政治家应该了解作家，尊重作家。"吴奚如并不认可这种观点。他主张：搞文学应该有个立场，现在革命文学的这个立场就是一切有利于抗日。民众剧团团长柯仲平一向主张文艺普及化。他排演的平民戏《小放牛》多次巡回演出，百姓十分喜爱，每当演出完毕，还主动送鸡蛋给演员。他在发言中又以此事为例，论证自己的观点，显得十分自豪。毛泽东插话说："你们今后还要提高，如果老是《小放牛》，可就没有鸡蛋吃了。"引得大家都笑了起来。欧阳山尊和吴亮平的发言观点比较一致。两人深刻检讨了来延安后自身小资产阶级感情没有改造完全的现状，表示应进一步转变立场感情，多向工农兵和实际学习，不点名地批评了萧军、艾青的观点。丁玲的发言引起了毛泽东的深思。当时,她的《"三八"节有感》正遭到批判,这让丁玲对"文艺到底以歌颂为主还是以暴露为主,还是一半一半"的问题把握不准。丁玲的这个问题在文艺界具有一定的代表性,毛泽东当时并没有予以系统地回答。会议整整开了一天,毛泽东都在认真地听取大家的发言并不时地做着记录。

5月23日下午,举行第三次大会。得知毛泽东要在这次会议上作结论,到会人数比前两次都多,约有120人。会议先由朱德发言,之后照合影,最后由毛泽东作结论。朱德在发言中一改往日沉稳持重之风格,批评了一部分文艺工作者"眼睛太高,看不起工农兵"的错误观点,并说自己就是因为看到共产党能救中国而由旧军人"投降"共产党的,建议文艺工作者要创作"多反映前方的武装斗争和后方的生产斗争"的作品。照完相后,天色渐暗,会场移到中央办公厅大楼前的空地上进行。工作人员用三根木杆架成一个三角形木架,挂上汽灯,搭建出一个简易会场。人们围坐成一个椭圆形的大圈,听毛泽东作结论。

这次会议的结论是毛泽东经过深入思考并充分吸收其他几位中央领导同志的意见后形成的。毛泽东在结论中首先谈了文艺为什么人服务以及如何服务的问题。他明确指出:文艺应该"为人民大众服务"。具体来说,"第一是为工人的,这是领导革命的阶级。第二是为农民的,他们是革命中最广大最坚决的同盟军。第三是为武装起来了的工人农民即八路军、新四军和其他人民武装队伍的,这是革命战争的主力。第四是为城市小资产阶级劳动群众和知识分子的,他们也是革命的同盟者,他们是能够长期地和我们合作的。"他批评了文艺界一定程度存在的轻视工农兵、脱离群众的倾向,指出:"为什么人的问题,是一个根本的问题,原则的问题。过去有些同志间的争论、分歧、对立和不团结,并不是在这个根本的原则的问题上,而是在一些比较次要的甚至是无原则的问题上。"那么,应该如何为人民大众服务呢？毛泽东认为，文艺工作者应该深入实际，改造世界观，与工农兵相结合，努力把普及和提高结合起来。接着，毛泽东又谈了文艺工作的党内关系和党外关系。他说：无产阶级的文学艺术是无产阶级整个革命事业的一部分，是服从党在一定革命时期内所规定的革命任务的。文艺是从属于政治的，但又反转来给予伟大的影响于政治。我们所说的文艺服从于政治，这政治是指阶级的政治、群众的政治，不是所谓少数政治家的政治。政治，不论革命的和反革命的，都是阶级对阶级的斗争，不是少数个人的行为。党的文艺工作者应该在抗日这一点上和党外的一切文学家艺术家（从党的同情分子、小资产阶级的文艺家到一切赞成抗日的资产阶级地主阶级的文艺家）团结起来。毛泽东还谈到了文艺批评问题。他说：文艺批评有两个标准，一个是政治标准，一个是艺术标准。政治并不等于艺术，一般的宇宙观也并不等于艺术创作和艺术批评的方法。任何阶级社会中的任何阶级，总是以政治标准放在第一位，以艺术标准放在第二位的。我们的要求则是政治和艺术的统一，内容和形式的统一，革命的政治内容和尽可能完美的艺术形式的统一。缺乏艺术性的艺术品，无论政治上怎样进步，也是没有力量的。因此，我们既反对政治观点错误的艺术品，也反对只有正确的政治观点而没有艺术力量的所谓"标语口号式"的倾向。讲话的最后，毛泽东希望广大文艺工作者积极投入整风运动划清无产阶级和小资产阶级两种思想、革命根据地和国民党统治区两种区域的界限，毫不迟疑地同新的群众结合起来，克服唯心论、教条主义、空想、空谈、轻视实践、脱离群众等缺点，写出为人民大众所热烈欢迎的优秀作品。

  毛泽东在延安文艺座谈会上的讲话，围绕"我们的文艺是为什么人的"和"如何去服务"两个问题，紧紧抓住了主要矛盾，明确了文艺为人民大众首先是为工农兵服务的方向，解决了长期以来没有解决好的文艺的革命方向问题，一扫延安文艺界的不良风气。会议结束后，广大文艺工作者以此为指导，开始深入基层，接触群众，坚持文艺为人民大众、为工农兵服务的方向，在斗争实践中创作出了诸如《白毛女》《逼上梁山》《小二黑结婚》《王贵和李香香》等一大批优秀的文艺作品。正如周恩来后来所说："延安文艺工作者之所以能够创作出这样的好作品来，之所以取得成就，受到边区群众、干部的好评和欢迎，就是因为毛主席《在延安文艺座谈会上的讲话》发表之后，他们能够深入到农民群众中去，体验生活，为农民群众服务，所以才有了这样的好作品。"毛泽东在延安文艺座谈会上的讲话，繁荣和发展了延安文艺事业，有力地支援了前线抗战事业，推动中国文艺运动走向了一个崭新的阶段。

这个决议不但是领导机关内部的，而且是全党性质的，同全国人民有关联的，对全党与全民负责的。哪些政策或者其中的哪些部分是正确的或者不正确的，如果讲得合乎事实，在观念形态上再现了二十四年的历史，就对今后的斗争有利益，对今后党和人民有利益。正确和错误的标准自然是马克思主义，但人民利益同样是标准。人民对于各党派的情形并不很了解，但懂得根据他们的政策来作判断。国民党致力国民革命凡五十年了，其中做了些好事，但做了更多的坏事，所以人民不喜欢它。我们做了好事，但也犯了些错误。现在的决议就是说这些问题，所以是关系于全国人民的。

——《对〈关于若干历史问题的决议〉草案的说明》

（1945年4月20日）

1944年5月21日到1945年4月20日，党的扩大的六届七中全会在延安召开。这次会议，是在整风运动的基础上召开的，同时也是为召开中共七大做准备的，其中一个重要内容就是要起草并通过《关于若干历史问题的决议》。1945年4月20日，中共六届七中全会举行最后一次全体会议，讨论这个决议。在决议通过前，毛泽东就决议内容的一些重要问题进行了说明，这就是后来收入《毛泽东文集》（第三卷）的题为《对〈关于若干历史问题的决议〉草案的说明》的讲话。

20 六届七中全会：一次历时最长的中央全会

1944年5月21日至1945年4月20日，中共中央在延安杨家岭召开六届七中全会。会议的主要目的是为总结整风运动的经验和中国共产党第七次全国代表大会胜利召开做准备。出席会议的有中央委员和候补中央委员17人，各中央局、分局和其他方面的负责人12人。六届七中全会原本打算开两个月，但由于时局的发展，最终断断续续开了11个月，先后召开了8次全体会议，成为我党历史上历时最长的一次中央全会。

1944年5月21日，举行第一次全体会议。毛泽东在会上提出七中全会的两项任务（准备七大和在全会期间处理中央的日常工作）并代表中央政治局作工作报告，讲抗日准备时期和抗战时期的主要问题。会议选举毛泽东、朱德、刘少奇、任弼时、周恩来五人组成大会主席团，毛泽东为中央委员会主席和六届七中全会主席团主席。会议决定，在全会期间由主席团处理日常工作，政治局和书记处停止行使职权。会议同意毛泽东代表中央政治局向全会提出的关于党内历史问题的六点意见，并形成决议。会议通过七大的议程及报告负责人：毛泽东作政治报告，刘少奇作组织及修改党章报告，朱德作军事报告，任弼时作党的历史问题报告，周恩来作统一战线报告及公开讲演。

1944年6月5日，举行第二次全体会议，中心议题是城市工作问题。会议讨论并通过了毛泽东起草的《中央关于城市工作的指示》。指示指出："不占领大城市与交通要道，不能驱逐日寇出中国。"要求各中央局、中央分局、各区党委"必须把城市工作与根据地工作作为自己同等重要的两大任务"，"必须把争取敌占一切大中小城市与交通要道及准备群众武装起义这种工作，提到极重要地位"，"以期在今年下半年及明年上半年，就能收获显著成绩，准备配合世界大事变，在时机成熟时，夺取在有我强大军队与强大根据地附近的一切敌占城市与交通要道"。毛泽东对指示作了说明。他说：城市工作问题是从国民党战场，尤其在河南汤恩伯不战而溃的情况引起来的。要靠国民党来收复大城市是不可能的。将来可能出现三股子力量，即罗斯福的美军、蒋介石和共产党，看谁先进城。我以为在此情况下应争取起这个决定作用。刘少奇发言指出：争取城市的任务是必须提出的。如果我们不去争取城市，则在历史上将受到批评和惩罚。同时要避免急性病，必须等待时机。周恩来在发言中主要讲了策略问题，指出：争取伪军也是城市工作的一个内容，可以利用伪军起义建立统一战线政权。在城市搞武装起义，应明确是里应外合，不是以前欧洲式的单独的城市暴动。朱德补充说：城市工作要注意用本地人。会议决定成立由刘少奇、彭真等14人组成的中央城市工作委员会，以彭真为主任。

这以后，国内外形势在进一步发生变化。英、美两军成功在法国诺曼底地区登陆，开辟了第二战场。中外记者团和美军观察组先后到延安，中国共产党与美国方面建立直接沟通的渠道。国民党政府则因为在豫湘桂战役中的大溃败，导致了国内要求改组国民政府、成立联合政府主张的呼声越来越高。这样，从1944年11月9日到1945年2月18日，又先后举行了四次全体会议。讨论了毛泽东同美国总统罗斯福的私人代表赫尔利谈判、周恩来去重庆谈判、成立解放区联合委员会等问题。

1945年3月31日，举行第七次全体会议。会议讨论为七大准备的政治报告草案和党章草案。毛泽东对《论联合政府》政治报告草案作说明，指出：现在是有更大希望的时期，我们应在此时机提出适当的纲领，动员全国人民来实现。这个纲领就是动员全国人民，打败日本帝国主义，建设新中国。我们的原则是放手发动群众，这是与蒋介石有根本区别的。一般纲领与具体纲领的区别，过去没有指出。其实大革命、内战、抗战各个时期的一般纲领都没有变，以后还可用若干年。工农民主专政是新民主主义的本质。具体纲领在各个阶段是不同的。长期以来找不出一个适当的口号，现在有了联合政府这个口号，很好。联合政府是具体纲领，是统一战线政权的具体形式。刘少奇对党章草案作说明时指出：党章照顾了现在和将来，一方面肯定了严肃性，一方面允许了灵活性。以毛泽东思想来贯穿党章，这是一个前所未有的历史特点。党章强调了保证党与广大人民群众联系的群众路线，强调了扩大民主，也就是党内的群众路线，包括党员有在一定的会议上批评党的任何工作人员的权利。

1945年4月20日，中共六届七中全会举行最后一次全体会议，讨论并通过了准备向党的七大作的《军事报告》《关于若干历史问题的决议》，党的七大主席团、代表资格审查委员会候选人名单和会议日程等问题。

起草决议是七中全会期间中共中央为准备七大所作的一项重要工作，是对党的历史经验的总结，是全党智慧的结晶。会议一开始，就成立了由毛泽东直接领导，任弼时主持，刘少奇、康生、周恩来、张闻天、彭真、高岗、博古参加的党的历史问题决议准备委员会来筹办此项工作。起草工作历时一年，反复斟酌，数易其稿。其中，由毛泽东亲自修改的就达七次之多。决议原准备提交党的七大讨论通过，为了使党的七大能集中精力讨论抗战建国方针问题，改在党的六届七中全会上讨论通过。

决议共分为七个部分。第一部分对毛泽东运用马克思列宁主义的理论和方法来解决中国革命问题的杰出贡献给予高度评价，肯定了以毛泽东为代表的马克思列宁主义路线。第二部分简单回顾了中国共产党成立以来领导中国革命过程中的历史教训，提出总结从1927年大革命失败到1937年抗日战争爆发十年内若干党内历史问题的必要性。第三部分简要介绍了中国共产党成立以来三次"左"

倾错误路线。第四部分则从政治、军事、组织和思想上四个方面系统分析"左"倾路线的错误所在。第五部分对"左"倾路线产生的社会根源进行了分析。第六部分号召全党必须加强马克思列宁主义的思想教育，并着重联系中国革命的实践，以达到进一步养成正确的党风，彻底地克服教条主义、经验主义、宗派主义、山头主义等倾向之目的。决议最后一部分再次肯定了以毛泽东同志为代表的我们党和全国人民的奋斗方向是完全正确的，强调了中国革命取得彻底胜利的必然性。决议运用辩证唯物主义和历史唯物主义对党的斗争历史经验和教训作了科学总结和概括，特别对六届四中全会至遵义会议期间中央的领导路线问题作出了正式结论，有着深远的意义。

决议通过前，毛泽东就决议内容的一些重要问题进行了说明。在讲话中，毛泽东站在实事求是的立场对党内一些曾经犯过错的同志进行了客观评价，并提出了"治病救人"的方针。他解释说："错误不是少数人的问题，写几个名字很容易，但问题不在他们几个人。如果简单地处理几个人，不总结历史经验，就会像过去陈独秀犯了错误以后党还继续犯错误一样。""政治上过去犯过错误现在改正了的同志，我们都要团结他们，全党要像决议上所说的团结得如同一个和睦的家庭一样。"最后，毛泽东还作了自身反省，认为决议尽管从全党利益的角度出发，把很多功劳都挂在自己头上，但这并不是说明自己没有缺点错误。

毛泽东的讲话使党内思想取得了一致，顺利通过了《关于若干历史问题的决议》，为中共七大的胜利召开奠定了思想基础。至此，六届七中全会完成了全部议程，延安整风运动也胜利结束，全党在毛泽东思想旗帜下紧密团结起来，为夺取中国革命的最后胜利继续奋斗前进。

> 我们党的七大应该决定一条什么路线呢？一条什么政治路线呢？怎么样决定才好呢？我们想，应该是："放手发动群众，壮大人民力量，在我党的领导下，打败日本侵略者，解放全国人民，建立一个新民主主义的中国。"这就是我们党的路线，我们党的政治路线。
>
> ——《在中国共产党第七次全国代表大会上的口头政治报告》（1945年4月24日）

七大开幕的第二天，即1945年4月24日，毛泽东作了著名的《论联合政府》的政治报告，成为这次大会的中心议题。随后，他又从书面政治报告中提炼出三个问题，作了一个口头政治报告。这就是后来收入《毛泽东文集》（第三卷）的《在中国共产党第七次全国代表大会上的口头政治报告》。这三个问题是：路线问题、政策方面的几个问题、党内的几个问题。在谈到路线问题时，毛泽东明确指出党的七大应该决定一条"放手发动群众，壮大人民力量，在我党的领导下，打败日本侵略者，解放全国人民，建立一个新民主主义的中国"的政治路线。一言以蔽之，就是"无产阶级领导的人民大众的反帝反封建的革命"。

21 中共七大：确立毛泽东思想为全党的指导思想

1945年年初，世界反法西斯战场和中国抗战形势都出现了可喜的局面。在欧洲战场和太平洋战场，德国无条件投降后，盟军乘胜步步逼近日本本土。在国内,中国共产党领导下的敌后抗日根据地继续展开局部反攻,将华北、华中各大城市敌军牢牢包围,中国抗战胜利的曙光即将到来。而就在此时,国民党却在酝酿着战后消灭中共、实现一党独裁的阴谋。

为了团结全国人民,彻底打败日本侵略者,实现中国未来独立、自由、民主之前途,中国共产党于1945年4月23日至6月11日在延安杨家岭中央大礼堂召开了第七次全国代表大会,出席大会的正式代表547人,候补代表208人,代表全国121万名党员,分为中直(包括军直系统)、西北、晋绥、晋察冀、晋冀鲁豫、山东、华中和大后方8个代表团。在七大代表中,年龄最大的近70岁,最小的才20岁左右。这次大会距1928年在莫斯科召开的中共六大已有17年。

4月23日,在延安杨家岭中央大礼堂,七大开幕式的主席台上,悬挂着毛泽东和朱德的巨幅画像,鲜艳的党旗挂在两边。会场后面的墙上,挂着"同心同德"四个大字。两侧墙上张贴着"坚持真理""修正错误"等标语,靠墙边插着24面红旗,象征着中国共产党24年奋斗的历程。插红旗的"V"字形木座是革命胜利的标志。在主席台的正上方,悬挂着一条引人注目的横幅:"在毛泽东的旗帜下胜利前进!"

下午5点,当毛泽东、朱德、刘少奇、周恩来、任弼时等主席团的领导同志出现在主席台上的时候,全体代表起立,热烈鼓掌。在庄严的《国际歌》声中,大会秘书长任弼时宣布中国共产党第七次全国代表大会开幕并作了简短的讲话。

在暴风雨般的掌声中,毛泽东致开幕词,这就是后来收入《毛泽东选集》第三卷的《两个中国之命运》。毛泽东指出:在中国人民面前摆着两条道路,光明的路和黑暗的路;有两种中国之命运,光明的中国之命运和黑暗的中国之命运。我们的任务不是别的,就是放手发动群众，壮大人民力量，团结全国一切可以团结的力量，在我们党领导之下，为着打败日本侵略者，建设一个光明的新中国，建设一个独立的、自由的、民主的、统一的、富强的新中国而奋斗。我们应当用全力去争取光明的前途和光明的命运。

毛泽东讲话后，朱德、刘少奇、周恩来、林伯渠和日本共产党代表冈野进，先后发表了讲话，肯定中国共产党取得的伟大成就和毛泽东的正确领导，预祝七大成功。彭真在会上作了《关于代表资格审查的报告》，全体代表一致通过。

4月24日，毛泽东向大会提交了《论联合政府》的书面政治报告，并就书面报告中的一些问题以及其他问题作了口头报告。这篇长达四万余字的报告共分为五个部分：第一部分，提出中国人民的基本要求——"走团结和民主的路线，打败侵略者，建设新中国"；第二部分，具体分析国际形势和国内形势——世界反法西斯战争节节胜利，中国的抗日形势也即将取得胜利；第三部分，指出中国抗日战争中存在的两条路线——国民党长期以来的消极抗战和共产党实行的人民抗战路线；第四部分，阐述中国共产党在今后所应采取的政策——解决好一般纲领和具体纲领的问题；第五部分，号召全党团结起来，为实现党的任务而斗争。

4月25日，朱德向大会作了《论解放区战场》的军事报告。

七大原定会期较短，大会开始后，代表们纷纷要求延长，发言人数也突破了原定人数。从4月30日至5月11日，在讨论政治报告和军事报告的同时，主要进行大会发言。先后在大会上发言的有周恩来、彭德怀、陈毅、高岗、张闻天、康生、博古、彭真、聂荣臻、杨尚昆、陈云、李质忠、陆定一、刘伯承、朱瑞、古大存、李富春等。

5月14日、15日，刘少奇在大会上作《关于修改党章的报告》。报告第一次对毛泽东思想下了准确而科学的定义："毛泽东思想，就是毛泽东同志关于中国历史、社会与中国革命的理论与政策。""毛泽东思想，就是马克思列宁主义的理论与中国革命的实践之统一的思想，就是中国的共产主义，中国的马克思主义。""毛泽东思想，就是马克思主义在目前时代的殖民地、半殖民地、半封建国家民族民主革命中的继续发展，就是马克思主义民族化的优秀典型。"

5月21日至23日，继续大会发言，先后发言的有：日本共产党代表冈野进、朝鲜独立同盟代表朴一禹、乌兰夫、林彪、马风舞、刘澜波、张鼎丞、傅钟、叶剑英等。这些发言都贯穿了"团结一致、争取胜利"的精神，受到大会的普遍欢迎。

大会提出党的政治路线是："放手发动群众，壮大人民力量，在我党的领导下，打败日本侵略者，解放全国人民，建立一个新民主主义的中国。"大会强调指出，为了建立新中国，当前最重要、最迫切的任务，就是立即废止国民党一党专政，建立民主联合政府。为此，大会拟定了建立联合政府的具体步骤，制订了新民主主义国家在政治、经济、文化方面的纲领，提出了实现中国工业化的宏伟任务。

大会深刻地揭示了中国新民主主义革命发展的规律，对党领导中国革命的三项基本经验，即武装斗争、统一战线、党的建设问题进行了系统的总结。大会将理论和实践相结合的作风、和人民群众紧密联系在一起的作风、自我批评的作风概括为党的优良传统作风，强调这三大作风是共产党人区别于其他任何政党的显著标志。大会还系统地总结党领导武装斗争特别是抗日战争的经验，对人民战争的军事路线和战略战术，对全心全意为人民服务的建军原则作了详细的阐述。

大会将毛泽东思想确立为党的指导思想并写入党章。新党章指出："中国共产党，以马克思列宁主义的理论与中国革命实践之统一的思想——毛泽东思想，作为自己一切工作的指针。"

大会选举产生了党的中央委员会。在选举中,坚持了三个原则:(一)对过去犯过错误的同志,只要承认错误,决心改正错误,还可以入选;(二)既要承认和照顾"山头",又要缩小和消灭"山头";(三)不要求每个中央委员都通晓各方面知识,但要求中央委员会通晓各方面知识,因而要把具有不同方面知识和才能的同志集中选出来。根据这些原则,七大选举产生中央委员44人,候补中央委员33人。这是一个由各个地方、各个岗位、各种经历的优秀人才汇集的、有威信的空前团结的领导机构。

6月11日,七大举行闭幕式。毛泽东致闭幕词,这就是后来收入《毛泽东选集》第三卷的《愚公移山》。毛泽东在闭幕词中对七大作了高度的评价。他说:"我们开了一个胜利的大会,一个团结的大会。代表们对3个报告发表了很好的意见。许多同志作了自我批评,从团结的目标出发,经过自我批评,达到了团结。这次大会是团结的模范,是自我批评的模范,又是党内民主的模范。"他号召大家要宣传大会的路线,使全党和全国人民树立革命一定胜利的信心。当讲到要"下定决心,不怕牺牲,排除万难,去争取胜利"的时候,引起了全体代表的共鸣,全场顿时爆发出经久不息的掌声。

毛泽东还对中国革命的发展前途作了分析,指出:中国革命的发展可以经过从小半个中国(即目前有1亿人口、100万军队和许多块解放区的状况),到大半个中国(打败日本侵略者,华北、东北等解放区连成一片,打下若干大城市),到整个中国(人民最后挖掉帝国主义、封建主义两座大山)。从民主革命转变到社会主义革命,一是长期的;二是可能和平转变。和平与浴血的两种可能都有,但和平转变的可能性大;三是由人民来决定何时转变。毛泽东的闭幕词把全体代表的情绪引向了高潮,极大地增强了全党必胜的信心。

七大闭幕后,6月19日,在杨家岭召开了七届一中全会第一次会议。出席会议的有正式中央委员27人,中央候补委员17人。会议由任弼时主持，报告了主席团会议的酝酿情况。会议选举毛泽东、朱德、刘少奇、周恩来、任弼时、陈云、康生、高岗、彭真、董必武、林伯渠、张闻天、彭德怀等13人为中央政治局委员；选举毛泽东、朱德、刘少奇、周恩来、任弼时为中央书记处书记；选举毛泽东为中央委员会主席兼政治局、中央书记处主席。同时选举任弼时、李富春为中央委员会正、副秘书长。

中国共产党的第七次代表大会是以"团结的大会，胜利的大会"载入史册的。这次大会是新民主主义革命时期最重要、最成功，也是最后一次代表大会，具有极其深远的历史意义。这次大会，确立了以毛泽东为核心的中国共产党第一代领导集体，深刻地总结了中国民主革命20多年的历史经验，为建立新民主主义的新中国制定了正确路线方针政策，使全党在思想上政治上组织上达到空前统一和团结。

我国从十九世纪四十年代起，到20世纪四十年代中期，共计一百零五年时间，全世界几乎一切大中小帝国主义国家都侵略过我国，都打过我们，除了最后一次，即抗日战争，由于国内外各种原因以日本帝国主义投降告终以外，没有一次战争不是以我国失败、签订丧权辱国条约而告终。

——《把我国建设成为社会主义的现代化的强国》

（1963年9月）

这是1963年9月上旬毛泽东在审阅修改9月6日送审的《关于工业发展问题》初稿时加写一句话。这句话指出了抗日战争与其他反抗外来侵略战争的不同结果。为什么除了抗日战争以外的其他战争都失败了呢？毛泽东接着写道："其原因：一是社会制度腐败，二是经济技术落后。"为了避免历史重演，毛泽东又写道："现在，我国社会制度变了，第一个原因基本解决了；但还没有彻底解决，社会还存在着阶级斗争。第二个原因也已开始有了一些改变，但要彻底改变，至少还需要几十年时间。如果不在今后几十年内，争取彻底改变我国经济和技术远远落后于帝国主义国家的状态，挨打是不可避免的。""我们应当以可能挨打为出发点来部署我们的工作，力求在一个不太长久的时间内改变我国社会经济、技术方面的落后状态，否则我们就要犯错误。"

22 抗日战争的胜利：中华民族走向复兴的历史转折点

中共七大前后，世界反法西斯战争继续向着胜利的方向发展。从1944年至1945年春夏，中国共产党领导人民军队在敌后战场发起此起彼伏、连续不断的攻势作战，对日军占领的城市和交通要道包围越来越紧，打通了许多解放区之间的联系，在行动上取得主动地位，逐步实现由游击战向运动战的转变，为转入全面反攻创造了重要条件。与此同时，中国共产党派出大批工作人员前往上海等沦陷区大中城市，建立广泛的抗日民族统一战线，联合各阶层人民为打倒共同的敌人而斗争。

1945年上半年，世界反法西斯战争进入最后胜利阶段。4月，联合国制宪会议在美国旧金山举行，包括中国解放区代表董必武在内的中国代表团出席了会议。中国成为联合国的创始国之一和五个常任理事国之一。5月2日，苏联红军攻克柏林。8日，德国法西斯战败投降。7月26日，中、美、英三国发表波茨坦公告，促令日本立即无条件投降。8月6日和9日，美国先后在日本广岛和长崎投下原子弹，致20多万人死伤。与此同时，苏联根据雅尔塔协定，于8月8日对日宣战。8月9日，苏联军队从东、西、北三面进入中国东北，进攻日本关东军。同日，毛泽东发表《对日寇的最后一战》的声明。8月10日和11日，朱德总司令连续发布对日军展开全面反攻及受降等七道命令，各解放区抗日武装立即向日伪军发出通牒并发起全面反攻。

这时，由于日军占领的大部分城镇、交通要道和沿海地区早已处在解放区的包围中，对日全面反攻的任务，主要是由解放区军民来承担的。根据延安总部的指示和命令，各抗日根据地军民向日、伪军发起猛烈的全面反攻，很快解放大片国土。从8月11日到9月2日，八路军、新四军和华南人民武装力量在对日军的全面反攻中，共解放县以上城市150座。与此同时，东北抗日联军也配合苏军迅速解放了东北全境。

就在解放区抗日武装力量举行大反攻，收复失地，逼近大中城市和主要交通线之际，蒋介石竟然接连发布命令，令八路军"原地驻防待命"，不得"擅自移动"，令日伪军"负责维持地方治安"，企图独占抗战胜利果实。与此同时，美国参谋长联席会议指示驻华美军司令魏德迈，要他指挥美军"控制中国战场的关键港口和交通枢纽"，美军所控制的地区和受降的日本军队只转交给国民政府。美国还出动飞机等把远在西南、西北的国民党军队紧急调运大城市和主要交通线。由于国民党的阻挠，人民军队未能解放被自己包围的一些中心城市和交通要道。

8月14日，日本政府正式照会中、美、英、苏四国政府，表示接受波茨坦公告。8月15日，日本天皇裕仁以广播的形式发布《终战诏书》，宣布无条件投降。8月21日，中国陆军总司令何应钦在湖南芷江接受了日军代表的投降。9月2日，在东京湾的美国"密苏里"号巡洋舰上，日本外相重光葵和日军参谋总长梅津美治郎分别代表日本天皇、日本政府和日本帝国大本营在投降书上签字。至此，中国抗日战争胜利结束，世界反法西斯战争也胜利结束。日本代表在投降书上签字的第二日即9月3日，成为中国人民抗日战争胜利纪念日。9月9日，中国战区日军投降签字仪式在南京举行。中国战区日本投降代表、中国派遣区总司令官冈村宁次在投降书上签字。10月25日，中国政府在台湾举行受降仪式。被日本占领50年之久的台湾以及澎湖列岛，重归中国主权管辖之下。这成为抗日战争取得完全胜利的重要标志。

抗日战争的胜利，是中国近代100多年以来反抗外敌入侵所取得的第一次全面胜利，是中华民族由衰败走向振兴的重大转折点，是中华民族历史上的光辉篇章。《中国共产党的九十年》一书中对抗日战争胜利的重要意义归纳为："中国人民抗日战争是近代以来中国反抗外敌入侵第一次取得完全胜利的民族解放战争。中国人民抗日战争的胜利，成为中华民族走向复兴的历史转折点，也对世界文明进步具有重大而深远的意义。第一，它彻底打败了日本侵略者，有力地捍卫了中国的国家主权和领土完整；第二，它促进了中华民族的觉醒，使中国人民在精神上、组织上的进步达到了前所未有的高度，为中国共产党带领中国人民实现彻底的民族独立和人民解放奠定了重要基础；第三，它促进了中华民族的大团结，弘扬了以爱国主义为核心的中华民族的伟大精神；第四，它对世界各国人民夺取反法西斯战争的胜利、维护世界和平的伟大事业产生了巨大影响，显著提高了中国的国际地位和国际影响。"中国抗日战争的胜利是中华民族付出巨大的代价取得的。抗战期间，中国军民伤亡3500万。按1937年的比值折算，中国直接经济损失1000亿美元，间接经济损失5000亿美元。

中国抗战的历程表明，中国共产党及其领导的人民抗日力量，是全民族利益最坚定的维护者，是团结抗战的中流砥柱，是取得抗战胜利的决定性力量。在八年全国抗战中，党领导的人民抗日力量对敌作战12.5万次，消灭日、伪军171.4万人，缴获各种枪支69.4万余支，各种炮1800余门。党在抗战中发展为有120多万党员的大党，人民军队发展到120余万人，民兵260多万人，抗日民主根据地面积近100万平方公里，人口近1亿。中国共产党在全国社会政治生活中所占的比重，和抗日战争前相比大大增加。抗日战争的胜利，极大地推进了中国社会的历史进程，为新民主主义革命的彻底胜利奠定了坚实的基础。

国民党一方面同我们谈判，另一方面又在积极进攻解放区。包围陕甘宁边区的军队不算，直接进攻解放区的国民党军队已经有八十万人。现在一切有解放区的地方，都在打仗，或者在准备打仗。《双十协定》上第一条就是"和平建国"，写在纸上的话和事实岂不矛盾？是的，是矛盾的。所以说，要把纸上的东西变成实际，还要靠我们的努力。为什么国民党要动员那么多的军队向我们进攻呢？因为它的主意老早定了，就是要消灭人民的力量，消灭我们。最好是很快消灭；纵然不能很快消灭，也要使我们的形势更不利，它的形势更有利一些。和平这一条写在协定上面，但是事实上并没有实现。

——《关于重庆谈判》（1945年10月17日）

抗日战争结束后，为了实现国内和平，毛泽东亲赴重庆和谈。这次谈判前后历时43天，双方后来签署《政府与中共代表会谈纪要》，即双十协定。谈判虽然取得了一定成果，但国民党打内战的部署从来没有停止。1945年10月17日，毛泽东在延安干部会议上作关于重庆谈判的报告，对国共两党未来发展的走向作了精辟地论述。

23 重庆和谈：和平建国的努力

艰苦卓绝的抗日战争结束了。抗战胜利后的中国，又面临着建立一个什么样的国家的问题。对此，共产党和国民党有着完全不一样的政策。共产党希望中国能够实行和平建国。而蒋介石不顾人民要求和平的意愿,积极准备打内战。1945年5月,蒋介石在国民党第六次全国代表大会上说:"今天的中心工作,在于消灭共产党!""只有消灭中共,才能达成我们的任务。"

当时,国民党的精锐主力仍远在西南、西北地区,为了争取运送这些部队到内战前线的时间,蒋介石表示愿意同共产党进行和平谈判。

中国共产党代表人民利益,力图通过和平的途径建立一个无产阶级领导的、人民大众的、新民主主义的新中国。代表大地主大资产阶级利益的国民党统治集团,却在美国的援助下,积极准备发动内战,消灭中国共产党及其领导下的解放区,使中国退回到抗战前一党专制独裁的反动统治局面。

虽然蒋介石打内战的决心已定,但他要放手发动全面内战还有许多困难,特别是他的精锐主力仍远在西南、西北地区,运送这些部队到内战前线需要时间。所以,在积极准备内战的同时,蒋介石表示愿意同共产党进行和平谈判。

1945年8月14日、20日、23日,蒋介石三次致电毛泽东,邀请毛泽东速到重庆"共定大计"。他错误地估计,毛泽东会拒绝到重庆谈判。这样就可以给共产党安上拒绝谈判、蓄意内战的罪名,把战争的责任推到共产党身上,使他自己在政治上处于有利地位。

中国共产党对国内外局势和国民党的内战阴谋都有比较清醒的认识。8月23日,毛泽东主持中共中央政治局扩大会议,在会议上作长篇发言,分析国内外形势,说明党在新的环境下所采取的方针和对策。会议决定今后对待国民党的方针是"蒋反我亦反,蒋停我亦停",以斗争达到团结,迫使国民党在一定程度上接受人民的要求,实施一定的政治改革,以推进国内和平。会议决定毛泽东赴重庆谈判。在毛泽东去重庆期间,刘少奇代理其主席职务,并增选陈云、彭真为中央书记处候补书记。

8月24日,毛泽东复蒋介石8月23日第三次邀请赴重庆谈判的来电,复电说:"鄙人极愿与先生会见,商讨和平建国大计。俟飞机到,恩来同志立即赴渝晋谒。弟亦准备随即赴渝。"8月28日,毛泽东、周恩来、王若飞在美国驻华大使赫尔利、国民党政府代表张治中的陪同下,乘飞机到达重庆。毛泽东不顾个人安危,亲赴重庆谈判,受到各阶层民众的热烈欢迎,同时也向国内外宣告了中国共产党谋求和平的真诚愿望。诗人柳亚子赋诗称颂毛泽东的这一行动是"弥天大勇"。张治中认为毛泽东此举是"中国历史上一件大事"。

谈判从8月29日开始。由于国民党对这次谈判并没有诚意,也没有估计到毛泽东真的会来到重庆,所以他们根本没有准备好谈判方案,只能由中国共产党方面先提出意见和方案。周恩来、王若飞将中共方面拟定的两党谈判方案交给国民党代表转送蒋介石。毛泽东就国共两党关系的重大问题直接与蒋介石进行了多次会谈。有关国内和平问题的具体谈判,则是在中共代表周恩来、王若飞与国民党政府代表王世杰、张群、张治中、邵力子之间进行的。

经过43天的艰苦谈判,双方于10月10日正式签署《政府与中共代表会谈纪要》,即双十协定。

经过谈判,国民党当局表示接受中共提出的和平建国的基本方针,双方协议"必须共同努力,以和平、民主、团结、统一为基础",同意"长期合作,坚决避免内战,建设独立、自由和富强的新中国";同时结束国民党的"训政",召开各党派代表及无党派人士参加的政治协商会议,共商和平建国大计;承认人民的某些民主权利;同意"积极推行地方自治,实行由下而上的普选",等等。

关于军队和解放区政权问题是谈判中双方争执的焦点。中共代表主动作出重大让步:让出分布在广东、浙江等8个省内的根据地，并在公平合理的整编全国军队的前提下，可将自己领导的120万军队缩编为24个师、至少20个师，使之仅占全国军队总数的1/7。但国民党当局执意要取消解放区的人民政权和人民军队。这两个问题终究未能达成协议。

谈判期间，中共代表团广泛地进行争取团结各方面和平民主力量的工作。毛泽东会见了国民党左派宋庆龄、冯玉祥、谭平山、柳亚子等，还会见了中国民主同盟负责人以及社会知名人士郭沫若、章士钊、马寅初等。为了减少谈判阻力，毛泽东还分别会晤了国民党军政要员孙科、于右任、陈诚、白崇禧、何应钦、陈立夫、戴季陶等。同时，毛泽东还会晤了苏联、美国大使以及英、法、加拿大等国的驻华使节，反复说明中国共产党的基本主张。周恩来配合毛泽东，也多次举行有各民主党派和国际人士参加的座谈会。这些活动，使中国共产党的立场和主张普遍被社会各界理解和支持。

双十协定签字的第二天，毛泽东回到延安，周恩来等留在重庆就悬而未决的问题继续同国民党方面商谈。由于仍无结果，周恩来于11月25日暂返延安。

重庆谈判的举行和双十协定的签订，表明国民党方面"承认了中共的地位"，"承认了各党派的会议"——尽管这种承认只是口头上的。但这样一来国民党再要发动内战，就在全国和全世界面前输了理。同时，这次谈判和达成的协议，也使中国共产党关于和平建设新中国的政治主张被全国人民所了解，从而推动了全国和平民主运动的发展。

在军事上，蒋介石发动全面内战差不多五个月了，我们至今已经歼灭了敌人三十八个旅，占七十五个旅的半数多一点，很难想象以后就不能再歼灭了。……蒋介石的进攻是可以打破的，经过半年到一年消灭他七八十个旅，停止他的进攻，我们开始反攻，把他在美国援助下七八年积蓄的力量在一年内打破，使国共两党的力量达到平衡。达到了平衡就很容易超过它。

——《要胜利就要搞好统一战线》（1946年11月21日）

这是1946年11月21日毛泽东在中共中央会议上的讲话。在这次讲话中，毛泽东回顾了全面内战以来人民军队的战绩，在全党中树立了胜利一定属于我们的信心。事实证明，毛泽东对未来的预判是非常精准的。在接连粉碎国民党军队的全面进攻和重点进攻后，形势开始朝着有利于我方的方向发展。

24 全面内战的爆发：以革命战争方式解决国内问题

电邀毛泽东赴重庆谈判，不过是蒋介石为发动内战赢得准备时间的权宜之计。重庆谈判尚未开始时，1945年8月中旬以后，蒋介石就调集兵力分四路向解放区大举进攻，并将进攻的重点置于平绥、同蒲、平汉、津浦铁路沿线，控制华北、华东的战略要地和主要交通要道。此举一方面是为分割解放区打开进入东北的通路，另一方面意在以强大的军事压力迫使中国共产党在谈判中屈服。重庆谈判期间，9月17日，蒋介石又以命令形式向内部重新颁发他在十年内战时期手订的《剿匪手本》，指令各部队要在"剿灭共匪"的作战中"切实遵行"。面对来势汹汹的敌人，各大军区、各野战军自10月起，以控制四条铁路干线为作战目的，开始了保卫解放区的作战，共歼敌10万余人，阻滞了国民党军队向华北等解放区的推进。

国民党当局执意发动内战的行径，不但引起了国统区内人民群众和爱国民主人士的反对，也引起了美国的不安。1945年11月，美国政府宣布调回因公开表明只同蒋介石合作的驻华大使赫尔利，任命马歇尔作为杜鲁门总统特使赴华"调停"国共内战。马歇尔来华的使命，是"努力说服中国政府，召开一个包括主要党派的代表所组成的全国会议，以获致中国的统一"，借以否定共产党领导的人民军队的存在；同时，帮助国民党把军队运往东北、华北，"援助国民党尽可能广大地在中国确立其权力"。

在这种情况下，蒋介石同意按照双十协定的规定，召开政治协商会议。1945年12月16日，周恩来率中共代表团抵达重庆，准备出席政治协商会议。27日，中共代表团提出为召开政治协商会议无条件停战的建议，得到各民主党派和广大人民群众的支持。国共双方经多次谈判，于1946年1月10日正式签订停战协定，并在北平建立由国、共、美三方代表组成的军调处执行部。

停战协定签订的当天，政治协商会议在重庆开幕。会议由国民党政府主持召集，参加政治协商会议的代表共38名，其中国民党8名，共产党7名，中国青年党5名，中国民主同盟9名，无党派9名。共产党代表是周恩来、董必武、王若飞、叶剑英、吴玉章、陆定一、邓颖超。会议参加者政治倾向各不相同，代表着不同的政治力量。中国共产党同以中国民主同盟为代表的中间派在主张和平民主、反对内战、反对国民党一党专政这些基本问题上，有许多共同点。会议期间，中共代表常常同民盟代表等在一系列重大问题上事先磋商，取得一致，采取联合行动。

各方围绕会议的中心议题——政治民主化和军队国家化的问题，展开尖锐、复杂、激烈的争论。中共代表团团结各民主党派、无党派人士及国民党内的民主分子，与国民党顽固派进行坚决斗争，并为争取和平在许多问题上作出了重要让步。会议在通过了政府组织案、国民大会案、和平建国纲领、军事问题案、宪法草案等五项协议之后，于1月31日闭幕。虽然这些协议不是共产党主张的新民主主义纲领，但它实际上否定了国民党的一党独裁和内战政策，在当时的情况下对人民是有利的。

中国共产党准备严格履行政协会议通过的各项决议。但是，国民党当局从来就没有准备遵守任何协议。在政协会议期间，国民党特务就制造了"沧白堂事件"和非法搜查政协代表黄炎培住宅的事件。1946年2月10日，重庆发生较场口事件，国民党特务对"陪都各界庆祝政协会议成功大会"会场进行破坏和捣乱，当场打伤会议主席团成员及著名民主人士郭沫若、李公朴、施复亮、章乃器等60余人。国民党顽固分子说政协协议是国民党的失败，蒋介石也对政协协议表示不满。国民党坚持独裁统治的真实面目完全暴露出来，并很快发动了全面内战。

政协协议并没有阻止国民党统治集团准备内战的步伐。从1945年9月到1946年6月，美国用军舰和飞机将国民党军队54万多人，陆续运到华北、华东、东北、华南等地。美国还出动海军陆战队进驻上海、天津、青岛、北平、秦皇岛等战略要地，直到国民党军队前来接收。在初步控制关内各大城市后，国民党把进攻重点指向东北，先后攻占山海关、锦州、沈阳、四平、长春、吉林等大中城市。

1946年5月初，国民党政府宣布还都南京，国共谈判的中心也从重庆移到南京。周恩来率中共代表团到南京、上海，力争实现和平，但国民党内战决心已定，谈判没有取得进展。

国民党统治区各阶层人民积极行动起来，试图制止内战。6月23日，上海人民团体联合会组织请愿团赴南京向国民党当局呼吁和平，但在南京下关车站遭到国民党暴徒的围攻和殴打，马叙伦等多人受伤。7月11日，国民党特务在昆明暗杀著名活动家、民盟中央委员李公朴。显然，国民党反动派的枪口不仅对着共产党，同样对着一切要求和平的民主人士。

面对日益严重的危机，中共中央要求全党把主要注意力放在准备对付全面内战方面，并将解放区的"减租减息"政策改为"耕者有其田"的政策，给自卫战争奠定了牢固的群众基础。

1946年6月26日，国民党军队22万人进攻中原解放区，全面内战爆发。这时，国民党在军队数量、军事装备、后备资源及外援等方面，都远超过共产党。蒋介石声称，只需3个月到6个月，他就可以取得胜利。国民党军参谋总长陈诚也吹嘘："也许三个月至多五个月便能解决"中共军队。国际上，美苏开始"冷战"，苏联领导人也对中国形势作悲观估计，因此主张中共应加入蒋介石的政府，解散自己的军队。面对强敌，中国共产党决定以自卫战争粉碎国民党军队的进攻，并制定了一系列方针政策。在政治上，放手发动群众，团结一切可能团结的力量，建立最广泛的人民民主统一战线，彻底孤立国民党反动集团。在军事上，坚持集中优势兵力，各个歼灭敌人的作战原则，在敌强我弱的情况下有效打击敌人。在经济上，依靠自力更生，作持久打算。

从1946年6月起，国民党军队向各解放区发起全面进攻，企图一举消灭人民军队。各解放区人民军队沉着应战，集中优势兵力，在运动战中各个歼灭敌人。粟裕、谭震林指挥华中野战军主力在苏中地区七战七捷，歼敌5万余人；陈毅指挥山东野战军主力在淮北战场歼灭国民党军队的部分有生力量；刘伯承、邓小平指挥的晋冀鲁豫解放军，经过定陶战役以及闻夏、同蒲、临诸等战役，歼灭敌军5万余人；贺龙、李井泉指挥的晋绥部队和聂荣臻指挥的晋察冀部队，先后进行晋北战役和大同、集宁战役，歼敌近4万人；在东北战场，林彪、罗荣桓指挥的东北民主联军也进一步开展剿匪斗争和创建根据地工作。到1947年2月，人民解放军共歼灭国民党军30万人，自己的兵力上升到137万人；国民党军队占领解放区县以上城市153座，解放军则收复和攻占48座县城。一方得地失人，一方失地得人，战争的形势向着有利于人民解放军的方向发展。

11月15日至12月25日，国民党不顾中国共产党和民主同盟等民主党派的坚决反对，在南京召开一党包办的"国民大会"，通过《中华民国宪法》。这实际上将政协协议破坏无遗，国共和谈之门也已被关闭。1947年1月，马歇尔返回华盛顿，国民党政府宣布解散军事三人小组及军调处执行部。随后，国民党当局限令中共在重庆、南京、上海的人员全部撤退，并查封重庆《新华日报》。至此，国共关系完全破裂。

面对新的形势，中国共产党作出以革命战争方式最后解决国内问题的抉择。

1946年11月21日，中共中央召开会议。周恩来报告了国共谈判和国民党统治区的情况，毛泽东分析了全国军事形势。会议根据毛泽东的提议，决定以"打倒蒋介石"来最终解决国内问题。这是中国革命发展进程中党的战略指导思想的一个根本性转变。

从1946年11月至1947年2月，全国各战场的人民解放军遵照中央军委的指示，继续在解放区实行内线作战，并逐步扩大战役规模，力求大量歼灭国民党军队的有生力量。在华东战场，经过宿北战役、鲁南战役、莱芜战役，歼灭敌人14万余人；在晋冀鲁豫战场，先后发起郓城、滑县、吕梁等战役，歼敌6万余人；在晋察冀战场，经过易满战役和保南战役，歼敌1.6万人；在东北战场，进行三下江南四保临江战役,共歼敌约5万人。在这4个月时间里,人民军队共歼敌41万余人;国民党军队占领解放区城市87座,人民军队收复和解放城市也是87座。国民党军队已由战争初期的得地失人变为净损失40余万人而无地可得,其有生力量大量被歼灭,不得不放弃对解放区的全面进攻。

1947年3月,国民党军队在全面进攻受挫的情况下,对解放区改行重点进攻,首先把矛头指向中共中央所在地延安和陕甘宁边区。人民军队继续执行积极防御的作战方针。

在山东,国民党陆军总司令顾祝同指挥60个旅约45万人,采取密集平推、稳步前进的战法,向山东战场发起进攻。陈毅、粟裕指挥的华东野战军根据中央军委指示,诱敌深入,持重待机,于5月中旬在孟良崮战役中全歼美械装备的国民党"王牌"主力第七十四师3.2万余人,粉碎国民党军队对山东解放区的重点进攻。

在陕北,国民党军队投入胡宗南等部25万人的兵力,向中共中央所在地延安发动突然袭击。在陕北的人民军队仅有2万余人,他们在延安以南对来犯之敌进行了六个昼夜的阻击,掩护中共中央机关撤离延安后,于3月19日主动放弃延安,在陕北地区进行艰苦的转战。

在解放军放弃延安的前一天,即3月18日,中共中央主动撤离延安。3月29日,中央作出决定,由刘少奇、朱德、董必武率领中央工作委员会,前往华北进行中央委托的工作;叶剑英、杨尚昆主持中央后方委员会,转移到晋西北统筹后方工作;毛泽东、周恩来、任弼时率中共中央和人民解放军总部精干机关,转战陕北,在这里指挥全国的解放战争。毛泽东、周恩来分别化名李德胜、胡必成,表示解放战争必胜,中国革命必成。

中共中央坚持在陕北与敌周旋,极大地鼓舞了全国各解放区军民的斗争意志和胜利信心。撤离延安后,西北野战兵团在彭德怀的指挥下，按照中央军委和毛泽东确定的"蘑菇战术"，依靠陕北优越的群众条件和有利地形，与比自己多达十倍的胡宗南、马步芳、马鸿逵、邓宝珊的几十万军队在陕北高原周旋，使其往返奔波，疲于奔命。而人民解放军则选择有利时机和地形，寻机歼敌。在撤离延安后的45天内，连续进行了青化砭、羊马河、蟠龙镇三次歼灭战，共歼灭胡宗南部2万余人，之后又在沙家店战役中全歼胡宗南部整编第三十六师和两个旅。到8月间，国民党军队对陕北的重点进攻已被粉碎。

转战陕北期间，中共中央在陕北高原上迂回转移，与敌人周旋。4月12日至6月8日，党中央在陕北安塞县王家湾停留56天。6月16日，党中央由靖边县天赐湾转移到靖边县小河村，在这里停留了45天。7月21日至23日，在小河村农家院临时搭的凉棚下，毛泽东主持召开了中共中央扩大会议（即小河会议）。10月10日，在陕北佳县神泉堡，毛泽东为中国人民解放军总部起草的《中国人民解放军宣言》。11月22日，党中央移住陕北米脂县杨家沟。12月25日至28日，毛泽东在杨家沟主持召开中共中央扩大会议（即十二月会议）。1948年3月23日，毛泽东、周恩来、任弼时率中共中央、人民解放军总部从吴堡县川口渡口东渡黄河，进入山西临县，到达晋绥解放区，再前往河北平山西柏坡。

在粉碎国民党军队重点进攻期间，解放军在东北、热河、冀东、豫北、晋南等地区开始对国民党军队发起局部反攻，歼敌40万人，收复和解放153座城市。从1946年7月到1947年6月，人民军队平均每月歼敌8个旅，共歼敌112万人，自己的兵力发展到190多万人，从而结束了战略防御阶段，以新的态势进入解放战争的第二个年头。

我军第二年作战的基本任务是：举行全国性的反攻，即以主力打到外线去，将战争引向国民党区域，在外线大量歼敌，彻底破坏国民党将战争继续引向解放区、进一步破坏和消耗解放区的人力物力、使我不能持久的反革命战略方针。我军第二年作战的部分任务是：以一部分主力和广大地方部队继续在内线作战，歼灭内线敌人，收复失地。

——《解放战争第二年的战略方针》（1947年9月1日）

这是1947年9月1日毛泽东为中共中央起草关于解放战争第二年的战略方针的指示的一部分。当时，毛泽东和中共中央住在陕北佳县朱官寨。这个指示规定，解放战争第二年的基本任务，是以主力打到国民党区域，由内线作战转入外线作战，也就是由战略防御阶段转入战略进攻阶段。这个指示后来收入《毛泽东选集》，在题解注释里这样写道："人民解放军按照毛泽东所规定的战略计划，从一九四七年七月至九月，转入了全国规模的进攻。晋冀鲁豫野战军于六月三十日在鲁西南地区强渡黄河，八月上旬越过陇海线，挺进大别山。晋冀鲁豫野战军的太岳兵团，八月下旬由晋南强渡黄河，挺进豫西地区。华东野战军在打破敌人的重点进攻以后，其主力部队于八月初挺进鲁西南，九月下旬进入豫皖苏地区。华东野战军的内线兵团（一九四八年三月改称山东兵团），从十月初起向胶东地区之敌发起攻势作战。西北野战军八月下旬转入反攻。晋察冀野战军九月初对平汉线北段之敌发起攻势作战。东北野战军紧接着全东北范围的夏季攻势之后，从九月起，在长春、吉林、四平地区和北宁线锦西至义县地区发起大规模的秋季攻势。所有这些战场上的攻势，组成了人民解放军全面进攻的总形势。"

25 战略防御到战略进攻：解放战争形势的转变

解放战争进行了一年多，战争形势发生了重大变化。到1947年7月，国民党军队的总兵力已由战争开始时的430万人下降到373万人，其中正规军由200万人下降为150万人，而且屡战屡败，兵力削弱，士气下降。人民解放军的总兵力则由127万人增加到195万人，其中正规军近100万人，武器装备也得到较大改善。

为了摆脱困境，1947年7月4日，蒋介石颁布《全国总动员方案》，企图继续将战火烧向解放区，进一步破坏和消耗解放区的人力物力。在此形势下，中共中央毅然作出决策：不等完全粉碎敌人的战略进攻，不等解放军在数量上占有优势，立刻转入全国性的反攻，即"以主力打到外线去，将战争引向国民党区域，在外线大量歼敌，彻底破坏国民党将战争继续引向解放区、进一步破坏和消耗解放区的人力物力、使我不能持久的反革命战略方针"。由此，人民解放军由战略防御转入战略进攻的阶段。

根据敌我双方态势，中共中央决定将战略进攻的主要突击方向指向中原地区，确定"三军配合、两翼牵制"的战略部署。即：以刘伯承、邓小平率领的晋冀鲁豫野战军主力实行中央突破，挺进大别山，建立根据地；以陈赓、谢富治率领的晋冀鲁豫野战军一部为西路，在豫西、陕南建立根据地；以陈毅、粟裕率领的华东野战军主力为东路，挺进苏鲁豫皖边区，扩大原有根据地。三路大军在中原地区互为犄角，紧密配合，在长江、淮河、黄河、汉水间开辟新的中原解放区。并以西北野战军攻打榆林，调动进攻陕北的敌军北上；以华东野战军东线兵团在胶东作战，继续把进攻山东的敌军东引，以策应三路大军挺进中原的行动。

千里跃进大别山，可谓一着险棋。邓小平后来说："毛主席对我军千里跃进大别山估计了三个前途，一是付了代价站不住脚准备回来；二是付出了代价站不稳脚，在周围坚持打游击；三是付出了代价站稳了脚。我们要从最困难方面着想，坚决勇敢地战胜一切困难，争取最好的前途。当然我们马上行动，会有很多困难，但在党中央正确领导下，在全国各战略区特别是陈粟、陈谢大军的有力配合下，有广大指战员的艰苦奋斗，任何困难都是可以克服的。"

1947年6月30日夜，刘邓大军12万余人，突破黄河天险，发起鲁西南战役，揭开了人民解放军战略进攻的序幕。在鲁西南地区打开南下的通道后，8月7日黄昏，邓小平和刘伯承离开郓城南赵家楼，率军突然南进，实施千里跃进大别山的战略任务。8月11日，刘邓主力跨过陇海铁路。8月17日，刘邓主力通过宽达二十余里的黄泛区。8月18日，胜利涉渡沙河。8月23日，刘邓率主力开始强渡汝河。经过激战，至次日拂晓胜利渡河。8月27日，渡过淮河。至此，晋冀鲁豫野战军主力历经二十天连续急行军千余里，冲破国民党军围追堵截，先后解放宁陵、睢县、柘城、亳县、淮阳、沈丘、新蔡、项城、上蔡、临泉、息县等十一座县城，先敌进入大别山区，胜利完成千里跃进大别山战略任务。

在刘邓大军千里跃进大别山之际，由陈赓、谢富治率领的晋冀鲁豫野战军一部8万人于8月下旬在晋东南强渡黄河，挺进豫西。在豫陕边地区往返机动作战，采取"牵牛战术"分散疲惫敌人。9月初，陈粟大军18万人在鲁西南地区进行沙土集战役后，越过陇海路南下，挺进豫皖苏边区。到11月底，歼敌5万余人，完成在豫陕边区的战略展开。由陈毅、粟裕率领的华东野战军主力，也在9月越过陇海铁路南下，进入豫皖苏平原，执行外线作战任务。到11月中旬，刘邓、陈谢、陈粟三路大军以"品"字形阵势在中原地区完成战略展开，并调动和吸引了国民党军约90个旅回防中原。随后，三军密切配合，相互策应，于12月底打破了国民党对大别山的围攻。

在人民解放军三路大军挺进中原的同时，内线的西北、山东和晋冀鲁豫、晋察冀、东北等战场上转入了战略反攻和进攻。西北野战军和华东野战军东线兵团分别举行沙家店、延清、黄龙等战役和胶东保卫战，彻底粉碎了国民党军对陕北和山东的重点进攻。晋察冀野战军连续举行清风店、石家庄等战役，使晋察冀与晋冀鲁豫两大解放区完全连成一片。东北民主联军发动秋季攻势，由战略反攻转为战略进攻。

人民解放军在内、外线的攻势作战，组成全国规模的战略进攻的总态势。

到1947年年底，战争已经主要不是在解放区内进行，而是在国民党统治区内进行。国民党军队不得不由战略进攻转入"全面防御"。人民解放军由战略防御转入战略进攻，具有重大的意义。毛泽东指出："这是一个历史的转折点。这是蒋介石的二十年反革命统治由发展到消灭的转折点。这是一百多年以来帝国主义在中国的统治由发展到消灭的转折点。这是一个伟大的事变。"

随着人民解放军战略进攻的进行，解放区大部分地区深入开展土地改革，广大农民踊跃参军参战，后方更加巩固；在国民党统治区，人民革命运动蓬勃发展，蒋介石已陷于全民包围之中。在这样的形势下，中共中央对国民党政权的公开态度由"反对"改为"打倒"。1947年10月10日，毛泽东为中国人民解放军总部起草的《中国人民解放军宣言》公布，第一次宣布"打倒蒋介石，解放全中国"的口号。

> 一九四七年九月，我党召集了全国土地会议，制定了中国土地法大纲，并立即在各地普遍实行。这个步骤，不但肯定了去年《五四指示》的方针，而且对于去年《五四指示》中的某些不彻底性作了明确的改正。中国土地法大纲规定，在消灭封建性和半封建性剥削的土地制度、实行耕者有其田的土地制度的原则下，按人口平均分配土地。
>
> ——《目前形势和我们的任务》（1947年12月25日）

1947年12月25日至28日，毛泽东在米脂县杨家沟主持召开中共中央扩大会议。25日，毛泽东向会议提交了《目前形势和我们的任务》的书面报告。这个报告是整个打倒蒋介石反动统治集团，建立新民主主义中国的时期内，在政治、军事、经济各方面带纲领性的文件。报告对1947年全国土地会议及后续的土地改革工作，进行了高度评价。

26 全国土地会议：最彻底地消灭封建土地所有制

抗日战争胜利后，为了争取和平民主，在国民党尚未公开彻底撕毁政协决议之前，中国共产党在解放区实行的仍然是反奸清算、减租减息的土地政策。进入1946年四五月间，国民党不断破坏和谈决议，内战危机日益加深。与此同时，广大解放区特别是新解放区农民，已经不满足于减租减息，强烈要求从根本上解决土地问题。在这种复杂形势下，制定一个符合农民切身利益的土地政策，以充分调动他们的积极性，为反内战做好自卫准备，是中国共产党亟待解决的一个重大问题。

根据中央多次讨论和反复研究后，刘少奇起草了《关于土地问题的指示》。1946年5月4日，中共中央发出了这个指示（即"五四指示"）。指示要求各级党委必须明确认识"解决解放区的土地问题是我党目前最基本的历史任务，是目前一切工作的最基本的环节"。明确提出把抗日战争时期实行的减租减息政策改变为"从地主手中获得土地，实现'耕者有其田'"的政策，并对土地改革中的具体问题做了一一规定。"五四指示"发出后，在解放区的农村，一场规模空前的土地改革运动迅速开展起来。

在这场运动中，各解放区结合本地区实际情况，采取了灵活多样的方式。主要包括：没收日满、恶霸地主的土地，分配给农民；清算一般地主的土地收归农民所有；通过征购、献田献地方式解决农民土地问题。至1947年2月，全解放区有三分之二的地区基本解决了土地问题，进一步巩固了解放区和加强了对革命战争的支援。

1947年7月，人民解放战争转入了战略进攻阶段。为了推进解放区土地改革运动的进一步发展，中央工作委员会于1947年7月17日至9月13日在河北省建屏县（今平山县）西柏坡村召开了全国土地会议。出席会议的有中央工委的主要负责人刘少奇、朱德、董必武、彭真、康生和晋察冀、冀晋、察哈尔、太行、太岳、晋冀鲁豫、冀鲁豫、冀南、冀热辽、晋绥、山东、陕甘宁、东北等解放区的代表，共110余人。刘少奇主持了会议。

会议分两个阶段进行。从7月17日到8月31日是第一阶段，主要由各代表团汇报情况，提出问题，讨论解决办法。朱德在致开幕词时回顾了一百多年来中国革命的历史，从正反两方面的经验说明了土地问题的重要性。他说："红军从产生到现在，经常同几倍以至几十倍于自己的敌人作战，中间也打了很多败仗，但是没有垮，为什么呢？其中一个重要原因，就是我们一直坚持土地革命，我们帮助农民得到土地，或者实行减租减息。农民为了保护自己的斗争果实，支持和拥护我们。"他特别强调这次会议要认真总结各地土地改革的经验教训，用以指导全国的土地改革运动。

刘少奇在讲话中主要谈了四个问题：一是要消灭封建与半封建剥削制度，满足无地少地农民的土地需求；二是要保证分得土地的农民有从事耕种的资金和农具；三是要切实减轻农民负担；四是要充分保证农民的民主权利。

根据会议主题，与会代表就党内问题、农民组织、民主问题展开了深入讨论。讨论的范围仍没有偏离"五四指示"确立的"实行耕者有其田"的政策范围，但到了9月1日，讨论主题发生了变化，会议进入第二阶段。事情起源于新华社在8月29日发表的题为《学习晋绥日报的自我批评》的社论。

社论指出：我们正处在空前规模的内战之中，中国人民要以自己的力量战胜敌人，最重要的保证之一就是土地问题的彻底解决。为此，"我党的土地政策改变为彻底平定土地"。这个社论将战争形势和土地斗争的关系阐述得十分明确，第一次公开宣布土地政策由减租减息转变为平分土地、消灭封建。社论发表后，刘少奇要求与会代表认真对待这个社论，从9月1日起就土地平分政策展开讨论。当时，大多数与会代表赞同平分，认为这样做操作简单，进行迅速。也有部分代表认为中央土地政策转向过于猛烈，会伤害富农和中农的利益。薄一波的反对意见就比较具有代表性。他认为，从党内干部队伍特别是部分区村干部不纯的角度考虑，土地改革还是要区分对待大、中、小地主和封建富农、一般富农。薄一波等人的意见遭到了康生等人的反对，争论愈发激烈。9月5日，刘少奇致电中共中央，报告了会议讨论情况，客观反映了土地平分政策的利弊问题。次日，中共中央复电中央工委，指出："平分土地利益极多，办法简单,群众拥护,外界亦很难找出理由反对此种公平办法,中农大多数获得利益,少数分出部分土地,但同时得了其他利益(政治及一般经济利益)可以补偿,因此土地会议应该采取彻底平分土地的方针",来电还同意刘少奇提出在土地会议通过土地法大纲的建议。此后,土地会议集中讨论"普遍实行彻底平分"的政策实施细则问题,并于9月13日一致通过了《中国土地法大纲》,决定公开宣布平分土地的政策。至此,为期近两个月的全国土地会议胜利闭幕。

《中国土地法大纲》是一个彻底反封建的土地革命纲领。它明确提出在解放区实行"废除封建性及半封建性剥削的土地制度,实行耕者有其田的土地制度",规定:"乡村中一切地主的土地及公地,由乡村农会接收,连同乡村中其他一切土地,按乡村全部人口,不分男女老幼,统一平均分配,在土地数量上抽多补少,质量上抽肥补瘦,使全乡村人民均获得同等的土地,并归各人所有。"具体做法是:在封建土地制度已经全部或大部分废除的地区,均采用"抽多补少、抽肥补瘦、抽近补远"的办法解决贫、雇农土地不足的问题;在原本土改工作薄弱的地区,采取没收地主、旧式富农的土地直接按人口平均分配给农民的办法;在陕甘宁、晋绥和东北解放区,采取以自然村为单位,将土地打乱,按人口重新平均分配的办法;在新开辟的解放区内,套用老区、半老区平分土地的做法。刘少奇在大会闭幕式作了总结发言时对"五四指示"发布后各解放区土地改革取得的成就予以了肯定,但同时指出了土地改革不彻底的问题,并从指导土地改革的政策、党内不纯、官僚主义的领导三个方面分析了产生原因。他特别指出:"《土地法大纲》在政策上没有规定区别对待,但实行中可以有所区别。如对不同的地主、地主与富农、旧富农与新富农等,在实际执行中还是区别一下好。对大地主、恶霸可斗得凶一些,对于那些愿意投降的中、小地主就轻一些。不过,要在基本上不牺牲群众利益或保护群众利益之下,在执行平分土地政策之下来区别，不能因为区别和照顾而牺牲群众基本利益或不实行平分。区别，基本上是根据群众意见。利用矛盾，争取多数，反对少数，在满足贫雇农要求的方针下，分化敌人营垒。应该有此斗争策略。"最后，刘少奇深刻阐释了土地改革的伟大意义："土地改革搞彻底，群众发动好，力量是无穷尽的。""实行土地改革是争取爱国自卫战争胜利最基本的一环，有决定意义的一环。"

全国土地会议的召开和《中国土地法大纲》的颁布，为在全国范围内消灭封建剥削的土地制度、推进新老解放区的土地改革运动产生了广泛而深远的影响。政策实行过程中虽然也出现过"左"的倾向，但很快得到纠正。经过土地改革，到1948年秋，在一亿人口的老区和半老区，基本消灭了几千年来压在农民身上的封建土地制度，改变了农村旧有的生产关系。亿万在政治、经济上获得解放的农民迸发出高昂的革命热情，他们或踊跃参军，或担负战争勤务工作，或建立民兵组织配合解放军作战，或输送军需粮草衣物，有力地支援了解放战争在全国范围内的胜利。正如毛泽东在1947年年底时所说："全党必须明白，土地制度的彻底改革，是现阶段中国革命的一项基本任务。如果我们能够普遍地彻底地解决土地问题，我们就获得了足以战胜一切敌人的最基本的条件。"

> 这次会议通过了一篇文章。这篇文章可以估计为在打倒蒋介石时期起纲领性作用的。反对美帝国主义,打倒官僚资本主义,打倒封建主义,这三个目标是立得正确的;团结中农,团结中小资产阶级,以共同反对这三大敌人,这个方针也是正确的。
>
> ——《在杨家沟中共中央扩大会议上的讲话》
> （1947年12月28日）

1947年12月25日至28日,毛泽东在米脂县杨家沟主持召开中共中央扩大会议。25日和28日,毛泽东两次在会上讲话。以上这段引文,是28日讲话中的一部分。讲话中提到了"一篇文章",指的是25日毛泽东向会议提交的题为《目前形势和我们的任务》的书面报告。这个报告是整个打倒蒋介石反动统治集团,建立新民主主义中国的时期内,在政治、军事、经济各方面带纲领性的文件。

27 十二月会议：制定打倒国民党反动统治的纲领

1947年年底,国内形势已经发生了根本变化。为了制定"打倒蒋介石、建立新中国"的具体行动纲领,1947年12月25日至28日,中共中央在陕北米脂县杨家沟召开扩大会议,即十二月会议。参加会议的有：毛泽东、周恩来、任弼时、陆定一、彭德怀、贺龙、林伯渠、张宗逊、习仲勋、马明方、张德生、甘泗淇、王维舟、李井泉、赵林、王明、谢觉哉、李维汉、李涛,共19人。会议召开之前，召开了18天的预备会议。与会人员分为政治、军事、土地小组，对相关问题进行了充分的酝酿和讨论。

在十二月会议上，毛泽东作了《目前形势和我们的任务》的书面报告，深刻分析了国际国内形势，阐明了彻底打败蒋介石以及夺取全国胜利的政治、军事、经济等方面的方针和政策。毛泽东在报告中开宗明义地指出："中国人民的革命战争，现在已经达到了一个转折点。"他在会议的结论中进一步阐明了作出这个断语的根据："二十年来未解决的优势问题，今天解决了。局面开展，胜利可期。"从这个判断出发，这次会议提出了建立新中国的政治、军事和经济纲领。

在政治方面，报告重申了《中国人民解放军宣言》中提出的党的最基本的政治纲领："联合工农兵学商各被压迫阶级、各人民团体、各民主党派、各少数民族、各地华侨和其他爱国分子，组成民族统一战线，打倒蒋介石独裁政府，成立民主联合政府。"

在军事方面，报告总结了人民革命战争特别是18个月以来解放战争的经验，提出了十大军事原则："（1）先打分散和孤立之敌，后打集中和强大之敌。（2）先取小城市、中等城市和广大乡村，后取大城市。（3）以歼灭敌人有生力量为主要目标，不以保守或夺取城市和地方为主要目标。保守或夺取城市和地方，是歼灭敌人有生力量的结果，往往需要反复多次才能最后地保守或夺取之。（4）每战集中绝对优势兵力（两倍、三倍、四倍，有时甚至是五倍或六倍于敌之兵力），四面包围敌人，力求全歼，不使漏网。在特殊情况下，则采用给敌以歼灭性打击的方法，即集中全力打敌正面及其一翼或两翼，求达歼灭其一部、击溃其另一部的目的，以便我军能够迅速转移兵力歼击他部敌军。力求避免打那种得不偿失的或得失相当的消耗战。这样，在全体上，我们是劣势（就数量来说），但在每一个局部上，在每一个具体战役上，我们是绝对的优势，这就保证了战役的胜利。随着时间的推移，我们就将在全体上转变为优势，直到歼灭一切敌人。(5) 不打无准备之仗，不打无把握之仗，每战都应力求有准备，力求在敌我条件对比下有胜利的把握。(6) 发扬勇敢战斗、不怕牺牲、不怕疲劳和连续作战（即在短期内不休息地接连打几仗）的作风。(7) 力求在运动中歼灭敌人。同时，注重阵地攻击战术，夺取敌人的据点和城市。(8) 在攻城问题上，一切敌人守备薄弱的据点和城市，坚决夺取之。一切敌人有中等程度的守备而环境又许可加以夺取的据点和城市，相机夺取之。一切敌人守备强固的据点和城市，则等候条件成熟时然后夺取之。(9) 以俘获敌人的全部武器和大部人员，补充自己。我军人力物力的来源，主要在前线。(10) 善于利用两个战役之间的间隙，休息和整训部队。休整的时间，一般不要过长，尽可能不使敌人获得喘息的时间。"十大军事原则，阐明了人民战争的战略战术思想的一系列重要问题，使得人民解放军的作战指导思想更加系统化、理论化，是毛泽东军事思想的集中体现，是以毛泽东为核心的中国共产党人对马克思主义军事科学的杰出贡献。

在经济方面，报告明确宣布新民主主义革命的三大经济纲领，即：没收封建阶级的土地归农民所有，没收垄断资本归新民主主义的国家所有，保护民族工商业，并阐明了实现这三大经济纲领的一系列具体政策。毛泽东对中国官僚资本的产生、发展以及它的性质和特点作了精辟的分析。他指出："这个垄断资本，和国家政权结合在一起，成为国家垄断资本主义。这个垄断资本主义，同外国帝国主义、本国地主阶级和旧式富农密切地结合着，成为买办的封建的国家垄断资本主义。这就是蒋介石反动政权的经济基础。"毛泽东还深刻分析了民族资产阶级和官僚资产阶级在半殖民地半封建中国社会的本质区别，指出："由于中国经济的落后性，广大的上层小资产阶级和中等资产阶级所代表的资本主义经济，即使革命在全国胜利以后，在一个长时期内，还是必须允许它们存在；并且按照国民经济的分工，还需要它们中一切有益于国民经济的部分有一个发展；它们在整个国民经济中，还是不可缺少的一部分。"

报告还阐述了新中国的经济构成和党对经济工作的指导方针，指出："新中国的经济构成是：（1）国营经济，这是领导的成分；（2）由个体逐步地向着集体方向发展的农业经济；（3）独立小工商业者的经济和小的、中等的私人资本经济。这些，就是新民主主义的全部国民经济。而新民主主义国民经济的指导方针，必须紧紧地追随着发展生产、繁荣经济、公私兼顾、劳资两利这个总目标。一切离开这个总目标的方针、政策、办法，都是错误的。"

这个报告，是中国共产党在打倒蒋介石反动统治集团、建立新民主主义中国的整个时期内，在政治、军事、经济各方面的纲领性的文件，进一步丰富和发展了新民主主义理论。为保证会议精神的贯彻执行，报告强调，必须整顿党的队伍，解决在党的地方组织，特别是农村基层组织中存在的成分不纯和作风不纯的问题，使党能够同最广大的劳动群众完全站在一起，并领导他们前进。

会议还讨论了解放区在土改和整党中出现的"左"的偏向及纠正的具体政策。在此之前，任弼时带病在杨家沟附近三十几个村庄进行调查，集中力量研究了土地改革问题。以此为基础，他在十二月会议上就土地改革问题作了重要发言，明确提出对农村各阶级应采取的政策。任弼时的发言得到党中央和毛泽东的肯定，对会后我党土改路线的完善，土改中具体政策及工作方法的制定，以及纠正土改中的"左"倾错误，起到了推动作用。

十二月会议是在中国革命战争的历史转折关头召开的一次具有重大意义的会议。毛泽东在会议的结论中说：这是一次很成功的会，"二十年来没有解决的力量对比的优势问题，今天解决了。"会议所制定的政治、经济纲领，比《新民主主义论》和《论联合政府》中提出的纲领有了进一步的发展。十二月会议后，战争形势继续以最快的速度向有利于人民解放军的方向发展。

> 辽沈、淮海、平津三战役以后，国民党军队的主力已被消灭。
>
> ——《在中国共产党第七届中央委员会第二次全体会议上的报告》（1949年3月5日）
>
> 1949年3月5日至13日，毛泽东主持了在西柏坡召开的中共七届二中全会。5日，毛泽东在会上作报告，指出在辽沈、淮海、平津三战役以后，国民党军队的主力已被消灭。

28 三大战役：摧毁国民党的主要军事力量

经过两年多的艰苦斗争，到1948年秋，人民解放军已由战争开始时的127万人发展到280万人，装备也大大改善。与此相反，国民党军队却由战争开始时的430万人下降到365万人。尽管国民党军在人数上仍占优势，但大多承担守备任务，可用于一线作战的兵力仅有174万人；同时，接连的失败使得军队士气低落，战斗力不强。情况表明：人民解放军进行战略决战的时机已经到来。

1948年9月16日，济南战役正式打响。华东野战军集中14万人，经过8昼夜的激烈攻坚战，于24日攻克济南。歼敌10.4万余人，生擒国民党军第二绥靖区司令官王耀武。济南战役揭开了战略决战的序幕，是人民解放军攻克敌人重点设防的大城市的开始。济南的攻克，实现了毛泽东确立的"攻济打援"的作战方案，使华北、华东两大解放区完全连成一片，为即将到来的大决战作了准备。

早在打响济南战役的四天前，即9月12日，林彪、罗荣桓指挥东北野战军主力70万人开始进攻锦州，发动了声势浩大的辽沈战役。当时，东北的国民党军还有55万人，被压缩在长春、沈阳、锦州三个孤立的地区。蒋介石对孤悬关外的55万国民党是守是撤，一时还举棋不定。如果这部分军队撤向关内，国民党就可以保住这个比较完整的战略集团。关键时刻，毛泽东要求东北野战军必须首先集中力量控制北宁线，攻克锦州，关闭国民党军撤回关内的大门。遵照毛泽东和中央军委指示，10月14日，东北野战军对锦州发起总攻，经过31个小时激战，全歼守敌近9万人，生俘国民党东北"剿总"副总司令范汉杰。锦州解放后，长春国民党守军一部分起义，其余全部投降。随后，东北野战军乘胜追击，于11月2日解放沈阳、营口。至此，东北全境解放。历时52天的辽沈战役以人民解放军歼敌47.2万余人的战绩胜利结束。此战的胜利，使人民解放军的总兵力首次超过国民党军，达310万人，国民党军队的总兵力下降到290万人。辽沈战役的胜利极大地影响和改变了战争的进程。巨大的喜悦使毛泽东对战争胜利的到来更加充满信心："现在看来，只需从现时起，再有一年左右的时间，就可能将国民党反动政府从根本上打倒了。"

辽沈战役期间，毛泽东就在酝酿怎样在淮海大地上同国民党军进行另一场大决战了。9月24日，粟裕致电中共中央军委，建议即进行淮海战役。在多方权衡后，中共中央军委于9月25日复电表示同意。此后，关于战役部署的讨论一直在进行中。10月中旬，中央军委终于形成了淮海战役三阶段的初步设想。

淮海战役是在以徐州为中心，东起海州、西至商丘、北起临城（今薛城）、南达淮河的广大地区进行的。国民党在此地调集了

80万兵力，且大多为美式装备的主力精锐部队。我方参战部队主要是华东、中原两支野战军，加上晋察冀豫军区的部分部队也不过60万人。敌我兵力悬殊。为了保证打好这一仗，中央军委决定由刘伯承、陈毅、邓小平、粟裕、谭震林组成总前敌委员会，刘伯承、陈毅、邓小平为常委，有临机处置之权。邓小平为总前委书记。

11月6日傍晚，华东野战军向黄百韬兵团发起猛攻，淮海战役正式打响。黄维兵团与东北的廖耀湘兵团和华东的邱清泉兵团并称国民党军三大王牌兵团，总兵力12万人，颇具战斗力。面对围攻，黄百韬兵团自然不甘心坐以待毙，曾多次发起突围，但都被打了回去。这时，邱清泉和李弥两个兵团正紧急驰援黄百韬兵团。邓小平等指挥员趁敌人尚未会合之际，命令前线将士迅速切断徐蚌铁路，不给黄百韬留下退路。同时，又令华东野战军"用一半以上兵力"打援，断绝黄百韬兵团获得援助的可能。11月22日，黄百韬兵团主力在碾庄圩一带被华东野战军主力全歼，其本人也被击毙。黄百韬兵团被全歼后，11月23日，中原野战军打起了歼灭黄维兵团的战斗。11月25日，黄维兵团被牢牢合围于双堆集地区。此后，中原野战军所部从四个方向逐步压缩敌人，逐渐缩小包围圈，最终在12月25日全歼黄维兵团。生俘黄维、吴绍周等兵团将领。此战后，杜聿明集团再无后援之力，于1949年1月10日全部被歼。至此，淮海战役胜利结束。

淮海战役是三大战役中起承前启后作用的第二个大战役。在66天的艰苦战斗中，人民解放军以伤亡13.4万人为代价，歼灭国民党军队55.5万人，其中包括国民党军队"五大主力"中的第五军和第十八军。淮海战役成为三大战役中解放军牺牲最重，但同时也是歼敌数量最多的战役。经此一战，国民党军队在南线的精锐主力已被消灭，国民党反动统治中心地带南京、上海直接暴露在人民解放军的目标攻击区，为解放军渡江作战创造了极为有利的条件。

当济南战役、辽沈战役相继胜利结束，淮海战役顺利推进时，以北平、天津为中心的华北地区的国民党军队正处在孤立和混乱的境地。值此有利时机，中央军委果断指示东北野战军和华北军区第二、第三兵团以及华北、东北军区地方部队共100万人，于1948年11月29日联合发动了平津战役。到12月上旬，歼灭平遂路东段傅作义部五个师，将其主力包围在张家口、新保安地区，切断了傅作义集团西撤绥远的通道。接着，东北野战军陆续到达平津前线。至12月21日，东北野战军和华北军区部队已完成了对华北国民党军五六十万之众的分割与合围，并切断守敌由海上南逃的通道。此后，按照中央军委先打两头、后取中间的原则，人民解放军首先攻克西线的新保安、张家口，紧接着于1949年1月15日解放天津。孤守北平的傅作义部25万人陷入绝境，最终接受人民解放军提出的和平条件。1949年1月31日，北平和平解放，平津战役胜利结束。平津战役历时64天，共歼灭和改编国民党军队52万余人。除归绥、太原、新乡等少数据点外，华北全境解放。在绥远，有意地保存下一部分国民党军队，经过相当时间，在董其武率领下于1949年9月通电起义，接受改编。这样，对今后如何解决残存国民党军队就形成了天津、北平、绥远三种方式。

辽沈、淮海、平津三大战役，从1948年9月12日开始到1949年1月31日结束，历时142天，共歼灭国民党军154万余人，基本摧毁了国民党赖以维持反动统治的军事力量。

三大战役中，以毛泽东为首的中共中央和中央军委及时把握战略决战的时机和方向，正确制定了决战的策略和方针，为战役的胜利奠定了战略战术基础。与此同时，广大人民群众积极支援人民解放军的对敌斗争，从物质、医疗、军需运输等方面有力地保证了战略决战的胜利，充分显示了人民战争的巨大威力。

三大战役后，国民党军队在长江以北的力量已全线崩溃，在长江以南也难组织起系统的防御。国民党反动派的统治已处在风雨飘摇当中，人民战争的全面胜利已为期不远，中国乃至世界的政治格局即将发生历史性的改变。

夺取全国胜利，这只是万里长征走完了第一步。如果这一步也值得骄傲，那是比较渺小的，更值得骄傲的还在后头。在过了几十年之后来看中国人民民主革命的胜利，就会使人们感觉那好像只是一出长剧的一个短小的序幕。剧是必须从序幕开始的，但序幕还不是高潮。中国的革命是伟大的，但革命以后的路程更长，工作更伟大，更艰苦。这一点现在就必须向党内讲明白，务必使同志们继续地保持谦虚、谨慎、不骄、不躁的作风，务必使同志们继续地保持艰苦奋斗的作风。

——《在中国共产党第七届中央委员会第二次全体会议上的报告》（1949年3月5日）

1949年3月5日至13日，毛泽东主持在西柏坡召开的中共七届二中全会。在5日的讲话中，毛泽东提出了"两个务必"的著名论断。他提醒党内要防止滋生"骄傲情绪，以功臣自居的情绪，停顿起来不求进步的情绪，贪图享乐不愿再过艰苦生活的情绪"，注意敌人"糖衣裹着的炮弹的攻击"，牢记"两个务必"。"两个务必"是在中国革命即将胜利的前夕，以毛泽东为代表的中国共产党人对党的历史经验的科学总结，是对党未来肩负的历史任务的深刻思考，至今仍有着强烈的启示作用。

29 七届二中全会：提出"两个务必"

1949年1月6日至8日，中共中央在西柏坡召开的政治局会议上决定，在北平解放后，要尽快召集第七届中央委员会第二次全体会议，以便商讨确定组建新中国的有关事宜。经过认真准备，1949年3月5日至13日，中共中央在河北平山县西北坡村召开七届二中全会。这是解放战争以来的第一次中央全会，也是新中国成立前的最后一次中央全会。会议的主题是商讨制定夺取全国胜利和胜利后组建新中国的有关事项。

出席会议的有中央委员34人（中央委员出缺4人，由候补中央委员递补出席3人），候补中央委员19人，列席会议11人。会议主席团由毛泽东、刘少奇、周恩来、朱德、任弼时组成。会场设在中央机关的大食堂，代表们坐的凳子都是临时凑起来的，座位也没有固定的安排。

毛泽东在会上作了报告和总结，提出了建立新中国的一系列基本方针。在军事方面，明确宣布要"向南方进军和占领南方各大城市""四月或五月占领南京"，将革命进行到底。对于剩余的国民党军队，提出以天津、北平、绥远三种方式加以解决，首要的仍然是以战斗的方式去解决敌人。关于和谈，毛泽东指出："我们的方针是不拒绝谈判，要求对方完全承认八条，不许讨价还价。"并为此提出了若干交换条件。毛泽东在全会上提出的策略是，一面进军，一面谈判，不管是全面谈判还是局部谈判，谈判成功与否，都要有清醒的头脑，原则性与灵活性相结合。

全会讨论了党的工作重心由乡村转移到城市的问题，指出：党在乡村凝集力量，用乡村包围城市然后取得城市的工作方式时期已经完结。从现在起，开始了由城市到乡村并由城市领导乡村的时期。当然，这并不意味着可以丢掉乡村，仅顾城市，而是城乡兼顾。党要将日后工作重心放在城市，用极大的努力学会管理城市和建设城市。为此，党必须全心全意地依靠工人阶级，团结其他劳动群众，争取知识分子，争取尽可能多的能够同我们合作的民族资产阶级分子及其代表人物站在我们方面，或者使他们保持中立，以便向帝国主义者、国民党、官僚资产阶级作坚决的斗争，一步一步地去战胜这些敌人。同时即开始着手我们的建设事业，一步一步地学会管理城市，恢复和发展城市中的生产事业。城市中的其他工作，都必须围绕着恢复和发展城市的生产这个中心任务。

全会深刻分析了中国经济状况，指出：当前，中国已有大约10%左右的代表先进生产力的现代化的工业经济；但同时，也有大约90%左右的代表落后生产力的分散的个体农业经济和手工业经济。这是党在中国革命胜利后一个相当长的时间内考虑一切问题的基本出发点。全国现代化工业主要集中在官僚资产阶级手中，没收这些资本归人民共和国所有，可以使社会主义性质的国营经济成为整个国民经济的主体。对分散的个体农业和手工业，则要积极稳妥地引导它们向现代化和集体化方向发展。占了现代性工业中第二位的中国的私人资本主义工业，是一个不可忽视的力量。在革命胜利以后一个相当长的时期内，还需要尽可能地利用城乡私人资本主义的积极性，以利于国民经济的向前发展；同时要对它不利于国计民生的消极作用进行限制。限制和反限制，将是新民主主义国家内部斗争的主要形式。

全会讨论了对外政策，指出：我们不承认国民党时代的任何外国外交机关和外交人员的合法地位，不承认国民党时代的一切卖国条约的继续存在，取消一切帝国主义在中国开办的宣传机关，立即统制对外贸易，改革海关制度。全国胜利后，我们愿意按照平等原则同一切国家建立外交关系。

全会还特别强调要加强党的思想建设，防止资产阶级思想侵蚀党的队伍，指出：夺取在全国的胜利，则是不要很久的时间和不要花费很大的气力了；但巩固这个胜利，则是需要很久的时间和要花费很大的气力的事情。"因为胜利，党内的骄傲情绪，以功臣自居的情绪，停顿起来不求进步的情绪，贪图享乐不愿再过艰苦生活的情绪，可能生长。因为胜利，人民感谢我们，资产阶级也会出来捧场。"毛泽东告诫全党："可能有这样一些共产党人，他们是不曾被拿枪的敌人征服过的，他们在这些敌人面前不愧英雄的称号；但是经不起人们用糖衣裹着的炮弹的攻击，他们在糖弹面前要打败仗。我们必须预防这种情况。夺取全国胜利，这只是万里长征走完了第一步。""如果国家，主要的就是人民解放军和我们的党腐化下去，无产阶级不能掌握住这个国家政权，那还是有问题的。"

为了防止"糖衣炮弹"的攻击，毛泽东提出了"两个务必"的思想，即："务必使同志们继续地保持谦虚、谨慎、不骄、不躁的作风，务必使同志们继续地保持艰苦奋斗的作风。"会议还根据毛泽东的提议，作出禁止给党的领导人祝寿，禁止用党的领导者的名字作为地名和街名，不要把中国同志同马克思、恩格斯、列宁、斯大林并列等重要规定。

全会批准了1945年6月七届一中全会以来中央政治局的工作报告，批准了由中国共产党发起的关于召开新的政治协商会议及成立民主联合政府的建议，批准了毛泽东主席关于以八项条件作为与南京国民党政府进行和平谈判基础的声明，通过了《中国共产党第七届中央委员会第二次全体会议决议》，通过了《关于军旗的决议》，规定中国人民解放军军旗为红底加五角星，加"八一"二字。

毛泽东在会议的总结中指出:"这次二中全会,按其性质来说就是一次党的代表会议。"七届二中全会,实际上是一次为新中国奠基的党的全国代表会议。它讨论和决定了一系列关于解放全中国,建立新中国的带有全局性、长期性的战略、方针和政策,为迅速夺取民主革命在全国的彻底胜利,实现由新民主主义向社会主义的转变,从政治上、思想上和理论上作了充分的准备与指导。

七届二中全会后,1949年3月23日上午,毛泽东率领中共中央机关离开中国革命的最后一个农村指挥所——西柏坡,向北平进发。临行前,毛泽东对周恩来说,今天是进京的日子,进京"赶考"去。周恩来笑答,我们应当都能考试及格,不要退回来。毛泽东说,退回来就失败了。我们决不当李自成,我们都希望考个好成绩。3月25日,毛泽东等中共中央领导人与中央机关、人民解放军总部进驻北平,迎接民主革命的全国性胜利。

钟山风雨起苍黄,百万雄师过大江。
虎踞龙盘今胜昔,天翻地覆慨而慷。
宜将剩勇追穷寇,不可沽名学霸王。
天若有情天亦老,人间正道是沧桑。

——《七律人民解放军占领南京》(1949年4月)

1949年4月,南京解放。得知这个消息,正在北平香山双清别墅筹划新中国成立大事的毛泽东异常兴奋,写下了这首诗。首联描绘了解放南京的宏大场面。"钟山",即紫金山,位于南京市东面。"苍黄",同"仓皇",急遽之意,这里是说南京突然遭到了革命暴风雨的袭击。颔联抒发了南京解放后的革命豪情。"虎踞龙盘",形容地势雄伟险要。颈联表达了将革命进行到底的伟大战略思想。"穷寇",处于穷途末路的敌寇,这里指国民党残余的军事力量。"霸王",指项羽。秦亡之初,项羽的力量最强,本能够消灭潜在的对手刘邦,但他在鸿门宴上却放过了刘邦。后来,他自立为西楚霸王,封刘邦为汉王。在楚汉之争中,项羽最终被刘邦击败,只落个全军覆没,乌江自刎。尾联阐明了历史发展的必然规律:苍天如果也有感情,看到国民党黑暗统治的残酷与蒋介石的作恶多端,也会因痛苦而衰老。而历史的沧桑巨变,是人类社会发展的客观规律和必由之路。从这个角度理解,蒋家王朝的覆灭是人心所向,人民战争的胜利正是符合了历史发展的规律。

30 渡江战役：国民党反动统治的崩溃

辽沈、淮海、平津三大战役胜利结束后，国民党军的精锐主力基本被消灭。蒋介石为挽回败局，要求美国增加援助或美、苏出面"调解"未果，迫于内外各方压力，不得不于1949年元旦发表"求和"声明，并于1月21日宣告"下野"，退居幕后。国民党"代总统"李宗仁口头上表示愿意以中共所提条件为基础进行和平谈判，实际上却是在争取时间，部署兵力。

中共中央和毛泽东决定将战争进行到底，彻底消灭反动势力。1948年12月30日，毛泽东在为新华社撰写的新年献辞《将革命进行到底》中宣布："用革命的方法，坚决彻底干净全部地消灭一切反动势力，不动摇地坚持打倒帝国主义，打倒封建主义，打倒官僚资本主义，在全国范围内推翻国民党的反动统治，在全国范围内建立无产阶级领导的以工农联盟为主体的人民民主专政的共和国。""一九四九年中国人民解放军将向长江以南进军，将要获得比一九四八年更加伟大的胜利。"但为了早日结束战争，减少人民的痛苦，共产党仍愿意在惩办战争罪犯、废除伪宪法和伪法统、改编一切反动军队等八项条件的基础上，同南京政府或地方政府和军事集团进行和平谈判。1949年4月1日起，以周恩来为首席代表的中国共产党代表团同以张治中为首席代表的国民党政府代表团，开始在北平举行谈判。经过双方多次协商后，达成《国内和平协定最后修正案》。国民党政府代表团一致同意接受这个和平协定，并派代表将协定送回南京。4月20日，国民党政府拒绝在和平协定上签字，和谈破裂。

在同国民党谈判前后，人民解放军在积极筹备渡江战役各项事宜。任务交给了刚刚结束淮海战役的中原野战军。

1949年2月5日，根据中共中央军委决定，中原野战军正式改编为第二野战军，下辖第三、第四、第五兵团。刘伯承任司令员，邓小平任政治委员，张际春任副政治委员兼政治部主任，李达任参谋长。2月9日，邓小平在徐州主持召开总前委扩大会议，研究讨论渡江作战的时间、部署等问题。当天，刘伯承、陈毅、邓小平等联名致电中央军委并华东局，从八个方面报告了会议研究意见：（一）关于渡江时间。一致认为以在三月半出动，三月底开始渡江作战为最好。（二）关于战役部署。确定以华野四个兵团，中野一个兵团为第一梯队。华野之四个兵团，一个任江阴、扬州段，一个任南京东西段，一个任芜湖东西段，一个任铜陵、贵池段。中野一个兵团则任安庆东西段。中野另两个兵团，除以一个军进至黄梅、宿松、望江段佯动外，其余五个军作为总预备队，以便紧随首先突破的部队之后，适机渡江钳制。而我们预定的突破重点位置，拟在芜湖、安庆地段。至于突破江防之后的作战，则视当时情况决定。（三）关于开进。华野两个兵团，已在淮阴、淮安及蚌埠以南。其余两个兵团，当在宿县东西地区。拟先移一个兵团至合肥，另一兵团则于三月半移动，以半月行程到达江边。中野各部路程较远，拟于三月初旬移至潢川、固始、六安之线休息，待机即向指定位置开进。（四）华野、中野指挥机关拟于三月初移至合肥及六安，并各派先遣部队迫近江边了解情况，并作准备。（五）为适应紧迫的作战要求，安徽省委必须立即建立。（六）关于出动准备。部队思想渡江无大问题，具体准备则有许多事项尚无着落，务请军委、华东局予以解决。其最重要者有：弹药、药品及电讯材料、现洋及人民币钞票、地图、汽车、汽油等。（七）粮食主要就地筹集，但仍须后方准备大量接济。（八）为保障华野、中野行动，建议东北野战军即以三个军约二十万人迅速南下，于三月底运至武汉附近，牵制白崇禧。电文最后，邓小平等特别强调以上内容"均带有时间性"，请中央考虑电示。11日，中央军委复电总前委："同意你们三月半出动、三月底开始渡江作战的计划，望你们按此时间准备一切。"复电特别指出：刘伯承、邓小平、张际春、陈赓四同志参加华东局为委员，在渡江战役期间，"总前委照旧行使领导军事及作战的职权，华东局和总前委均直属中央"。

2月20日，中央军委批准以刘伯承、邓小平、张际春、陈赓、李达五人组成第二野战军前委，邓小平为书记。

就在筹备渡江战役期间，中共七届二中全会于3月5日至13日在西柏坡召开。会议期间，毛泽东经常找邓小平商谈渡江作战问题。毛泽东对邓小平说："渡江作战就交给你指挥了。"

3月15日，邓小平离开西柏坡，动身回前线。

长江，西起青藏高原，东入东海，全长6000多公里，流经九省一市，自古以来就是难以逾越的天堑。经过仔细调研和反复讨论，3月31日，邓小平主持起草了百万雄师过大江的战役纲要，即《京沪杭战役实施纲要》。4月1日，经讨论后以总前委名义报告中共中央军委。纲要明确提出了战役的目的：歼灭全部或大部蒋军，占领苏南、皖南及浙江全省，夺取京、沪、杭，彻底摧毁国民党反动政府的政治和经济中心，为日后向华南、中南、西南地区进军创造条件。纲要还分析了渡江成功后国民党军可能采取的四种行动："（一）收缩兵力于京、沪、杭三角地区和南京、芜湖地区，控制南京、上海、杭州、芜湖、镇江、无锡诸要点，并图于我东西两军相距尚远之际，集结兵力与我突进至京沪线上之东线兵团实行决战，而以芜湖以西各部退至浙赣线上，以保障其退路。（二）向后撤收，一线在无锡、南京、芜湖及其以南地带布置防线，利用浙赣铁路迅速转运兵力控制浙赣沿线，确保南京、芜湖两要点，并求得割断我东西两军之联系，然后再视情况，或在京、沪、杭三角地区与我决战，或退在浙赣线上与我决战,或沿浙赣线作战略之撤退。(三)主动放弃武进、镇江、南京、芜湖地段,沿江各敌全线向南退集浙赣线上和无锡、上海、杭州沿海地带,以便利用铁道和海口作顽强之抵抗,或作有秩序之撤退。(四)在情况不利于撤退的时候,分别固守京、沪、杭诸点,以图顽抗。"

针对这些可能发生的情况,纲要规定了具体作战纲领:"(一)战役第一阶段,达成渡江任务,并依据下一阶段之要求,实行战役的展开;第二阶段,达成割裂和包围敌人之任务,并确实控制浙赣线一段,断敌退路;第三阶段,分别歼灭包围之敌,完成全战役。(二)战役的准备,应以能够应付丙项第一、第二两种情况为出发点,要计算到我东线兵团渡江成功之后,可能遇到严重的战斗,故西线兵团应给以及时有力之支援。(三)无论敌人采取何种处置,情况发生何种变化,西线之三野第七、第九两个兵团,除留必需兵力协同二野歼灭当面之敌外,主力应与东线三野之第八、第十两兵团实行东西对进,力求迅速会合。此着成功,既可使东线兵团不致孤立,使东线主力作战有必胜之把握,又可做到打乱敌人作战体系,达成割裂包围敌人之目的。故此着实为全战役之关键。(四)如敌实行第一方案,则应集结三野四个兵团的主力甚至全力于京沪线上的决战方面,而以二野之一个兵团进至衢州及其以北以西地区,截断浙赣线,二野主力应沿江东下担任攻占芜湖及准备攻取南京之任务;如敌实行第二方案,则可改以二野主力出浙赣线,余同第一方案。(五)如敌实行第三方案,则以二野一部接替南京警备,主力解决浙赣线上之敌,三野全力负责解决沪、杭、无锡地带之敌。(六)如敌实行第四方案,则以二野解决南京,三野解决沪、杭。在步骤上,宜将上海放在最后解决较为有利。(七)如敌完全混乱,则依实际情况临机处置。"4月3日,中央军委复电同意纲要内容。

为阻止解放军渡江,蒋介石也作了周密安排。到1949年4月初,国民党在从湖北宜昌到上海的1800余公里的长江沿线上部署了115个师约70万兵力,并调集了130艘军舰和300多架飞机,构建所谓的"陆海空立体防线",幻想凭借长江天堑实现"划江而治"。

1949年4月20日,即国民党政府拒绝在和平协定上签字的当天晚上,第二、第三野战军及地方部队共百万余人在东起江阴、西至九江东北湖口间五百余公里的战线上,分中、东、西三路强渡长江天堑,发起渡江战役。次日,渡江战士一举突破国民党苦心经营三个半月的长江防线。4月22日,国民党军分三路实施总退却:一路向浙赣路退却,一路向杭州方向退却,一路向海上退却。当日,国民政府也仓皇逃往广州。胜利渡江的解放军乘胜追击,于4月23日解放了国民党的统治中心南京,结束了国民党22年的反动统治。

在迅速围歼南京、镇江的逃敌后,人民解放军中、东突击集团于5月3日解放杭州,兵锋直逼上海。当时,汤恩伯已经带领主力20万人退守上海及其周围地区,在蒋介石亲自指挥和部署下,企图凭借上海大城市丰富的物资资源和坚固的工事顽抗到底。西突击集团分路向浙赣路齐头并进,相继解放九江、南昌等城市,切断了白崇禧、汤恩伯两集团的联系。同时,第四野战军先遣兵团和中原军区部队也先后占领湖北孝感、黄陂,逼近武汉。

5月10日,邓小平致电毛泽东,全面报告渡江前后的情况。电报就接管上海的准备工作说:"近日我们对外交纪律、入城守则、金融问题等等已有具体规定,对进上海的准备也较为细密。今后毛病可能少出一些,出了毛病也可能纠正得快一些。"电报最后说:"江南将有许多复杂的、尚难预料的困难问题摆在我们面前,我们当从注意集体领导和注意向中央军委报告请示的方法中,予以逐渐地解决。"

经过精心准备,第三野战军于5月12日对上海外围发起进攻。为避免破坏城市,攻击部队采取钳形攻势,从浦东、浦西两翼进逼吴淞口,逼敌退出主要市区,然后加以聚歼。激战至27

日，上海解放。与此同时，第四野战军也在 5 月 14 日从武汉以东地区强渡长江，争取了国民党军第 19 兵团在贺胜桥、金口等地起义，于 17 日解放武汉三镇。6 月 2 日，崇明岛解放。至此，渡江战役胜利结束。

渡江战役历时 42 天，人民解放军以木帆船为主要渡江工具，采取运动战与城市攻坚战相结合的战术，以伤亡近 5 万人的代价，歼灭国民党军 43 万人，解放了江苏、安徽两省全境，浙江省大部，以及江西、湖北、福建等省部分地区，为人民解放军下一步解放华东全境，进军华南、西南，进而解放全中国创造了有利条件。邓小平后来这样阐述这次战役胜利的重要意义："渡江作战无疑是一个伟大的胜利，这胜利表示了敌人在长江以南的一支最大的最有组织的力量的覆灭。经过了东北的辽沈战役、华东的淮海战役、华北的平津战役，国民党反动派剩下的最大的军队就是放在长江以南这一战线上，他们再没有比这更大的有组织的军队了。渡江歼灭了敌人 40 多万，就表示国民党再没有有力的抵抗了。这胜利在政治上表示了反动的南京政府的灭亡。人民解放军在军事上将再不会遭遇到更严重的抵抗了，肃清残余敌人的时间不远了，最后解放全国的时间也不远了。"

> 我们有伟大而正确的《共同纲领》以为检查工作、讨论问题的准则。《共同纲领》必须充分地付之实行,这是我们国家现时的根本大法。
>
> ——《在全国政协一届二次会议上的讲话》
> （1950年6月14日）
>
> 起草《中国人民政治协商会议共同纲领》,是筹备建立新中国的一项重要任务。起草工作从1948年10月开始,到1949年9月正式通过,历时近13个月。1949年6月14日下午,毛泽东主持召开全国政协一届二次会议,并致开会词。在讲话中,他对《共同纲领》在国家政治生活中的地位作了阐释。

31 《共同纲领》：新中国第一个具有宪法性质的文件

起草《中国人民政治协商会议共同纲领》,是筹备建立新中国的一项重要任务。鲜为人知的是,这部新中国第一个具有宪法性质的文件,从最初的起草到正式通过,曾随着革命形势的发展变化而三次起稿,三次命名。毛泽东同志曾经为它的最终定稿,倾注了大量心血。

随着中国革命全面胜利的到来,1948年4月30日,中共中央发布了经毛泽东亲自改写的纪念五一劳动节口号,向全国民主党派、各人民团体、各社会贤达发出了"迅速召开政治协商会议，讨论并实现召集人民代表大会，成立民主联合政府"的号召。这一号召得到了各民主党派无党派民主人士和海外华侨的热烈响应，筹建新中国的序幕由此揭开。

然而，当时大多数民主人士还集中在香港、上海、南京等尚未解放的地方。能否安全地将他们接到解放区来，是制定好共同纲领的重要条件。有着丰富统战经验和组织能力的周恩来，亲自指挥了这场没有硝烟的"战役"。从1948年7月底起，周恩来开始对接送民主人士进行周密部署。从8月初开始，部分民主党派代表及无党派民主人士陆续到达华北解放区河北省平山县李家庄和东北解放区哈尔滨。到1949年3月，在周恩来的周密安排下，上海、北平、天津、香港等地的民主人士经秘密交通陆续被接送到西柏坡或哈尔滨。仅从香港一地就接送了四批民主人士安全到达解放区。

在接送民主人士的同时，从1948年10月开始，中共中央也在紧锣密鼓地起草共同纲领草案，以期为了与各民主党派交换意见时有一个可供讨论的文本。这项工作由周恩来主持，由时任中共中央统战部部长的李维汉具体负责。到10月27日，写出了第一稿，名为《中国人民民主革命纲领草稿》。这一稿分总则、政治、军事、经济、财政、文化教育、社会政策、少数民族、华侨、外交，外加一个序言，共10部分46条。草稿规定：纲领的基本原则，即新政协各成员共同奋斗的准则，是新民主主义革命的三民主义；人民为国家的主人，国家的一切权力来自人民大众。草稿规定：中华人民共和国各级政权的构成，不采用资产阶级民主的三权分立制，而采用人民民主的民主集中制；国家各级权力机关和行政机关，是各级人民代表大会及其选出的各级人民政府。草稿还规定：在经济上，实行"耕者有其田"的土地制度；没收官僚资本归国家所有。国有经济为全部国民经济的领导成分；发展生产，繁荣经济，公私兼顾，劳资两利，应定为全部国民经济建设的总方针；有计划有步骤地发展工业，争取若干年内使中国由农业国地位上升到工业国地位。草稿内容还包括了发展民族的、科学的、大众的文化教育；各民族一律平等，建立民族自治区等内容。这些内容，一定程度上总结了中国共产党立国思想，基本规定也大都为后来的各个共同纲领稿本所采纳。

到11月，又形成了第二稿。第二稿在结构上较第一稿作了较大变化，在结构上，分为"人民解放战争的历史任务""建立人民民主共和国的基本纲领""战时具体纲领"。在内容上，对成立中华人民民主共和国临时中央政府的程序上做了新的规定："由新的政治协商会议选举中华人民民主共和国临时人民政府主席、副主席及人民政府委员，组成人民政府委员会，对内主持国家大计。"这是共同纲领的第一次起稿。

在《中国人民民主革命纲领草稿》起草的同时，解放战争还在激烈地进行之中。故纲领的重点还是放在"人民民主革命"上。随着辽沈、淮海、平津三大战役和渡江战役的胜利结束，"人民民主革命"的提法显然不能满足新形势的需要。共同纲领的重新起草已经势在必行。

1949年6月15日，新政治协商会议筹备会在北平成立。筹备会由23个单位、131人组成。毛泽东担任常务委员会主任。常委会下设六个小组，分别进行各项筹备工作。负责起草共同纲领的是第三小组，由周恩来担任组长、许德珩担任副组长，组员有陈劭先、章伯钧、章乃器、李达、许广平、季方（严信民代）、沈志远、许宝驹、陈此生、黄鼎臣、彭德怀（罗瑞卿代）、朱学范、张晔、李烛尘、侯外庐、邓初民、廖承志、邓颖超、谢邦定、周建人、杨静仁、贾振东。这样一个起草班子，力量是十分雄厚的。6月16日，新政协筹备会第一次全体会议召开。周恩来在会上作关于《新政治协商会议筹备会组织条例（草案）》的解释报告和草案第八条关于表决问题的说明时指出：筹备会的主要任务是，协商确定参加正式会议的各单位和代表人数，决定召开正式会议的时间、地点、议程，拟定新政治协商会议组织条例草案，起草共同纲领，起草成立政府方案，协商政府领导人选。并说明：起草共同纲领"是六七两月份一个繁重的工作"。过去我们起草过一两次，因为当时战争正在猛烈进行中，因此重点在"动员全国人民力量，支援战争"上面；而现在"我们的纲领不能不转向建设方面"，"重点要摆在我们共同努力，来建设一个新民主主义的新中国"。同时强调：这次会议期间，"凡是重大的议案不光在会场提出"，而是早在提出之前就"有协商的"。"协商这两个字非常好。"会议修正并通过《新政治协商会议筹备会组织条例》，通过新政协筹备会常务委员会名单。周恩来当选为新政协筹备会常务委员。

6月18日，周恩来主持起草共同纲领小组第一次会议，研究纲领的起草问题。他在会上说："我们的政治协商会议，加上一个'新'字，以区别于旧的政治协商会议。一字之差，使基本的政治策略思想也要有所变化。因此，需要有体现新的政治协商共同利益的共同纲领。制定共同纲领不仅将决定联合政府的产生，也将为各党派和各团体的合作奠定基础。"会议决定由中共起草共同纲领初稿。

考虑到所要建立的新中国是一个新民主主义性质的国家，起草小组这次将题目定为《新民主主义的共同纲领》。这是第二次起稿，历时两个月左右。完成后，先后主持召开七次会议征求各方意见，经反复讨论修改后，正式形成《新民主主义的共同纲领（草案）》。《新民主主义的共同纲领（草案）》共12000多字，规定了新中国在成立初期的政治、军事、经济、文化、民族、外交等各项政策的基本原则，明确规定新中国"为新民主主义即人民民主主义的国家"，它的"经济建设的根本方针，是以公私兼顾、劳资两利、城乡互助、内外交流的政策，达到发展生产、繁荣经济之目的"。"各种社会经济成分在国营经济领导之下，分工合作，各得其所，以促进整个社会经济的发展。"8月22日，周恩来将草案初稿送交毛泽东审阅。毛泽东对其中的一些段落作了删改，重新加写了几段文字。这份共同纲领除简短的序言外，分一般纲领和具体纲领两大部分。在一般纲领中，删除了《中国人民民主革命纲领草稿》中"人民解放战争的历史任务"一部分，增加了对政治协商会议、新民主主义的国家制度和国际关系等方面内容的论述。在具体纲领部分，按照"解放全中国""政治法律""财政经济""文化教育""国防""外交侨务"等六个方面共列出45条内容。

进入1949年9月以后，共同纲领的起草工作进入最后阶段。纲领的名称最后确定为《中国人民政治协商会议共同纲领》。这是第三次起稿。与第二次起稿相比，主要在结构方面作了较大改动。序言之后，不再分一般纲领和具体纲领，而是平列七章。这次起草，充分发挥了民主。从草案的提出到政协全体会议召开，共经历了七次讨论。即：由先后到达北平的政协代表五六百人分组讨论两次，第三组本身讨论了三次，筹备会常务委员会讨论了两次。对这一过程，当年的与会代表感慨万千，九三学社代表许德珩说：共同纲领草案"是经过了筹备会多次的周详讨论的，在大会开幕以前来到北平的六百多位代表也曾经分组多次的研讨，六百多位同仁之中，可以说是很少很少没有发言的，也更很少发言不被重视的；凡是在目前紧要的，能够办得到的建议，都是被采纳的。这种民主的、实事求是的精神，是值得我们佩慰的"。民主建国会代表章乃器说："分组讨论和大会报告轮番地举行，保证了大家都有充分的发言权，做到了知无不言，言无不尽；做到了反复讨论，不厌求详；做到了多数起了决定作用，少数心悦诚服。这才是真正的、彻底的民主。"

在共同纲领的三次起稿过程中，毛泽东都亲自参加了各次过程稿的修改工作。特别是在《中国人民政治协商会议共同纲领》的修改过程中，毛泽东更是倾注了大量心血。据胡乔木回忆，从9月3日至13日，毛泽东至少四次对草案进行了细心修改，改动达200余处，并多次作出批示。

1949年9月17日，新政协筹备会第二次全体会议召开。会议批准周恩来代表新政协筹备会常委会所作的筹备工作报告；原则通过常委会提出的《中国人民政治协商会议组织法（草案）》《中国人民政治协商会议共同纲领（草案）》《中华人民共和国中央人民政府组织法（草案）》；同意将起草大会宣言和拟制中华人民共和国国旗、国歌、国徽两项工作移交给政协第一次全体会议并向大会主席团提出报告的提议；通过常委会提出的大会主席团及秘书长名单。会议决定，将新的政治协商会议正式定名为中国人民政治协商会议，简称中国人民政协。

1949年9月29日，政协全体会议一致通过这个纲领。10月1日，刚刚当选为中华人民共和国中央人民政府主席的毛泽东发布公告，宣布中央人民政府"接受中国人民政治协商会议共同纲领为本政府的施政方针"。从这时起到1954年新中国第一部宪法诞生前，它实际上作为临时宪法而发挥着重要作用。

新的政治协商会议，是中国共产党在一九四八年五月一日向全国人民提议召开的。这个提议，迅速地得到了全国各民主党派、各人民团体、各界民主人士、国内少数民族和海外华侨的响应。中国共产党、各民主党派、各人民团体、各界民主人士、国内少数民族和海外华侨都认为：必须打倒帝国主义、封建主义、官僚资本主义和国民党反动派的统治，必须召集一个包含各民主党派、各人民团体、各界民主人士、国内少数民族和海外华侨的代表人物的政治协商会议，宣告中华人民共和国的成立，并选举代表这个共和国的民主联合政府，才能使我们的伟大的祖国脱离半殖民地的和半封建的命运，走上独立、自由、和平、统一和强盛的道路。这是一个共同的政治基础。

——《在新政治协商会议筹备会上的讲话》

（1949年6月15日）

1949年6月15日至19日，新政治协商会议筹备会议在北平召开。15日，毛泽东在会议开幕典礼上讲话，阐释了筹备会的任务和召集新的政治协商会议成立民主联合政府的重要意义。参加会议的有中国共产党和各民主党派、各人民团体、各界民主人士、国内少数民族、海外华侨等23个单位的代表，共134人。会议一致通过了《新政治协商会议筹备会组织条例》，选出了21人组成的筹备会常务委员会，推选毛泽东为主任，周恩来、李济深、沈钧儒、郭沫若、陈叔通为副主任。

32 中国人民政治协商第一届全体会议：迎接新中国的诞生

在中国革命已取得决定性胜利的形势下，召集新政治协商会议和成立民主联合政府的条件已经成熟。中国共产党为此积极进行着组织和筹备工作。

早在1948年4月30日，中共中央就在纪念"五一"国际劳动节的中发出召开新政治协商会议、成立民主联合政府的号召。在中共中央的周密安排下，各民主党派、各人民团体和无党派人士从8月份开始陆续抵达解放区，参加新政治协商会议。

1949年6月15日，新政协筹备会在北平召开第一次全体会议。参加会议的有中国共产党和各民主党派、无党派人士、各人民团体、国内少数民族、海外华侨等23个单位的代表共134人。之所以称之为"新"，是相比较1946年国民党召集的旧政协会议。这是一次完全没有国民党反动派和一切反动分子参加的政治协商会议。会议选出以毛泽东为主任的由21人组成的筹备会常务委员会。常委会下设六个工作小组，分别完成下列任务：（一）拟定参加新政协的单位及其代表名额；（二）起草新政协的组织条例；（三）起草共同纲领；（四）拟定中华人民民主共和国政府方案；（五）起草宣言；（六）拟定国旗、国歌及国徽方案。9月17日，新政治协商会议筹备会第二次全体会议基本通过由各小组分头起草的政协组织法草案、共同纲领草案、政府组织法草案等，并正式决定将新政治协商会议定名为中国人民政治协商会议。

1949年9月21日至30日，中国人民政治协商会议在北平召开第一届全体会议。出席会议的正式代表、候补代表及特邀代表共662名。分别来自中国共产党、各民主党派、各人民团体、各地区、人民解放军、各少数民族、国外华侨及其他爱国团体。大会在修葺一新的怀仁堂举行。主席台正中是庄重的中国人民政治协商会议会徽，左右两边悬挂着孙中山和毛泽东的画像。

毛泽东致开幕词。他庄严宣布政治协商会议的开幕，并对中国人民政协会议的性质和职能进行了阐释："现在的中国人民政治协商会议是在完全新的基础之上召开的，它具有代表全国人民的性质，它获得全国人民的信任和拥护。因此，中国人民政治协商会议宣布自己执行全国人民代表大会的职权。中国人民政治协商会议在自己的议程中将要制定中国人民政治协商会议的组织法，制定中华人民共和国中央人民政府的组织法，制定中国人民政治协商会议的共同纲领，选举中国人民政治协商会议的全国委员会，选举中华人民共和国中央人民政府委员会，制定中华人民共和国的国旗和国徽，决定中华人民共和国国都的所在地以及采取和世界大多数国家一样的年号。"他豪迈地宣告："占人类总数四分之一的中国人从此站立起来了。""随着经济建设的高潮的到来，不可避免地将要出现一个文化建设的高潮。中国人被人认为不文明的时代已经过去了，我们将以一个具有高度文化的民族出现于世界。""让那些内外反动派在我们面前发抖吧，让他们去说我们这也不行那也不行吧，中国人民的不屈不挠的努力必将稳步地达到自己的目的。"铿锵有力的声音回荡在会场内，赢来了阵阵热烈的掌声。代表们纷纷表示要在中国共产党领导之下，把握住千载难逢的建国机会，精诚团结，以完成建设新中国新社会的历史使命。

9月27日，会议通过了《中国人民政治协商会议组织法》和《中华人民共和国中央人民政府组织法》。人民政协组织法规定：中国人民政治协商会议为全国人民民主统一战线的组织形式，它在普选的全国人民代表大会召开以前，执行全国人民代表大会的职权；在全国人民代表大会召开以后，就有关国家建设的根本大计或重要措施，向全国人民代表大会或中央人民政府提出建议案。中央人民政府组织法规定，中华人民共和国政府是基于民主集中制原则的人民代表大会制的政府，以及与之相适应的政府组织形式。会议还作出四项决议：中华人民共和国定都北平，自即日起改名北京；中华人民共和国采用公元纪年；中华人民共和国以《义勇军进行曲》为代国歌；中华人民共和国以五星红旗为国旗，象征中国革命人民的大团结。

根据两项组织法，会议选出由180人组成的政协第一届全国委员会，毛泽东当选委员会主席，周恩来、李济深、沈钧儒、陈叔通为副主席。选举毛泽东为中央人民政府主席，朱德、刘少奇、宋庆龄、李济深、张澜、高岗为副主席，周恩来等56人为委员，组成中央人民政府委员会。随后，由中央人民政府委员会任命周恩来为政务院总理兼外交部长。

9月29日，会议通过了《中国人民政治协商会议共同纲领》。在宪法正式制定之前，这个《共同纲领》在一个时期内起着临时宪法的作用。

9月30日，中国人民政治协商会议第一届全体会议举行闭幕式。会议选举中国人民政协第一届全国委员会委员，选举中华人民共和国中央人民政府主席、副主席及全体委员。会议通过了中央人民政府组织法，一致选举毛泽东为中央人民政府主席，朱德、刘少奇、宋庆龄、李济深、张澜、高岗为副主席，陈毅等6人为中央人民政府委员会委员。

大会通过由毛泽东起草的《中国人民政治协商会议宣言》。宣言指出："中国人民政治协商会议第一届全体会议业已胜利地完成了自己的任务。""中国的历史，从此开辟了一个新的时代。""中华人民共和国现已宣告成立，中国人民业已有了自己的中央政府。这个政府将遵照共同纲领在全中国境内实施人民民主专政。它将指挥人民解放军将革命战争进行到底，消灭残余敌军，解放全国领土，完成统一中国的伟大事业。它将领导全国人民克服一切困难，进行大规模的经济建设和文化建设，扫除旧中国所留下来的贫困和愚昧，逐步地改善人民的物质生活和提高人民的文化生活。它将保卫人民的利益，镇压一切反革命分子的阴谋活动。它将加强人民的陆海空军，巩固国防，保卫领土主权完整，反对任何帝国主义国家的侵略。它将联合一切爱好和平自由的国家、民族和人民，首先是联合苏联和各新民主国家，以为自己的盟友，共同反对帝国主义者挑拨战争的阴谋，争取世界的持久和平。"大会还通过《给全国人民解放军的致敬电》、竖立"为国牺牲的人民英雄纪念碑"的决定和由毛泽东起草的纪念碑碑文。

中国人民政治协商会议第一届全体会议的召开及中华人民共和国中央人民政府的成立，标志着中国新民主主义革命的胜利，中国历史由此进入了从新民主主义向社会主义过渡的新时期。当日下午6时，毛泽东和政协全体代表一起来到天安门广场，为人民英雄纪念碑举行隆重的奠基典礼。在这个庄严肃穆的场合，毛泽东宣读了由他撰写的碑文：

人民英雄永垂不朽

三年以来，在人民解放战争和人民革命中牺牲的人民英雄们永垂不朽！

三十年以来，在人民解放战争和人民革命中牺牲的人民英雄们永垂不朽！

由此上溯到一千八百四十年，从那时起，为了反对内外敌人，争取民族独立和人民自由幸福，在历次斗争中牺牲的人民英雄们永垂不朽！

这一刻，全体代表激动万分。第二天，他们将迎来中国历史的新时期。

> 一百多年以来，我们的先人以不屈不挠的斗争反对内外压迫者，从来没有停止过，其中包括伟大的中国革命先行者孙中山先生所领导的辛亥革命在内。我们的先人指示我们，叫我们完成他们的遗志。我们现在是这样做了。我们团结起来，以人民解放战争和人民大革命打倒了内外压迫者，宣布中华人民共和国的成立了。
>
> ——《中国人从此站立起来了》（1949年9月21日）
>
> 中国自1840年鸦片战争以后，逐步沦为半殖民地半封建社会。救亡图存成为中华民族的主要任务。面对日复一日的苦难之重，无数有为之士进行了艰辛探索，但一直没有找到出路。直到中国共产党成立后，才为中国革命找到了一条正确的道路。经过28年艰苦卓绝的奋斗，在新中国即将成立的前夕，1949年9月21日，毛泽东在中国人民政治协商会议第一届全体会议上饱含深情地讲了这样一段话。

33 中华人民共和国成立：中国人从此站起来了

1949年10月1日，中华人民共和国开国大典在首都北京隆重举行。这标志着新中国的诞生。

10月1日下午2时，中央人民政府委员会在中南海勤政殿举行第一次会议，宣布中华人民共和国中央人民政府成立。会议接受《中国人民政治协商会议共同纲领》为政府施政纲领。会议选举林伯渠为秘书长,任命周恩来为政务院总理兼外交部长,毛泽东为中央革命军事委员会主席,朱德为中国人民解放军总司令,沈钧儒为最高人民法院院长,罗荣桓为最高人民检察署检察长,责成他们从速组成各政府机关,推行各项政府工作。随后,毛泽东和中央人民政府委员会全体委员分别乘车驶向天安门。车队开出中南海东门,缓缓而行,穿进故宫,直接开到天安门城楼下。毛泽东同全体委员拾级而上,登上天安门城楼。当毛泽东出现在主席台时,早已齐集在那里的首都30万群众立即沸腾起来,欢呼雀跃,无数面鲜艳的红旗迎风招展,场景十分壮观。

下午3时,开国大典正式开始。中央人民政府秘书长林伯渠宣布开会。毛泽东走到麦克风前,用洪亮的声音向全中国、向全世界庄严宣告:"中华人民共和国中央人民政府今天成立了。"随后,他按动电钮,在国歌《义勇军进行曲》的雄壮旋律中,升起了新中国第一面五星红旗。把五星红旗作为国旗、《义勇军进行曲》作为代国歌,是中国人民政治协商会议第一次全体会议作出的郑重决定。为了作出这个决定,这次会议设立了第六小组,专门讨论国旗、国徽、国歌等方案。与此同时,54门礼炮齐鸣28响,象征着组成人民政协第一届全体委员会的54个单位和中国共产党领导人民英勇斗争的28年。升旗结束后,毛泽东宣读《中华人民共和国中央人民政府公告》。郑重宣告:"本政府为代表中华人民共和国全国人民的唯一合法政府。凡愿遵守平等、互利及互相尊重领土主权等项原则的任何外国政府,本政府均愿与之建立外交关系。"

公告宣读完毕后,阅兵式开始。由中国人民解放军陆海空三军组成的方队,通过主席台前,威武雄壮地由东而西行进。由新中国第一代飞行员驾驶的十四架战斗机、轰炸机和教练机,在天安门广场凌空掠过,格外引人注目。

朱德总司令负责检阅中国人民解放军陆海空三军的受阅部队，并宣读《中国人民解放军总部命令》，要求中国人民解放军全体指战员、工作员，"坚决执行中央人民政府和伟大的人民领袖毛主席的一切命令，迅速肃清国民党反动军队的残余，解放一切尚未解放的国土，同时肃清土匪和其他一切反革命匪徒，镇压他们的一切反抗和捣乱行为。"阅兵式持续了近3个小时，结束时长安街已华灯齐放。开国大典的最后一项活动——群众游行开始了。一队队满怀激动心情的游行群众涌向主席台，高呼着"人民共和国万岁！""毛泽东主席万岁！"的口号，然后从东西两路离开会场。到晚上9时25分，游行才全部结束。

中华人民共和国的成立，彻底结束了一百多年来中国人民饱受封建主义和帝国主义压迫的历史，使占全人类近四分之一的中国人民从此站起来了，标志着中国从半殖民地半封建社会进入了新民主主义社会，开始了向社会主义过渡的时期。中华民族任人宰割、饱受欺凌的时代一去不复返了，中国发展从此开启了新纪元。

中华人民共和国的成立，是中国人民革命的胜利，也是具有世界意义的大胜利，是继俄国十月革命胜利和世界反法西斯战争胜利之后世界历史中最重大的事件。它极大地改变了世界的政治格局，壮大了世界和平、民主和社会主义的力量，鼓舞了全世界被压迫民族和被压迫人民争取解放的斗争，因而受到世界人民的欢迎和支持。

中华人民共和国成立后，领导和组织这场革命取得胜利的中国共产党，成为在全国范围执掌政权的党，担负起领导全国各族人民建设新政权的重任，党的历史也揭开了新的篇章。

> 要获得财政经济情况的根本好转,需要三个条件,即:(一)土地改革的完成;(二)现有工商业的合理调整;(三)国家机构所需经费的大量节减。
>
> ——《为争取国家财政经济状况的基本好转而斗争》
>
> （1950年6月6日）

1950年6月6日至9日,毛泽东在中南海怀仁堂主持召开中共七届三中全会,会议的中心议题是研究财政经济形势,确定中国共产党在国民经济恢复时期的任务。6月6日,毛泽东向中共七届三中全会提交《为争取国家财政经济状况的基本好转而斗争》的书面报告,并作《不要四面出击》的讲话。书面报告指出:要获得财政经济情况的根本好转,需要三个条件。毛泽东指出:"要争取这三个条件,需要相当的时间,大约需要三年时间,或者还要多一点。全党和全国人民均应为创造这三个条件而努力奋斗。我和大家都相信,这些条件是完全有把握地能够在三年左右的时间内争取其实现的。到了那时,我们就可以看见我们国家整个财政经济状况的根本好转了。"

34 七届三中全会:不要四面出击

新中国成立后,摆在中国共产党和中国人民面前的,是一个十分落后的千疮百孔的烂摊子。特别是由于国民党政府长期滥发纸币,造成全国物价飞涨、市场混乱,使新生的人民共和国在经济建设上面临着严峻的考验。当时,帝国主义和国民党反动派幸灾乐祸地断言:"中共无法克服经济上的困难","共产党解决不了几亿人的吃饭问题"。一场围绕稳定物价和统一财经的较量已经在所难免了。

首先掀起的是"银元之战"。银元投机是造成第一次物价上涨的重要原因。针对这个问题,各大城市军管部门和人民政府迅速颁布法令,规定人民币为唯一合法货币,严禁金条、银元、外币的计价流通和私下买卖。但投机商对政府明令置若罔闻,继续扰乱市场。在全国最大的工商业城市上海,有人甚至扬言:解放军进得了上海,人民币进不了上海。1949年6月10日,上海军管会断然查封金融投机的大本营"证券大楼",将200余名投机商逮捕法办。同时破获了许多"地下钱庄",基本上制止了金银币的投机活动,沉重打击了破坏金融的非法活动。

银元风波平息后,投机商又将目标转向了粮食、棉纱、棉布和煤炭,哄抬物价,谋求暴利。国民党特务叫嚣:只要控制了两白(米、棉)一黑(煤),就能置上海于死地。主持中央财政经济委员会工作的陈云指出:稳定物价的关键是看我们掌握市场主要物资的多少。因为这种物资,不仅能供应正常的市场需要,而且也有战胜任何投机者的能力。在他的亲自部署下,人民政府在全国组织了粮食、棉花、棉布、煤炭的大规模调运和集中,然后在物价上涨最凶猛的时候一起抛售,使物价迅速大跌。这场"米棉之战"彻底打垮了投机资本家,顺利平息了第二、第三次的物价上涨风潮,使国家掌握了市场的主动权。

要从根本上稳定物价,平衡国家财政收支,必须改变新中国成立前各解放区分散管理财经工作的做法,实行全国财政经济工作的统一管理和统一领导。1950年3月3日,政务院第二十二次会议讨论并通过了由陈云起草的《关于统一国家财政经济工作的决定》。决定实行三个统一,即:统一全国财政收支;统一全国物质调度;统一全国现金管理。在执行决定的同时，人民政府还采取紧缩编制、清理仓库、加强税收、发行公债、节约开支等措施，收到了明显的效果。这样，自3月后，全国的物价即呈回落态势，以后便持续稳定下来。

从1949年4月到1950年3月，历时近一年的稳定物价和统一财经的斗争，是新中国财经战线上的一次重大战役。这次战役的胜利，结束了国民党统治下延续十余年的通货膨胀和物价暴涨的混乱局面，巩固了人民革命的胜利果实，为国民经济的快速恢复和发展创造了有利条件，坚定了人民对中国共产党一定能搞好经济的信心。后来，毛泽东在评价这两场斗争的胜利时，认为其意义"不下于淮海战役"。

经过稳定物价和统一财经的努力，国家财经状况实现了初步好转。但还不是根本好转。1950年春夏之交，全国又出现了市场萧条、工厂倒闭、工人失业增多等新的困难。恢复国民经济的任务仍然十分艰巨，客观形势要求全党必须集中力量抓经济工作。党的七届三中全会就是在这样的背景下召开的。

1950年6月6日至9日，中共中央七届三中全会在北京召开。出席会议的有中央委员35人，候补中央委员27人，列席会议的各省市党委书记共43人。会议分析了国际国内形势，总结了七届二中全会以来即新中国成立前后一年多的工作。会上，毛泽东作了《为争取国家财政经济状况的基本好转而斗争》的书面报告并发表重要讲话。此外，刘少奇作了关于土地改革问题的报告，周恩来作了关于外交工作和统一战线工作的报告，陈云作了关于财政经济工作的报告，聂荣臻作了关于军事工作的报告。全会讨论并一致同意毛泽东主席的报告及其他报告。全会还另有三个专题报告：薄一波关于税收问题的报告，安子文关于党的组织情况及发展和巩固党的组织问题的报告，胡乔木关于整党工作的报告。此外，几个大行政区的负责人也在会上发了言。

会议的中心议题是财经问题。毛泽东在书面报告中提出：目前的国际情况对于我们是有利的。经过几个月的努力，我们国家的财政经济状况已经开始好转。但要获得财政经济状况的根本好转，需要三个条件，即：（一）土地改革的完成；（二）现有工商业的合理调整；（三）国家机构所需经费的大量节减。为了创造上述三个条件，力争在三年左右时间内实现国家财政经济状况的根本好转，并为进行有计划的经济建设和全国范围内社会主义改造准备条件，毛泽东号召全党全国人民必须一致团结起来，做好以下八项工作：（一）有步骤有秩序地进行土地改革工作；（二）巩固财政经济工作的统一管理和统一领导，巩固财政收支的平衡和物价的稳定；（三）在保障有足够力量用于解放台湾、西藏，巩固国防和镇压反革命的条件下，人民解放军应在1950年复员一部分，保存主力；（四）有步骤地谨慎地进行旧有学校教育事业和旧有社会文化事业的改革工作，争取一切爱国的知识分子为人民服务；（五）必须认真地进行对于失业工人和失业知识分子的救济工作，有步骤地帮助失业者就业。必须继续认真地进行对于灾民的救济工作；（六）必须认真地团结各界民主人士，帮助他们解决工作问题和学习问题，克服统一战线工作中的关门主义倾向和迁就主义倾向；（七）必须坚决地肃清一切危害人民的土匪、特务、恶霸及其他反革命分子；（八）坚决地执行中央关于巩固和发展党的组织的指示，关于加强党和人民群众联系的指示，关于开展批评与自我批评的指示，关于全党整风的指示。

除6日开幕式作报告外，毛泽东还在8日讲了话，在9日闭幕会上作了总结发言。在三次讲话中，毛泽东透彻地分析了当时的国内国际形势，充分论述了"争取多数，反对少数，孤立敌人，壮大自己"的思想，并提出"不要四面出击"的方针（后来，这几次讲话整理成题为《不要四面出击》一文）。"争取多数，反对少数，孤立敌人，壮大自己"，是毛泽东的一贯思想，也是国民经济恢复时期党制定战略策略方针的指导思想。

讲话中，毛泽东着重阐述了三中全会的策略路线问题。他说：在伟大胜利的形势下，我们面前还有很复杂的斗争，还有许多困难。我们的敌人是够大够多的。我们当前的总方针是：肃清国民党残余、特务、土匪，推翻地主阶级，解放台湾、西藏，跟帝国主义斗争到底。为此，必须处理好各方面关系，团结工人、农民、小手工业者以及民族资产阶级和知识分子的绝大多数，集中力量向国民党残余势力、封建地主阶级和帝国主义进攻，而不要四面出击，造成全国紧张的不利局面。

会议还批评了那种认为可以提早消灭资本主义、实行社会主义的思想，指出这是不适合我们国家情况的错误思想。民族资产阶级将来是要消灭的，但是现在要把他们团结在我们身边，共同发展国民经济，不要把他们推开。对民族资产阶级的政策仍然是又团结又斗争，以团结为主，是节制资本而不是挤走资本、消灭资本。

七届三中全会是中国共产党在全国执政以后召开的第一次中央全会。这次会议是党在新民主主义向社会主义转变的历史转折时期召开的一次重要会议。毛泽东在书面报告和口头讲话中提出的各项方针政策，为党全面实施《共同纲领》规定了明确的策略路线和行动纲领。会议以财经问题作为中心议题，标志着全党工作的重心，已开始由革命战争转到经济建设。在三中全会的路线指引下，党的各项工作迅速见效。到1952年，国家已经顺利完成了国民经济恢复时期的各项任务。除台湾和一些少数民族地区以外，基本完成土地改革，大大解放了生产力，工农业生产的总产值和主要产品的产量均已达到或超过了历史最高水平。

几百年来，中国各民族之间是不团结的，特别是汉民族与西藏民族之间是不团结的，西藏民族内部也不团结。这是反动的清朝政府和蒋介石政府统治的结果，也是帝国主义挑拨离间的结果。现在，达赖喇嘛所领导的力量与班禅额尔德尼所领导的力量与中央人民政府之间，都团结起来了。这是中国人民打倒了帝国主义及国内反动统治之后才达到的。这种团结是兄弟般的团结，不是一方面压迫另一方面。这种团结是各方面共同努力的结果。今后，在这一团结基础之上，我们各民族之间，将在各方面，将在政治、经济、文化等一切方面，得到发展和进步。

——《在庆祝签订和平解放西藏办法协议宴会上的讲话》

（1951年5月24日）

1951年5月24日晚上，毛泽东为庆祝和平解放西藏办法协议的签订举行宴会。朱德、刘少奇、李济深、陈云、郭沫若、黄炎培、李维汉、班禅额尔德尼、阿沛·阿旺晋美等出席。毛泽东在宴会上发表讲话，表达了西藏和平解放后中央人民政府在处理西藏事务方面的方针和立场。

35 西藏的和平解放：全国大陆解放的标志性事件

新中国成立初期，在军事上，国民党还有100多万军队在西南、华南和沿海岛屿负隅顽抗。面对严峻形势和复杂考验，中共中央积极应对挑战。开国大典刚刚结束，人民解放军即遵照中央军委的统一部署，以雷霆万钧之势扫荡残敌。到1949年年底，在华南，先后解放了闽南地区和广东大部、广西全境；在西南，先后解放了贵州、四川、云南、西康地区；在西北，和平解放新疆。至此，全国大陆最后一个待解放地区只剩下西藏。考虑到西藏地区特殊的历史和现实情况，中共中央决定以和平的方式解放西藏。

西藏经济发展水平落后，在人民解放军进藏之前，西藏还没有一条与外部相连的公路。在这种情况下，人民解放军要想确保进藏后无后顾之忧，必须首先解决进藏路线和后勤保障两个重要问题。经过仔细权衡，毛泽东听取了西北局第一书记彭德怀由西南为主入藏的进军建议。1950年1月2日，尚在苏联访问的毛泽东从莫斯科给彭德怀、邓小平、刘伯承、贺龙发来解放西藏的指示："由青海及新疆向西藏进军，既有很大困难，则向西藏进军及经营西藏的任务应确定由西南局担负"，"如果没有不可克服的困难，应当争取于今年四（五）月中旬开始向西藏进军，于十月以前占领全藏"。接到毛泽东的指示后，由刘伯承和邓小平率领的第二野战军迅速作出部署，确定以第十八军为进藏主力，并组成以张国华为书记、谭冠三为副书记的中共西藏工作委员会，负责统一筹划进军西藏和经营西藏的工作。

西藏面积120万平方公里，平均海拔4000多米，缺氧、多雪、寒冷是这里的主要自然气候特点。这里经济发展水平落后，在人民解放军进藏之前，还没有一条与外部相连的公路。面对如此艰难的环境，第十八军将士将这次出征称之为"第二次长征"。

为了打好这一场硬仗，刘伯承、邓小平等进行了紧张而周密的部署工作。1月13日，刘伯承和邓小平等联名向第二野战军发出《关于动员全军支援十八军进藏的指示》。1月15日，刘伯承和邓小平又在重庆主持召开第十八军师以上干部会议，传达党中央和毛泽东关于进藏的指示,以及目前的准备工作。会议还对部队集结、进藏、攻取昌都等问题作了大体的时间安排。2月6日,刘伯承和邓小平专门给十八军题词,勉励将士做好进军西藏的准备。其中,邓小平的题词便是图片中的这幅:"接受与完成党所给予的最艰苦的任务,是每个共产党员每个革命军人无上的光荣。"2月15日,西南局、西南军区及第二野战军联合向西南军区所属全体指战员发出《进军西藏政治动员令》,郑重宣布"解放西藏进军即将开始"。3月18日,第十八军在乐山举行进军西藏誓师大会。誓师大会结束后,第十八军正式向"世界屋脊"挺近。

人民解放军进军西藏后,毛泽东始终关心着后勤保障问题。8月18日,毛泽东在致西南局的电文中,仔细询问了筑路、修建机场用于空投等后勤问题。8月23日,毛泽东在致西南局的电文中,再次提到了后勤问题。他说:"你们一万六千人由甘孜向昌都进军,粮食全靠部队携带及牦牛载运,其中三千人须有过冬粮食,准备撤回的主力一万三千人至少须有往返期间三个月粮食,甘孜是否已有这样多的粮食,部队及牦牛是否有这样大的运输力,仍望查告。""昌都等处可能购买一部分粮食及肉类,你们是否已准备一批金银及藏民需要的货物如绸、茶等带去。"根据毛泽东的指示,进藏部队一边进军,一边筑路并开展大生产,很好地解决了部队军需物资的供给问题,解决了进藏部队的后顾之忧。

毛泽东一直没有放弃和平解放西藏的设想。这样既可以减轻汉藏民族矛盾和我军入藏的阻力,也能为后续建设西藏减少诸多困难。早在1950年1月,毛泽东就授权中央人民政府发言人表示:在承认"西藏是中华人民共和国的领土"条件下,拉萨当局可以派出代表到北京进行和平谈判。根据毛泽东的精神,5月11日,邓小平起草西南局致中央军委的电报,提出以下四条方针作为同西藏地方政府谈判的基础:"(一)驱逐英帝国主义势力出西藏,西藏人民回到中华人民共和国祖国的大家庭来。(二)实行西藏民族区域自治。(三)西藏现行各种制度暂维持原状,有关西藏改革问题,将来根据西藏人民的意志协商解决。(四)实行宗教自由,保护喇嘛寺庙,尊重西藏人民的宗教信仰和风俗习惯。"5月17日,中共中央复电西南局、西北局,指出:"西南局五月十一日的四条较好,望西南局和西北局再加研究各起草一个作为谈判基础的若干条报中央审查决定。这些条件,可以作为和平进军的谈判基础之用,也要能够不加修改地或稍加修改地为战斗进军(和平解决不成功时)的约法。"

根据中共中央的指示精神,在充分考虑西藏现实的基础上,邓小平很快主持拟定了同西藏地方政府进行和平谈判的十项条件。这十项条件为:(一)西藏人民团结起来,驱逐英美帝国主义侵略势力出西藏,西藏人民回到中华人民共和国祖国的大家庭来。(二)实行西藏民族区域自治。(三)西藏现行各种政治制度维持原状,概不变更。达赖活佛之地位及职权不予变更。各级官员照常供职。(四)实行宗教自由,保护喇嘛寺庙,尊重西藏人民的宗教信仰和风俗习惯。(五)维持西藏现行军事制度不予变更,西藏现有军队成为中华人民共和国国防武装之一部分。(六)发展西藏民族的语言文字和学校教育。(七)发展西藏的农牧工商业,改善人民生活。(八)有关西藏的各项改革事宜,完全根据西藏人民的意志,由西藏人民及西藏领导人员采取协商方式解决。(九)对于过去亲英美和亲国民党的官员,只要他们脱离与英美帝国主义和国民党的关系,不进行破坏和反抗,一律继续任职,不咎既往。(十)中国人民解放军进入西藏,巩固国防。人民解放军遵守上列各项政策。人民解放军的经费完全由中央人民政府供给。人民解放军买卖公平。

中共中央对这十项条件给予充分的肯定。5月29日,毛泽东在西南局5月27日报送中央的《西南局关于与西藏地方政府谈判的条件》的电报上批示:"除第八条应加'西藏领导人员'数字外,均可同意。"6月2日，西南局向拉萨当局提出了经中央同意的和谈十项基本原则。

然而，西藏地方政府中的亲帝分裂分子试图将西藏分裂出去的野心没有改变。他们从国外购买了大量武器弹药，将藏军主力集结于昌都金沙江一线，企图凭借金沙江天险，妄图以武力阻止人民解放军进藏。同时，还残害西藏上层支持和谈的爱国人士。关键时刻，毛泽东决定以打促和，发起昌都战役。10月6日，第十八军第五十二师在兄弟部队配合下，进行了昌都战役，经过18天的战斗，一举歼灭藏军主力，于10月24日解放了昌都。

昌都解放后，拉萨门户顿开，武力解放西藏易如反掌。这时，毛泽东命令停止进军，再次向西藏当局表示了和谈的诚意。拉萨当局继而于1951年2月派出西藏地方的五名全权代表前往北京，与中央人民政府进行谈判。经过多轮会谈，中央政府与西藏当局于1951年5月21日达成了《中央人民政府和西藏地方政府关于和平解放西藏办法的协议》。5月23日，双方在北京正式签字。以此为标志，西藏宣告和平解放，西藏回到了新生的人民政权怀抱。5月25日，中央军委发布进军西藏的训令，第十八军开始向拉萨及西藏全境进军，胜利完成进军西藏、和平解放西藏的任务。

> 在过去的一年中,在我们国家内展开了抗美援朝、土地改革和镇压反革命三个大规模的运动,取得了伟大的胜利。……由于上述三大运动已经取得的胜利,由于各级人民政府和各界人民的共同努力,我们的国家已经实现了空前未有的统一。
>
> ——《三大运动的伟大胜利》(1951年10月23日)

> 抗美援朝战争、土地改革和镇压反革命,三者共同巩固了人民民主专政的国家政权。1951年10月23日下午3时,全国政协一届三次会议在中南海怀仁堂举行。毛泽东在开会词中,对这三个大规模运动的意义作了精辟阐述。

36 抗美援朝战争、土地改革和镇压反革命:人民民主专政国家的巩固

七届三中全会以后,正当全党全国人民从各方面为争取财政经济状况的根本好转而努力奋斗的时候,朝鲜战争爆发了,新中国受到了外国侵略的严重威胁。

1950年6月25日,朝鲜内战爆发。6月27日,美国总统杜鲁门宣布出兵朝鲜,武装干涉朝鲜内政。同时,还命令其海军第七舰队开入台湾海峡,侵犯中国领土,公然干涉中国内战,阻挠中国的统一大业。美国还操纵联合国安全理事会通过决议,组成所谓的"联合国军",扩大侵略战争。自冷战以来,美国一直

把中国台湾和朝鲜半岛这两个地区看作它在远东地区遏制共产主义扩张的桥头堡,希望把台湾打造成自己"不沉的航空母舰"。毛泽东和党中央对美国的战略意图非常清楚。在对美方侵略行径表示严重抗议的同时,中央军委开始着手组建东北边防军,以应对可能继续扩大的事态。10月7日,美军在开城地区越过南北分界的北纬38度线(通称三八线),并派出重型轰炸机和飞机对中国东北边境城市安东、辑安等地进行轰炸,将战火烧到了中国国境。紧急情况下,朝鲜劳动党和政府两次请求中国出兵支援。

当时,新中国和美国的差距显而易见。新中国刚刚成立一年,百废待兴。而美国确是世界上经济实力最雄厚、军事力量最强大的国家。当时,美国的钢产量是中国的140多倍,工农业总产值是中国的28倍。同时,美国还拥有原子弹等大规模杀伤性武器。在如此悬殊的力量对比下,中国如果迎战美国,会不会引火烧身?惹祸上门?会不会影响国内来之不易的和平建设环境?

中朝两国是友好邻邦。美国入侵朝鲜,侵犯中国领土,中国人民决不能置之不管。经过多次研究、讨论、权衡后,中共中央和毛泽东主席最终作出抗美援朝、保家卫国的决策。10月8日,中国人民革命军事委员会主席毛泽东发布命令,将东北边防军组成中国人民志愿军,以彭德怀为司令员兼政治委员,待命赴朝。18日晚,毛泽东向中国人民志愿军下达入朝作战命令。19日黄昏,在没有空军掩护的情况下,志愿军跨过鸭绿江,奔赴朝鲜战场,开始了抗美援朝战争。战争初期,中、美两国军事力量悬殊。志愿军遵照中共中央和毛泽东的指示,实行"以运动战为主与部分阵地战、敌后游击战相配合"的战略方针,发挥特长,从1950年10月到1951年6月,连续发动五次大规模的攻势,歼敌23万余人,把战线稳定在"三八线"附近,从根本上扭转了朝鲜战争的局势。此后的两年,经过边谈边打、以打为主的军事和政治斗争后,1953年7月27日,美国被迫在停战协定上签字。时任"联合国军"总司令的克拉克在他的回忆录中写道:"我获得了一个不值得羡慕的名声:我是美国历史上第一个在没有取得胜利的停战协定上签字的司令官。"

历时两年零九个月的抗美援朝战争中,中国人民志愿军以牺牲197653人的代价,共毙、伤、俘敌71万余人。战争最终以美国侵略者从鸭绿江边被打回到三八线而宣告结束。抗美援朝战争的胜利极大地增强了中国人民的民族自信心和自豪感,提高了中国的国际地位。抗美援朝被称为"立国之战",这次战争雄辩地证明:"西方侵略者几百年来只要在东方一个海岸上架起几尊大炮就可霸占一个国家的时代是一去不复还了。"

在进行抗美援朝战争的同时,根据七届三中全会部署,从1950年冬到1952年年底,中国共产党在新解放区领导农民完成了土地制度的改革。

土地改革的最终目的是推翻地主阶级,消灭封建剥削的土地所有制,为国家工业化开辟道路。新中国成立时,老解放区农民经过解放战争已基本完成了土地改革,但还有占全国人口一多半的新解放区尚须进行土地改革。1950年6月,中央人民政府委员会通过和颁布了由刘少奇主持制定的《中华人民共和国土地改革法(草案)》,为指导土地改革提供了基本法律依据。

土地改革的总路线和总政策是:依靠贫农、雇农,团结中农,中立富农,有步骤地有分别地消灭封建剥削制度,发展农业生产。土地改革的基本政策是:对地主,限制没收其财产的范围,改变过去没收一切财产的做法;对富农,由过去征收富农多余的土地财产改为保存富农经济。同时,保护民族工商业。实行这种政策,有利于孤立地主阶级和保护中农,稳定民族资产阶级,保证土地改革的顺利完成。

到 1952 年底，除一部分少数民族地区及台湾省外，广大新解放区的土地改革基本完成。这就从根本上消灭了延续几千年的封建土地剥削制度，为争取国家经济状况的好转、进行大规模的社会主义建设奠定了坚实的基础。

与土地改革几乎同步进行的是另一条战线的斗争——镇压反革命运动。

国民党反动派败退台湾时，在大陆遗留和潜伏下一批数量巨大的反革命分子。他们不甘心失败，无时无刻不在进行着破坏活动，企图推翻新生的人民政权。特别是朝鲜战争爆发后，反革命分子以为美国人就要打过鸭绿江，蒋介石反攻大陆的时机已经到来，更加猖獗地进行破坏活动，甚至残杀革命干部和群众，影响十分恶劣。

为了保证土地改革和经济恢复的顺利进行，特别是为在抗美援朝战争开始后建立稳固的后方基地，1950 年 10 月 10 日，中共中央发出《关于镇压反革命活动的指示》，要求各级党委对罪大恶极、怙恶不悛的反革命分子实行坚决镇压。从 12 月起，一场镇压反革命的运动就在全国范围内大张旗鼓地开展起来。

镇压反革命的重点，是土匪、特务、恶霸、反动会道门头子和反动党团骨干。运动采取群众路线的方法，实行镇压与宽大相结合的政策，做到稳、准、狠地打击反革命分子。1951 年 2 月，中央人民政府又颁布了《中华人民共和国惩治反革命条例》，使镇压反革命斗争有了法律武器和量刑标准，将镇压反革命运动逐步推向了高潮。1951 年 5 月，中共中央及时决定实行谨慎收缩的方针，集中力量处理积案。到 1953 年秋，镇压反革命运动在全国范围内基本结束。

镇压反革命运动的胜利，巩固了人民民主专政政权，稳定了社会秩序,有力地支持、配合了抗美援朝和土地改革的斗争。

抗美援朝战争、土地改革和镇压反革命合称新中国初期的三大运动。抗美援朝战争是中国人民民主革命反帝斗争的继续,土地改革和镇压反革命是中国人民民主革命反封建斗争的完成。这些运动的胜利,使人民民主专政的政权更加巩固,使恢复和发展经济的工作有了必要的社会政治条件。

> 从中华人民共和国成立，到社会主义改造基本完成，这是一个过渡时期。党在这个过渡时期的总路线和总任务，是要在一个相当长的时期内，逐步实现国家的社会主义工业化，并逐步实现国家对农业、对手工业和对资本主义工商业的社会主义改造。这条总路线，应是照耀我们各项工作的灯塔，各项工作离开它，就要犯右倾或"左"倾的错误。
>
> ——《革命的转变和党在过渡时期的总路线》
>
> （1953年12月）

这是毛泽东在审阅中共中央宣传部编写的《为动员一切力量把我国建设成为一个伟大的社会主义国家而斗争——关于党在过渡时期总路线的学习和宣传提纲》稿时，改定的一段文字。这也是关于过渡时期总路线的最终表述。关于党在过渡时期的总路线，毛泽东从1952年下半年开始提出，1953年6月15日在中共中央政治局会议上作了比较完整的表述，8月正式写到周恩来在1953年全国财经工作会议上的结论中。关于过渡时期总路线的提出，历经了一个长期的过程。

37 过渡时期总路线：从新民主主义到社会主义的转变

经过三年的努力，国民经济得到全面恢复和初步发展。从1953年开始，社会主义新中国开始进入有计划的经济建设和社会主义改造时期。中国共产党根据当时政治、经济形势要求，及时提出了过渡时期总路线，即："从中华人民共和国成立，到社会主义改造基本完成，这是一个过渡时期。党在这个过渡时期的总路线和总任务，是要在一个相当长的时期内，逐步实现国家的社会主义工业化，并逐步实现国家对农业、对手工业和对资本主义工商业的社会主义改造。这条总路线，应是照耀我们各项工作的灯塔，各项工作离开它，就要犯右倾或'左'倾的错误。"

过渡时期总路线从酝酿到形成经历了一段过程。早在1949年2月召开的中共七届二中全会上，党中央就明确提出了由农业国转变为工业国、由新民主主义的国家转变为社会主义国家的基本方向。考虑到当时工业基础非常薄弱的现状，以毛泽东为首的党中央认为，这个过渡期少则需要十年，多则需要十五或二十年。至于在什么条件下、从什么时候开始、采取什么方式去实现两个转变，党中央并没有形成统一的认识。到1952年行将结束时，情况发生了重大变化：恢复国民经济的工作进行得比较顺利，原来设想"三年五年恢复"，现在三年就实现并超过了预计的目标；抗美援朝、土地改革、镇压反革命三大运动已基本取得决定性胜利；"三反""五反"运动圆满结束。这些有利因素，促使党中央认为应当提出开始向社会主义逐步过渡的问题了。

1952年9月24日，毛泽东在中央书记处会议上初步提出"中国怎样从现在逐步过渡到社会主义去"的指导思想和大致设想。他明确指出：我们现在就要开始用十年到十五年的时间基本上完成到社会主义的过渡，而不是十年或者以后才开始过渡。这是酝酿提出过渡时期总路线的开始。随后，刘少奇、周恩来等也都比较详细地论述过逐步过渡到社会主义的设想。经过慎重考虑和反复酝酿，到1953年6月，中央政治局会议对过渡到社会主义的方法、途径和步骤等问题正式进行了讨论。

6月15日，毛泽东在中央政治局会议上，首次提出过渡时期的总路线和总任务，对其内容作了比较完整的表述："从中华人民共和国成立，到社会主义改造基本完成，这是一个过渡时期。党在过渡时期的总路线和总任务，是要在十年到十五年或者更多一些时间内，基本上完成国家工业化和对农业、手工业、资本主义工商业的社会主义改造。"在谈到过渡时期总路线、总任务的基本内容及向社会主义逐步过渡的方法时，毛泽东说：过渡时期的时间多长？考虑来考虑去，讲十年到十五年或者更多一些时间比较合适。总路线和总任务包括两部分性质：（一）工业化，工业在国民经济中的比重要超过农业。（二）社会主义改造，即对农业、手工业、资本主义工商业的社会主义改造。

　　8月，毛泽东在审阅周恩来在全国财经会议上的结论时，第一次对过渡时期总路线作了比较完整的文字表述："从中华人民共和国成立，到社会主义改造基本完成，这是一个过渡时期。党在过渡时期的总路线和总任务，是要在一个相当长的时期内，基本上实现国家工业化和对农业、手工业、资本主义工商业的社会主义改造。"可以看出，这个表述同6月15日的口头表述不同的是对过渡时期的时间的认识。

　　8月11日，周恩来在全国财经会议上作结论，传达了毛泽东对总路线的这个表述。经中央政治局讨论接受后，党中央通过9月24日发布的庆祝国庆四周年口号，向全党和全国人民宣布了这条总路线。12月28日，中共中央批发中央宣传部拟定的《为动员一切力量把我国建设成为一个伟大的社会主义国家而斗争——关于党在过渡时期总路线的学习和宣传提纲》，对总路线的内容作了详细的阐述。通过这个提纲，各级党委向广大干部、党员、工农兵群众进行了广泛深入的总路线宣传教育工作。此后，一场大张旗鼓地宣传总路线、学习总路线、执行总路线的高潮迅速在全国各行业中展开。

党在过渡时期的总路线,是"一化三改""一体两翼"的总路线。"一化",即逐步实现国家的社会主义工业化,这是中国人民近百年来不断奋斗的目标,是过渡时期总路线的主体;"三改",即逐步实现国家对农业、对手工业的社会主义改造,逐步实现对资本主义工商业的社会主义改造,这是过渡时期总路线的"两翼"。"化"与"改"之间,相互联系,相互促进,体现了发展生产力和变革生产关系的有机统一。

将过渡时期的起点从中华人民共和国成立算起,毛泽东曾这样加以说明:"我们说标志着革命性质的转变、标志着新民主主义革命阶段的基本结束和社会主义革命阶段的开始的东西是政权的转变,是国民党反革命政权的灭亡和中华人民共和国的成立,并不是说社会主义改造这样一个伟大的任务,在人民共和国成立以后就可以立即在全国一切方面着手施行了。不是的,那时,我们还须在广大的农村中解决封建主义与民主主义即地主与农民之间的矛盾。那时在农村中的主要矛盾是封建主义与民主主义之间的矛盾,而不是资本主义与社会主义之间的矛盾,因此需要有两年至三年时间在农村实行土地改革。那时我们一方面在农村实行民主主义的土地改革,一方面在城市立即着手接收官僚资本主义企业使之变为社会主义的企业,建立社会主义的国家银行,同时在全国范围内着手建立社会主义的国营商业和合作社商业,并已在过去几年中对私人资本主义企业开始实行了国家资本主义的措施。所有这些显示着我国过渡时期头几年中的错综复杂的形象。"

1954年2月,中共七届四中全会通过决议,正式批准了中央政治局提出的党在过渡时期的总路线。同年9月召开的全国人大一届一次会议,把这条路线的基本思想,作为国家在过渡时期的总任务载入了中华人民共和国宪法,成为团结和动员全国人民共同为建设一个伟大的社会主义新中国而奋斗的新的纲领。

> 我们的宪法草案公布以后，将会得到全国人民的一致拥护，提高全国人民的积极性。一个团体要有一个章程，一个国家也要有一个章程，宪法就是一个总章程，是根本大法。用宪法这样一个根本大法的形式，把人民民主和社会主义原则固定下来，使全国人民有一条清楚的轨道，使全国人民感到有一条清楚的明确的和正确的道路可走，就可以提高全国人民的积极性。
>
> ——《关于中华人民共和国宪法草案》
> （1954年6月14日）
>
> 1954年6月14日下午5时，毛泽东在中南海勤政殿主持召开中央人民政府委员会第三十次会议，讨论《中华人民共和国宪法草案》。毛泽东在会上作关于中华人民共和国宪法草案的讲话，对宪法草案起草过程、主要特点、重要意义等问题作了说明。

38 "五四宪法"：中华人民共和国的第一部宪法

中国共产党历来重视宪法的功用。早在土地革命战争时期，党就领导制定了中国历史上第一部真正属于劳动人民的宪法性文件——《中华苏维埃共和国宪法大纲》。新中国成立前夕，党又主持制定了起临时宪法作用的《中国人民政治协商会议共同纲领》。此后几年，随着新民主主义向社会主义过渡的趋势不断加强，制定一部新宪法势在必行。

1952年11月，中共中央作出决定，着手准备召开全国人民代表大会，制定宪法。12月1日，中共中央在《关于召开党的全国代表会议的通知》中说，为了充分准备全国人民代表大会的召开，中央决定于1953年2月5日召开党的全国代表会议。通知指出：在"三年准备"的任务胜利完成、"一五"计划即将开始的形势下，召集全国人民代表大会的条件已经具备，拟于1953年9月间召开。在这次大会上，将制定宪法，批准五年计划纲要，修改中央人民政府组织法，选举新的中央人民政府领导机关。这是经毛泽东审定、由中共中央发出的关于准备召开全国人民代表大会和制定宪法的第一个文件。12月24日，周恩来代表中共中央在政协第一届全国委员会常务委员会第四十三次会议上作报告时提议：由全国政协向中央人民政府委员会建议，"于一九五三年召开全国人民代表大会和地方各级人民代表大会，并开始进行起草选举法和宪法草案等准备工作"。这个提议建议得到代表各民主党派、人民团体的与会各委员的赞同。

1953年1月1日，《人民日报》在元旦社论里，把"召集全国人民代表大会，通过宪法，通过国家建设计划"列为1953年的三项伟大任务之一，向全国公布。

召集全国人民代表大会，通过宪法，这是国家政治生活中的两件大事。中国共产党历来重视发扬民主，在决定这样的大事之前，都要事先向党内外人士通通气，征求他们的意见。1月11日下午，毛泽东在中南海颐年堂召开有18位党外民主人士参加的座谈会。次日，周恩来又召集了政协座谈会，广泛听取意见。从这两次会议来看，有些人对现在召开全国人民代表大会和制定宪法，还存在一些顾虑和问题。归纳起来，主要有四点：（一）这样做的根据是什么？（二）这样做有什么作用？（三）这样做有没有可能，有没有困难？四、这样做对有些党派、阶级、团体是不是不利？

1月13日，中央人民政府委员会举行第20次会议，会议议题为筹备并召开全国人民代表大会及地方各级代表大会问题。毛泽东和周恩来针对这些问题做了解释和说明。毛泽东说："就全国范围来说，大陆上的军事行动已经结束，土地改革已经基本完成，各界人民已经组织起来，因此，根据中国人民政治协商会议共同纲领的规定，召开全国人民代表大会及地方各级人民代表大会的条件已经成熟了。这是中国人民流血牺牲，为民主奋斗历数十年之久才得到的伟大胜利。召开人民代表大会，可以更加发扬人民民主，加强国家建设和加强抗美援朝的斗争。"毛泽东还对现在办选举、制定宪法有没有困难的问题进行了解释："困难总是会有的，但是比起我们已经做过的几件事，如抗美援朝、土地改革、镇压反革命、三反五反、恢复经济，困难都要少一些。"

对于制定宪法过程中的困难，周恩来也说："起草宪法虽然有困难，但是可以解决的。宪法不是永恒不变的，它只是规定现在要做的事情，我们将要制定的宪法是现阶段的宪法。"

毛泽东和周恩来耐心细致的解释，消除了一些人思想上的顾虑，统一了思想。会议通过的《关于召开全国人民代表大会及地方各级人民代表大会的决议》规定："于一九五三年召开由人民用普选方法产生的乡、县、省（市）各级人民代表大会，并在此基础上接着召开全国人民代表大会。在这次全国人民代表大会上，将制定宪法，批准国家五年建设计划纲要和选举新的中央人民政府。"会议决定成立以毛泽东为主席、有33人组成的中华人民共和国宪法起草委员会。

这次会议后，宪法的起草工作并没有立即开展起来。这主要是因为作为制定宪法指导思想和基本依据的过渡时期总路线，还处在酝酿和完善的过程中。毛泽东的主要精力用于解决过渡时期总路线及有关问题，一时还腾不出手来搞宪法。1953年12月，过渡时期总路线宣传提纲审定工作刚一结束，毛泽东便带着宪法起草小组的几个成员陈伯达、胡乔木、田家英来到杭州，投入到紧张的起草工作中来。

宪法第一稿最初是由陈伯达起草的，但没有被采纳。1954年1月9日，毛泽东安排起草小组重新起草。每天午后三点，毛泽东都会带领宪法起草小组成员从刘庄出发，驱车来到北山街84号的办公地点。当时负责安排毛泽东一行住所的浙江省委书记谭启龙回忆说："毛主席住在刘庄一号楼。每天午后三点，他便带领起草小组驱车绕道西山路，穿过岳王庙，来到北山路八十四号的办公地点。当时北山路八十四号大院三十号是由主楼和平房两部分组成。主楼先前是谭震林一家居住的，谭震林调到上海后，我家搬进去了。我们让出后，毛主席就在平房里办公，宪法起草小组在主楼办公，往往一干就是一个通宵。"

为起草好新中国的第一部宪法，毛泽东广泛阅读和研究了世界各类宪法，有中国的，也有外国的；有社会主义国家的，也有资本主国家的；有进步的，也有反动的。这种系统的学习占据了不少的时间，使得宪法草案的推出比原计划推迟了半个来月，到2月17日才出来。同一日，他就宪法初稿的讨论和修改给刘少奇发去了电报和信。

刘少奇收到电报和信后，立即组织相关人员阅读了草案，并将意见反馈给毛泽东。在此基础上，毛泽东带领起草小组进行了通改，于2月24日完成了"二读稿"，2月26日完成了"三读稿"。

2月28日和3月1日，刘少奇在北京主持召开中央政治局扩大会议，讨论并基本通过了宪法草案初稿的"三读稿"。会议决定由董必武、彭真、张际春三人根据讨论意见对"三读稿"进行研究和修改。

如此这般反复修改后，到3月9日，毛泽东带领起草小组拿出"四读稿"。至此,宪法起草小组完成了第一阶段的任务。3月17日,毛泽东一行回到北京,开始着手召集宪法起草委员会会议,讨论宪法草案。3月23日,毛泽东在中华人民共和国宪法起草委员会第一次会议上正式提出了《中华人民共和国宪法草案(初稿)》。为了广泛征求意见,毛泽东决定,除在宪法起草委员会全体会议上进行讨论外,还要会同全国政协进行分组讨论,同时分发给各大行政区、各省市的领导机关和各民主党派、各人民团体的地方组织展开讨论。在接下来的81天中,共有8000多人次参与到这次讨论中来,提出各种修改意见5900多条,极大地充实、完备了这部根本大法。经过反复修改后,6月14日,中央人民政府委员会召开第30次会议,一致通过《中华人民共和国宪法草案》和《关于公布中华人民共和国宪法草案的决议》,正式将宪法草案交付全国人民讨论。在随后的两个多月里,全国各界共有1.5亿多人参加了讨论,并提出了许多修改和补充意见。根据讨论意见,起草小组再次对宪法草案作了一些相应修改并在9月8日最终定稿,共四章106条。

1954年9月15日,中华人民共和国第一届全国人民代表大会第一次会议在北京中南海怀仁堂隆重开幕。9月20日,大会全票通过了这部宪法。由于该宪法是在1954年通过,历史上也称为"五四宪法"。

作为我国第一部社会主义性质的宪法,1954年宪法以高度的科学性和严密性在我国法制史上占据着重要的地位。宪法明确规定了我国的根本政治制度:"中华人民共和国是工人阶级领导的、以工农联盟为基础的人民民主国家。""中华人民共和国的一切权力属于人民。人民行使权力的机关是全国人民代表大会和地方各级人民代表大会。""全国人民代表大会、地方各级人民代表大会和其他国家机关,一律实行民主集中制。"宪法确立了向社会主义过渡的方向和途径:"中华人民共和国依靠国家机关和社会力量,通过社会主义工业化和社会主义改造,保证逐步消灭剥削制度,建立社会主义社会。"宪法还明确规定了公民的基本权利和义务。

深受数千年封建专制统治的中国人民,有史以来第一次享受到了充分的权利保障和与之相对应的必须履行的明确的法律规定的义务。以毛泽东为代表的中国共产党人,为这部宪法的出台,贡献了无尽的智慧,付出了巨大的心血。

> 发展国民经济的第一个五年计划是实现党的总路线的一个重大的步骤。这次党的全国代表会议应该根据实际经验，认真地讨论这个计划草案，使它的内容能够比较妥当，而成为切实可行的计划。
>
> ——《在中国共产党全国代表会议上的讲话》
> （1955年3月）

第一个五年计划即1953年至1957年国民经济发展的计划。这个计划从酝酿到获批历时四年多，其间数易其稿，是一个边实施、边制定的"计划"。1955年3月21日至31日，中国共产党全国代表会议在中南海怀仁堂召开，毛泽东致开幕词并为会议作结论。会议听取陈云作关于发展国民经济的第一个五年计划的报告，并通过《关于中华人民共和国发展国民经济的第一个五年计划草案的决议》。

39 第一个五年计划：中华人民共和国的第一个中长期计划

把新中国建设成为一个富强的工业化国家，是近代以来中国人民的梦想，也是中国共产党人不懈奋斗的目标。新中国成立后，如何尽快收拾好一穷二白的烂摊子，为下一步经济长远发展打下良好的基础，一直是毛泽东等思考的问题。新中国第一个五年计划就是在这样的背景下出台。第一个五年计划即从1953年至1957年国民经济发展的计划。这个计划从酝酿到获批历时四年多,其间数易其稿,是一个边实施、边制定的"计划"。

1951年2月14日至16日,中共中央在北京召开政治局扩大会议。毛泽东在会上进一步提出"三年准备、十年计划经济建设"的构想,明确指出要从1953年开始进行有计划的经济建设。会议强调:进行大规模计划经济建设的准备时间,从"现在起,还有二十二个月,必须从各方面加紧进行工作"。会议采纳了周恩来的提议,成立由周恩来、陈云、薄一波、李富春、聂荣臻、宋劭文六人组成的领导小组,组织领导第一个五年计划的编制工作。编制过程中,领导小组探讨的一个重要问题是:要把一个经济落后的农业大国逐步建设成为工业国,该从何处起步?经过对政治、经济、国际环境诸多方面的利弊得失反复权衡和深入讨论以后,领导小组初步统一了认识:"必须从发展原材料、能源、机械制造等重工业入手。如果不建立和发展钢铁、有色金属、机械制造、能源等重工业,要想大力发展轻工业,使工业给农业以更大的支持,都是办不到的。特别是当时中国遭受西方资本主义国家的禁运和封锁,美国等帝国主义国家实际上同新中国处于军事对峙状态,中国急需发展军事工业以增强国防力量。这些因素都决定了'一五'计划不能不采取优先发展重工业的指导方针。"当年,中财委即编制出了一个五年计划的纲要。但由于统计资料匮乏、抗美援朝战争仍在激烈进行等原因,这个计划很不成体系,只是一个粗线条的试编,一个对未来经济工作的初步设想。这是第一个五年计划的第一次编制。

进入1952年后,大规模经济建设即将来临。这年6月开始,中财委用一个月左右的时间初步编出了《五年计划轮廓(草案)》。其中包括《关于编制五年计划轮廓的方针》《中国经济状况和五年建设的任务（草案）》和《三年来中国国内主要情况及今后五年建设方针的报告提纲》。这是第一个五年计划的第二次编制。这次编制，对五年计划的方针、各项主要指标和主要项目、长期建设的准备等作了系统阐述。

1952年8月，周恩来等率团赴苏访问，征询苏联政府对第一个五年计划的意见，重点是争取苏联的援助。代表团由周恩来任团长，陈云、李富春为团员，包括各部门的专家30多人，于1952年8月前往莫斯科，提出141个项目，要求苏联帮助设计、提供设备和贷款、派遣专家。周恩来等在苏联停留了一个多月，两次会见了斯大林。斯大林对我国的第一个五年计划提出了一些原则性建议。他认为，草案里考虑的五年中工业平均增长20%的速度是勉强的，建议降到15%至14%，留有余地，以应付意外的困难。会谈中，斯大林还表示愿意对中国五年建设所需要的地质勘探、设备供应、设计图纸、专家派遣、技术干部培训、信贷等方面给予帮助，并指定苏方人员对接相关项目。

9月24日，周恩来等回国。当天，毛泽东主持召开中共中央书记处会议，听取周恩来等关于同苏联商谈情况的汇报。在这次会上，毛泽东第一次提出过渡时期总路线的初步构想，为五年计划的制订确定了根本指导思想。随后，第一个五年计划的指导方针和基本任务被确定下来：集中主要力量发展重工业，建立我国社会主义工业化和国防现代化的初步基础；相关地发展交通运输业、轻工业、农业和商业；相应地培养建设人才；有步骤地促进农业、手工业的合作化；继续进行对资本主义工商业的改造；保证国民经济中社会主义成分的比重稳步增长，同时正确地发挥个体农业、手工业和资本主义工商业的作用；保证在发展生产的基础上逐步提高人民的物质生活和文化生活水平。这年年底，在毛泽东主持下，中共中央负责人讨论了《五年计划轮廓（草案）》。12月22日，中共中央发出

《关于编制一九五三年计划及五年建设计划纲要的指示》。指示中说："国家大规模的经济建设业已开始。这一建设规模之大，投资之巨，在中国历史上都是空前的。为了加速国家建设，除应动员全国力量，集中全国人力和财力以赴外，必须加强国家建设的计划工作，使大规模建设能在正确的计划指导下进行，避免可能发生的盲目性。"指示还就计划编制工作提出了具体指示。

根据中央指示和苏方提出的意见，1952年年底至1953年年初，陈云组织中财委和国家计委的力量，对第一个五年计划进行了第三次编制。这次编制，对原轮廓草案进行了修改和充实，但由于当时苏方援助项目未能最终确定下来，仍然不能形成最终定稿。

1953年5月，苏联对援助中国的141个建设项目作出正式答复。国家计委根据这些情况对第一个五年计划轮廓草案中规定的各项具体任务以及存在的主要问题进行了初步总结和修改。这是第一个五年计划的第四次编制。由于种种原因，这次的编制仍然不十分令人满意。第四次编制后，党在过渡时期总路线逐渐形成，这为后来第一个五年计划的编制提供了思想基础。

1954年年初，毛泽东下了"军令状"，要求从2月15日起，用一个月时间拿出第一个五年计划纲要草案粗稿。国家计委的同志觉得压力太大，请求毛泽东延长一些时间。此时，第一个五年计划实际上已经实施一年多了，客观形势要求必须尽快制定出第一个五年计划。毛泽东只给了5天宽限，要求3月20日必须拿出初稿。从2月15日开始，在陈云、李富春领导下，国家计委经过认真仔细地测算和反复地讨论、修改，终于在3月20日交出第一个五年计划纲要草案粗稿和材料。4月，毛泽东审阅了陈云提交的《五年计划纲要（初稿）》，并批送刘少奇、周恩来、彭真、邓小平审阅。6月29日至7月1日，中共中央政治局举行扩大会议，讨论编制第一个五年计划问题。8月，在陈云的主持下，国家计委连续举行了17次会议，对第一个五年计划草案逐章逐节进行讨论和修改。9月,《中华人民共和国发展国民经济的第一个五年计划草案(初稿)》已基本形成,并提交中央。10月底至11月初,毛泽东、刘少奇、周恩来三人先后离开北京到达广州,用近一个月时间,在那里集中力量对第一个五年计划草案初稿进行仔细的审议修改。与此同时,中共中央将五年计划草案下发各地区、各部门征求意见。根据这些修改意见,陈云、李富春等对第一个五年计划草案再一次进行补充和修正。这样,到1955年2月,即在第一个五年计划执行了两年后,第一个五年计划才编制完毕。这已经是第一个五年计划的第五次编制。

1955年3月,中国共产党召开全国代表会议,通过第一个五年计划纲要,并建议由国务院提请全国人民代表大会审议批准,颁布实施。会后,中共中央根据会议讨论中所提的意见,并吸收各省、市、自治区和中央各部的意见,经过再次征询苏联意见后,又对计划做了适当修稿。7月30日,第一届全国人民代表大会第二次会议正式审议并通过了中共中央主持拟定的《中华人民共和国发展国民经济的第一个五年计划(1953—1957)》。会议认为,这个计划"是全国人民为实现过渡时期总任务而奋斗的带有决定意义的纲领,是和平的经济建设和文化建设的计划"。此时,第一个五年计划已实施了两年半的时间。

从1951年年初开始着手编制第一个五年计划,到1955年年初基本定稿,新中国第一个五年计划的编制历时四年之久,其间数易其稿。计划所列的很多项目,还没有等计划编制好就开始进行了。其中主要原因是:(一)中国是一个大国,区域和行业间发展不平衡,经济情况非常复杂;(二)编制技术能力不足,资料缺乏,没有编制长期计划的经验;(三)缺少稳定的经济建设环境,朝鲜战争到1953年7月才停战,在这以前只能边打、边建、边编计划;(四)苏联援助的重点建设项目计划战线拖得太久,到1953年5月才签订协议，1954年10月又补充了15项，加上国民经济恢复时期确定的50项，总计156项，至此，"一五"工业建设的骨干项目才确定下来。

第一个五年计划的制定虽然困难重重，但由于借鉴了苏联的经验和坚持了中国实际情况的，且最大程度上采纳了各方面的意见，这个计划总体上是一个比较好的中期发展计划。第一个五年计划确定的指导方针是，"集中主要力量发展重工业，建立国家工业化和国防现代化的初步基础；相应地发展交通运输业、轻工业、农业和商业；相应地培养建设人才；有步骤地促进农业、手工业的合作化；继续进行对资本主义工商业的改造；保证国民经济中社会主义成分的比重稳步增长，同时正确地发挥个体农业、手工业和资本主义工商业的作用；保证在发展生产的基础上逐步提高人民物质生活和文化生活的水平"。第一个五年计划的基本任务是，"五年中将新建一批规模巨大、技术先进的新兴工业部门，同时要用现代先进技术扩大和改造原有的工业部门；要合理利用和改建东北、上海和其他沿海地区城市已有的工业基础，同时要开始在内地建设一批新的工业基地"。

从总体看，第一个五年计划较好地解决了我国经济建设中的几个重大关系问题。一是关于优先发展重工业和相应地发展农业、轻工业等的问题。计划将国家全部基本建设投资的58.2%用于工业基本建设，其中88.8%用于制造生产资料的重工业建设。轻、重工业的投资比例为1∶7.3。二是关于经济发展的布局问题。新中国成立初期，工业约有70%在沿海，只有30%在内地。"一五"期间国家在内地安排的基本建设占全国投资额的一半左右。在限额以上的工业建设单位中，有53%分布在内地。三是根据中国实际调整了经济建设的规模、速度和效益的问题，防止在执行期间出现较大的偏差。四是处理好了自力更生和争取外援的问题，提出了国家建设以国内力量为主的指导方针，生产建设上要自力更生，政治上要独立自主。五是处理好生产和生活、积累和消费的关系问题，注意把发展生产同改善人民生活恰当地结合起来。

"一五"期间，国家对个体农业、手工业和资本主义工商业的社会主义改造任务基本完成。1957年农业总产值达604亿元，完成原定计划的101%，平均年增4.5%。粮食和棉花产量也都超额完成任务。1957年全国工业总产值达到783.9亿元，超过原定计划的21%，平均年增长18%。在整个国民收入中，国营经济、合作经济和公私合营经济所占比重由1952年的21.3%上升到92.9%。"一五"期间，运输和邮电事业也快速发展。到1957年年底，全国铁路通车里程接近3万公里，公路通车里程达到25万多公里。相比1952年，1957年的邮路总长度增长72.3%，电信线路长度增长137.4%。基本上实现了乡乡通邮。五年间，全国物价基本稳定。国家财政除1956年有赤字外，其余年份都保持了收支平衡。人均收入大幅提高，生活水平也有显著改善。当然，第一个五年计划执行过程中也暴露出一些问题，如农业的发展落后于工业发展的需要，在全面学习苏联建设经验的同时也存在着某些照搬照抄的问题等。

第一个五年规定的经济建设任务，是根据经济建设规律和国家总体实力确立的远景目标和奋斗方向。第一个五年计划的超额完成，为社会主义工业化奠定了初步的基础，为全面开始建设社会主义提供了有利的条件。

> 社会主义革命的目的是为了解放生产力。农业和手工业由个体的所有制变为社会主义的集体所有制，私营工商业由资本主义所有制变为社会主义所有制，必然使生产力大大地获得解放。这样就为大大地发展工业和农业的生产创造了社会条件。
>
> ——《社会主义革命的目的是解放生产力》
>
> （1956年1月25日）

1956年1月25日下午三时，毛泽东在中南海勤政殿主持召开最高国务会议第六次会议，讨论农业发展纲要草案。上述这段引文，就是毛泽东在这次会议上所讲，深刻阐明了对农业、手工业和资本主义工商业的社会主义改造的重要意义。

40 基本完成三大改造：社会主义制度建立的标志

随着过渡时期总路线的提出和宣传，在第一个五年计划实施和社会主义工业化建设高潮掀起的同时，国家对农业、手工业和资本主义工商业的社会主义改造已经拉开了帷幕。

对农业的社会主义改造，在三大改造中列为首位。中国的农业生产力水平不高、应对各种风险灾害的能力较弱，因为，党一贯主张个体农民"组织起来"，走共同富裕的社会主义道路。土地改革后，农村普遍发展了劳动互助组织。随着多数农民经济地位的上升，农村中开始出现贫富差距拉大的问题。在这种情况下，要不要削弱以至动摇农民小私有基础，在党内是有争论的。对此，毛泽东指出：

中国的合作社"依靠统一经营形成新生产力，去动摇私有基础，也是可行的"。在这一思想的指导下，引导农业互助组织走向较高级形式的工作思路逐步形成。1951年9月，中共中央召开第一次农业互助合作会议，会议之后形成《关于农业生产互助合作的决议（草案）》。在经过一系列调查研究和修改补充之后，12月15日，毛泽东起草了印发此决议草案的通知，强调要把农业互助合作"当作一件大事去做"。自此，以农业互助合作为中心的合作化运动在全国农村迅速开展起来。

1952年11月，根据中共中央的决定，成立了以邓子恢为部长的中央农村工作部，负责指导互助合作运动的发展。毛泽东在约见邓子恢时指出：农村工作部的任务，是把四万万农民组织起来，在工业化的帮助下，逐步走向集体化。1953年12月16日，在总结农业合作化运动经验的基础上，中共中央又通过了第二个有关农业合作化问题的历史性文件——《关于发展农业生产合作社的决议》。这个决议根据党在过渡时期总路线的要求，系统分析了农业合作化运动发展的方针、政策和方法问题，将农业合作化运动推向了一个以发展初级社为中心环节的新阶段。到1956年年底，全国共建立了75.6万个农业生产合作社，入社农户占农户总数的96.3%。这标志着对农业的社会主义改造基本完成。

对个体手工业的社会主义改造，是过渡时期总路线提出的三大改造任务之一。手工业是地方工业的一个组成部分，在广大农村，农民生产资料和生活资料大部分是由手工业生产的。但是，我国手工业生产条件十分落后，技术更新能力很低。必须通过经济改组，将古老的生产方式改造为近现代生产方式，进一步提高手工业在国民经济和社会生活中的作用。新中国成立后，党和政府积极帮助手工业恢复和发展生产，探索手工业者走集体化的途径。1951年和1952年，全国合作社联合总社先后两次召开全国手工业生产工作会议，初步确定了组织手工业合作社的方针、步骤和方法。经过重点试办，截至1953年年底，全国组织了手工业生产合作社4806个，社员达30万人。

对手工业的社会主义改造在党的过渡时期总路线公布以后进入了全面发展的新阶段。1953年11月20日至12月17日，中华全国合作社联合总会召开第三次手工业生产合作会议，确定对手工业进行社会主义改造的方针是"积极领导，稳步前进"；组织形式是由手工业生产小组、手工业供销生产合作社到手工业生产合作社；方法是从供销入手，实行生产改造；步骤是由小到大，由低级到高级。1954年6月22日，中共中央发出《〈关于第三次全国手工业生产合作会议的报告〉的指示》，要求各级党委加强对手工业社会主义改造的领导。11月，国务院专门成立了中央手工业管理局，以加强对手工业社会主义改造工作的统一领导。1955年5月，在总结前一阶段手工业合作社迅速发展带来的问题后，中共中央提出了对手工业实行"统筹兼顾、全面安排、积极领导、稳步前进"的改造方针，并决定在这一年对手工业合作社普遍深入地进行一次整顿、巩固和提高工作。到1956年12月，全国组织了约10万个手工业生产合作社，共有509万个体手工业者参加了合作社，占手工业从业人数的92.2%。对手工业的社会主义改造基本完成。

在对农业、手工业进行社会主义改造的同时，对资本主义工商业的社会主义改造也在紧张进行之中。对资本主义工商业的社会主义改造，就是要在一定的时期内，有步骤地把一切对国计民生有利而又为国家所需要的资本主义企业，基本上改造为国家资本主义企业，并使初级形式的国家资本主义向高级形式的国家资本主义发展，然后逐步地变为国家资本主义经济为社会主义经济。1953年6月，通过召开两次政治局扩大会议进行讨论后，中共中央确定了经过国家资本主义改造资本主义工业的方针，概括起来就是："利用、限制、改造"。9月7日,毛泽东在同民主党派和工商界部分代表谈话时对这一政策做了说明:在形式上,采取公私合营、加工订货等;在利润分配上,实行"四马分肥";在时间上,用3年至5年时间,稳步前进,不能太急;在工作方法上,采取说服教育,促使其自愿接受改造。这样,从1954年起,国家开始转入重点发展公私合营这种高级形式的国家资本主义。在经过委托加工、计划订货、统购包销、委托经销代销等一系列从初级到高级的国家资本主义过渡形式后,实现了对资产阶级的和平赎买。到1956年年底,实行公私合营的工业企业已占原有资本主义工业总户数和职工人数的99%,占生产总值的99.6%。对资本主义工商业的社会主义改造也基本完成了。

三大改造的基本完成,在理论和实践上丰富了马克思列宁主义的科学社会主义理论,进一步解放和发展了生产力,为我国发展工业化开辟了一条广阔的道路。以此为标志,我国初步建立起社会主义基本制度,迈进了社会主义初级阶段的新时期。

可用中央名义写一简短指示，转发安徽这个经验，叫各地普遍仿办；并催督各地务必全党动员，在一切乡中普遍做好定销工作，压低总供应量，充分供应少数真缺粮户。

——《转发潜山县模范乡整顿粮食统销的经验的批语》

（1955年5月26日）

这是1955年5月26日毛泽东在中共中央办公厅5月25日编印的第二二七号《情况简报》上的一段批语。这份简报刊登了安徽省潜山县模范乡整顿粮食统销的经验。这些经验是：（一）依靠积极分子排队摸底，使干部心中有数。（二）进行深入细致的教育，先开中心社的社员大会进行动员，讲清统购统销的好处，揭露坏分子的活动，表扬节约粮食的群众。然后分别召开小型漫谈会，算细账，找增产节约的办法，具体解决思想问题。（三）中心社的问题解决后，召开全乡干部大会，介绍经验，推广到全乡。结果农民自动卖出节余粮食，使群众安了心，生产有了劲。一个乡的粮食统销经验为什么能引起毛泽东的重视，并要求"转发"呢？这里，就必须要谈到在新中国历史上一项持续了近四十年的政策——粮食统购统销。

41 统购统销：解决粮食紧缺政策的出台

粮食问题是一切问题的基础。新中国成立后，党和政府花费了极大的力气来解决粮食问题，逐渐恢复了战乱以来遭受到严重破坏的农业生产力。但到了1953年，粮食严重紧张的情况还是不可避免地出现了。

在1952年7月1日至1953年6月30日的粮食年度内，国家共收入粮食547亿斤，支出587亿斤，赤字40亿斤。造成粮食紧张的原因非常复杂，但主要有四个：（一）工业建设使城镇人口急剧增长。1953年，全国城镇人口达7826万，比1952年增加663万，比1949年增加2061万人。这些新增城镇人口中，除一部分自然生育外，大部分是从农村转化而来的。农民转变成为工人后，需要增加新的商品粮供应。（二）农民消费粮食的增长速度加快。新中国成立后，农民的生活逐步改善。长期处于饥饿半饥饿状态的农民的粮食消费量也出现了迅速增长。据统计，1949年农村人均消费粮食370斤，1952年增加到440斤。人均粮食消费净增70斤，累计起来就是一个庞大的数字。（三）国家收购不到足够的粮食。新中国成立后的一段时间内，我国粮食商业领域一直是自由市场和计划市场并存。粮食经营活动的有利可图使得私商（甚至有一部分农民）大量贩运粮食，加上不少农民有存粮防灾、囤粮惜售等行为，严重影响了国营粮食公司和供销合作社的粮食收购，粮食部门的购销逆差急剧扩大。（四）自然灾害的影响。1953年，全国出现了较大面积的灾荒。河南、皖北、苏北等产量地区都出现了严重的霜灾。全国共有35463万亩农田受灾。粮食较上一年度有很大减产。

解决新中国成立以来最为严重的粮食紧缺问题，已成为党和政府的当务之急。早在1953年上半年粮食供销矛盾进一步加剧的时候，毛泽东就要求陈云负责的中央人民政府政务院财政经济委员会拿出具体办法。7月下旬，因病正在外地休假的陈云急忙赶回北京，参加后期的全国财经会议，着手解决此事。

解决粮食紧缺问题主要有两种途径：一是实现粮食的持续增产；二是调节粮食流通方式。在新中国成立初期，尚未完成集体化的小农经济想在短期内实现粮食增产的可能性几乎为零。毛泽东对此早有论断:"不靠社会主义,想从小农经济做文章,靠在个体经济基础上行小惠,而希望大增产粮食,解决粮食问题,解决国计民生的大计,那真是难矣哉。"陈云也有过类似论述:"农业增产有三个办法:开荒,修水利,合作化。这些办法都要采用,但见效最快的,在目前,还是合作化。""搞合作化,根据以往的经验,平均产量可以提高百分之十五到三十。增产百分之三十,就有一千亿斤粮食。并且只有在农业合作化以后,各种增产措施才更容易见效。"短期内粮食增产无望,又不能大量依赖进口,解决粮食问题就只能从流通方式上着手了。根据多方讨论情况,经过反复比较,权衡利弊后,陈云提出了"在农村征购、在城市配售"的方案。这就是后来所说的"统购统销"制度。1953年10月2日晚,毛泽东主持召开的政治局扩大会议采纳了陈云的建议。

  10月16日,中共中央政治局讨论通过了《关于实行粮食的计划收购与计划供应的决议》(以下简称《决议》)。根据《决议》规定,粮食统购统销政策包括计划收购、计划供应、市场管理和中央统一管理四个组成部分。其基本要求是:"(一)在农村向余粮户实行粮食计划收购(简称统购)的政策;(二)对城市人民和农村缺粮人民,实行粮食计划供应(简称统销)的政策,亦即是实行适量的粮食定量配售的政策,(三)实行由国家严格控制粮食市场,对私营粮食工商业进行严格管制,并严禁私商自由经营粮食的政策;(四)实行在中央统一管理之下,由中央与地方分工负责的粮食管理政策。"会后,毛泽东又对这个《决议》进行了修改。然后,他以中共中央的名义在《决议》的首页写下批语:"各中央局,分局,省(市)委,地委,县委,并告中央各部委和中央人民政府各党组:兹将《中共中央关于实行粮食的计划收购与计划供应的决议》发给你们,请予认真执行。除迅速发至县委和城市区委外,可登党刊。"

11月19日，政务院第一百九十四次政务会议又通过了《关于实行粮食的计划收购和计划供应的命令》和《粮食市场管理暂行办法》。以毛泽东批发的《决议》和政务院通过的这两个文件为标志，粮食"统购统销"政策正式出台。从1953年12月初开始，一场轰轰烈烈的粮食"统购统销"运动在除西藏、台湾外的全国城乡拉开了序幕。

解决粮食紧缺问题的根本途径，在于增产。以1978年12月中共十一届三中全会的召开为标志，我国进入了改革开放的新时期。从1979年春开始，各种形式的生产责任制开始在全国广泛兴起。由于实行包产到户，农民的生产积极性极大提高，粮食产量随之出现快速增长。新中国成立初期粮食长期短缺、购销关系严重紧张的局面有了根本性改观。与此同时，农产品统购派购政策越来越显示出它与经济发展不和谐的弊端。1985年1月，中共中央发布《关于进一步活跃农村经济的十项政策》，规定从1985年起，"除个别品种外，国家不再向农民下达农产品统购派购任务，按照不同情况，分别实行合同订购和市场收购"，"粮食、棉花取消统购，改为合同定购。"至此，从1953年起实行了30多年的农村粮食统购制度被合同定购制度所取代。粮食统购制度取消的同时，考虑到稳定城市物价等因素，城镇粮食统销制度并没有被立即取消。但随着时代的发展，该项制度也逐渐走到了生命的尽头。1993年2月15日，国务院发布《关于加快粮食流通体制改革的通知》，要求各地在"统一政策，分散决策，分类指导，逐步推进"的基础上，"争取在二三年内全部放开粮食价格"。4月1日，上海和天津两市同时放开粮食价格，取消粮食凭证定量供应的办法。到本年年底，"全国除西藏和云南、甘肃两省的25个县以外，全部放开了粮食价格和经营，取消了国家低价定量供应的统销制度"，实行了40年的粮食统销政策彻底结束了它的历史使命。

从毛泽东等中共领导人决策实行粮食"统购统销"政策的那一天起,围绕着这项政策究竟是"弊大于利,还是利大于弊,或是利弊相抵"的争论就没有中断过。尽管在政策施行期间,出现过自由市场停滞、工作方式不当、干群关系紧张等问题,但并不能就此抹杀它巨大的历史功绩。"粮食是稳定市场、保证建设的最重要的物资。"只有保障好粮食供应,才能保证人民生活,维持物价稳定,继而开展现代化建设。从这个角度上说,中国共产党人创造性地提出粮食"统购统销"政策,可以说是抓住了解决问题的"大关节"。正因如此,后来人们就把对粮食等主要农产品实行"统购统销"政策和统一全国财经工作、三大改造一起,并称为新中国财经战线的"三大战役"。

> 日内瓦会议达成关于恢复印度支那和平的协议,进一步地和缓了国际紧张局势,这是和平力量的巨大胜利和战争力量的严重失败。
> ——《毛泽东、周恩来为庆祝抗日战争胜利九周年给马林科夫、莫洛托夫的电报》(1954年9月2日)

日内瓦会议,指1954年4月26日至7月21日在瑞士日内瓦举行的讨论和平解决朝鲜问题和恢复印度支那和平问题的国际会议。中、苏、美、英、法五国参加所有两项议题的讨论。朝鲜北南双方及美、英、法以外的其他十二个侵略朝鲜北方的国家参加了朝鲜问题的讨论,越南民主共和国、老挝、柬埔寨和南越政权参加了印度支那问题的讨论。关于朝鲜问题没有达成任何协议;关于恢复印度支那和平问题,分别达成关于在印度支那三国停止敌对行动的协议和《日内瓦会议最后宣言》(总称日内瓦协议),实现了印度支那的停战。日内瓦会议是中国第一次以五大国之一身份参加的多边国际会议。1954年9月2日,毛泽东和周恩来在给苏联部长会议主席马林科夫和苏联外交部部长莫洛托夫的电报中,阐释了这次会议的重要意义。

42 日内瓦会议:第一次以五大国之一的身份参加多边国际会议

新中国成立后,明确提出了独立自主的和平外交政策。在此基础上,新中国在成立后的一年内,就同苏联等17个国家建立了正式的外交关系。这其中,有社会主义阵营的国家,有亚洲的新独立国家,也有北欧和中欧的国家。然而,以美国为首的西方国家对新中国实施了全面敌视和遏制的战略。1950年6月25日,朝鲜内战爆发。6月27日,美国总统杜鲁门宣布出兵朝鲜,武装干涉朝鲜内政。同时,还命令其海军第七舰队开入台湾海峡,阻止中国人民解放军解放台湾。与此同时,美国还向法国提供了大量援助,希望其能在印度支那战争中取胜,从南面对中国进行战略堵截和包抄。

面对美帝国主义的侵略,中国人民志愿军进行了英勇反击,迫使其于1953年7月27日在停战协定上签字。在中国人民进行抗美援朝战争期间,印度支那三国也在抗击法国殖民主义侵略的战争中取得了节节胜利。1953年9月28日,苏联政府照会美、英、法三国,提议"召开有中华人民共和国参加的五大国外长会议,审查缓和国际紧张局势的措施"。1954年1月25日至2月18日,苏、美、英、法四国外长在德国柏林举行会议,决定4月间在瑞士日内瓦召开有中国参加的、旨在讨论朝鲜问题和印度支那问题的国际会议。

这是新中国第一次以五大国之一的身份参加多边国际会议。时任政务院总理兼外交部长的周恩来认为,这次会议取得成功的关键,在于能否就印度支那问题达成协议。对中国方面而言,必须促成协议的达成。这样,在消除美国从北部威胁中国安全问题后,又可以从南部消除这种威胁,为新中国争取一个大规模经济建设的和平环境。

为了开好这次会议,周恩来作了充分的准备。1954年2月底至3月初,周恩来阅读了有关召开日内瓦会议的大量文件、电报、资料和情报,还经常约李克农等商谈出席会议的准备工作和中国代表团人选等问题,提出对每个环节都要认真准备,并组织模拟会议,搞翻译练兵。在此基础上，周恩来起草了《关于日内瓦会议的估计及其准备工作的初步意见》报送中央。这个意见明确提出："我们应该采取积极参加日内瓦会议的方针，并加强外交和国际活动，以破坏美帝的封锁禁运扩军备战的政策，以促进国际紧张局势的缓和""应尽一切努力，务期达成某些可以获得一致意见和解决办法的协议，甚至是临时性的或个别性的协议，以利于打开经过大国协商解决国际争论的道路"。在朝鲜问题上，"我方应紧紧掌握和平统一、民族独立和自由选举的口号"。在印度支那问题上，"我们要力争不使日内瓦会议开得无结果而散"。除朝鲜问题和印度支那问题外，在会议中还"可以相机提出有利于和缓国际局势的其他迫切的国际问题"。3月2日，中央书记处会议讨论并原则批准了周恩来提出的初步意见。此后，中央政治局又多次召开会议，讨论审定周恩来为参加日内瓦会议准备的相关文件。

4月上旬，周恩来飞赴莫斯科，出席有苏联、中国、朝鲜、越南四国领导人参加的日内瓦会议预备会议，磋商参加日内瓦会议的方针、政策和谈判方案等问题，进一步明确尽力争取在印度支那实现停战。4月19日，中国政府任命周恩来为首席全权代表，张闻天和王稼祥、李克农为代表，正式组成了中华人民共和国出席日内瓦会议代表团。4月20日，周恩来率团前往日内瓦出席会议。临行前，他对代表团全体成员说："如今，我们是作为一个大国，到日内瓦去参加一个正式的国际会议，是登国际舞台了，因此要唱文戏，文戏中有武戏，但总归是一个正规戏，舞台戏。"他还要求，任何人不论职务高低，都要遵守代表团的制度和纪律，不得违反。4月24日，周恩来一行经柏林飞抵日内瓦。周恩来在机场发表声明指出：日内瓦会议"将要讨论和平解决朝鲜问题和恢复印度支那和平问题。亚洲这两个迫切的问题，如果能够获得解决，将有利于保障亚洲的和平，并进一步缓和国际的紧张局势"。中国代表团"抱着诚意来参加这个会议","并热烈地期望着会议的成功"。随后，周恩来和代表团主要成员前往城郊莱蒙湖畔查尔索瓦镇万花岭别墅（又名花山别墅）住地。代表团其他工作人员则住在城内玻利瓦什旅馆和瑞希蒙特旅馆。

1954年4月26日，日内瓦会议在国联大厦开幕。出席会议的国家有中国、苏联、英国、法国、美国、朝鲜、大韩民国、澳大利亚、加拿大、希腊、菲律宾、卢森堡、新西兰、泰国、土耳其、比利时、哥伦比亚、阿比西尼亚（今埃塞俄比亚）和荷兰。次日，会议首先讨论朝鲜问题，共有19个国家参加。《朝鲜停战协定》签署后，朝鲜战争宣告结束。但这并没有改变朝鲜南北分裂的局面，朝鲜半岛南北双方仍处于军事对峙状态。日内瓦会议开幕后，朝鲜外务相南日率先提出了关于恢复朝鲜统一和组织全朝鲜自由选举的方案，具体包括：（一）举行朝鲜国民议会的全朝鲜自由选举；（二）一切外国武装力量，在六个月内撤出朝鲜；（三）要创造条件以促使尽速完成以和平方式把朝鲜统一成为一个统一的、独立的、民主的国家的任务。周恩来表示完全支持南日的方案。但美国方面却支持南朝鲜代表方面提出的意见：先由联合国监督，按照大韩民国宪法在全朝鲜举行选举，中国军队在选举前一个月全部撤出朝鲜，联合国军队要在选举和完成统一后再撤退。这些建议实际上意味着南朝鲜吞并北朝鲜，美国将支配整个朝鲜。

4月28日，周恩来在全体会议上首次发言，全面阐述中国政府对亚洲问题、特别是朝鲜问题和印度支那问题的立场，谴责美国在亚洲的侵略政策和战争政策，支持南日关于恢复朝鲜国家统一的三项建议。他指出：南日的建议是完全公平合理的。"我们希望会议的参加者郑重地考虑这一建议，使这一建议成为和平解决朝鲜问题的协议的基础。"并且强调：美国在亚洲的"侵略行动应该被制止，亚洲的和平应该得到保证，亚洲各国的独立和主权应该得到尊重，亚洲人民的民族权利和自由应该得到保障，对亚洲各国内政的干涉应该停止，在亚洲各国的外国军事基地应该撤除，驻在亚洲各国的外国军队应该撤退，日本军国主义的复活应该防止，一切经济封锁应该取消"。"我们尊重各国人民的选择和维护他们自己的生活方式和国家制度而不受外来干涉的权利；同时，我们也要求其他国家用同样的态度对待我们。只要世界各国都遵守这些原则，我们认为，在不同的社会制度下的世界各国是可以和平共处的。"

6月5日，南日在全体会议上作了关于希望与会各国能以朝鲜代表团4月27日的建议和中国代表团5月22日的补充建议为基础达成协议的发言。随后，周恩来再次发言指出：虽然与会各国的分歧依然存在，但和平解决朝鲜问题的共同基础是可以找到的。因为在会上，没有人反对朝鲜的和平应该巩固，并且大家认为，会议的目的是要达到朝鲜问题的和平解决。关于从朝鲜定期撤出一切外国武装力量的问题，也只有少数的代表在原则上表示了不同意见。"我们既然有了这些共同基础，我们更应该努力寻求具体解决问题的道路，而不应该让大韩民国代表的建议成为我们在寻求协议的途径上的一个障碍。"为此，中国代表团建议：与会各国应该在已有的共同基础上，努力达成和平解决朝鲜问题的协议。会上，莫洛托夫随即综合会议开幕以来各国代表所提意见的共同点，提出关于和平解决朝鲜问题基本原则的五点建议。由于美国、大韩民国代表的阻挠，本次会议仍未取得进展。

这次会后，美国代表加快了决心使朝鲜问题会议无果而终的步伐，逼迫其他西方国家和自己联合起来，在15日结束对朝鲜问题的讨论。针对这种情况，周恩来也在为争取会议达成最后的协议作最后的努力。6月14日晚，中国、苏联、朝鲜三国代表召开会议，商讨对策，一致认为：我方现已不可能在会上从容地提出原定的第二方案和作为最后一手的补充建议，必须争取在最后一次会议上把全部牌都打出来，即使不能挽救会议于马上破裂，亦足以使对方处于不利地位。我方建议案提得愈低，就使对方愈被动，使对方破裂愈困难，愈无理由，并使对方对破裂负更大的责任。会上还商议了我方三国代表在15日会议上的行动方案。

6月15日，日内瓦会议继续举行讨论朝鲜问题的全体会议。南日在发言中提出了关于保证朝鲜和平状态的六项新建议。周恩来附议这些新建议，指出："六项建议提供了保证朝鲜和平发展的基本条件。"同时建议"本会议召开中、苏、英、美、法、朝鲜民主主义人民共和国和大韩民国七国参加的限制性会议，讨论巩固朝鲜和平的有关措施"。莫洛托夫提议与会19国共同发表《关于朝鲜的宣言》，以保证"不得采取任何可能足以对维持朝鲜和平构成威胁的行动"。

针对以上建议，以美国为首的16国表示反对，并抛出泰国宣读所谓的《十六国共同宣言》。这个宣言断然要停止会议，认为会议继续考虑和研究朝鲜问题"是不能产生有用的结果的"。周恩来对断然要停止会议表示极大的遗憾，建议："日内瓦与会国家达成协议，它们将继续努力以期在建立统一、独立和民主的朝鲜国家的基础上达成和平解决朝鲜问题的协议。关于恢复适当谈判的时间和地点问题，将由有关国家另行商定。"还指出：如果这一个建议都被"联合国军"有关国家拒绝，那么，"这种拒绝协商和和解的精神，将为国际会议留下一个极不良的影响""中国代表团带着协商和和解的精神第一次参加这个国际会议。如果我们今天提出的最后一个建议都被拒绝了，那么我们不能不对这一事实表示最大的遗憾"。

虽然对方在本次会议上宣布了《十六国共同宣言》，但他们内部也有一些国家是不得已而为之。比利时代表斯巴克在周恩来发言后深受感染，表示赞同意见。周恩来随后再次发言："如果十六国宣言和中国代表团的最后建议有着共同的愿望，那末，十六国宣言只是一方面的宣言，而日内瓦会议则有十九个国家参加。我们为什么不可以用共同协议的形式来表示这一共同愿望呢？"最后，表示对比利时外交大臣斯巴克所表现的和解精神感到满意。同时批评美国代表阻挠日内瓦会议，并阻止达成即使是最低限度的、最具有和解性的建议。历时51天的日内瓦会议关于朝鲜问题的讨论，由于美国代表的破坏，最终在没有达成任何协议的情况下宣告结束。

印度支那问题的讨论是和朝鲜问题的讨论交叉进行的。5月8日，会议开始讨论印度支那问题。此前一天，越南人民军取得奠边府大捷，歼灭法军1.6万余人。参加会议的有五大国和越南、老挝、柬埔寨三国六方。会议争执的关键问题是："第一，越南停战后如何为法、越双方部队划分集结区。法方主张划在北纬18度线，越方主张划在16度线，相距甚远。第二，如何对待老挝和柬埔寨。越南提出，老、柬两国的问题应作为整个印度支那问题的一部分加以考虑，必须按同样的方式在印支三国实现停战；法方提出，老、柬问题应该与越南问题分开处理，不承认老、柬存在当地的抵抗力量，认为那里只有越南撤军问题。"由于这些问题得不到解决，会议讨论了一月有余，陷入了停滞不前的状态。

周恩来为解决争执不休的问题作了大量努力。从6月下旬开始，他全力以赴为解决越南南北分界线问题而忙碌和奔波。功夫不负有心人，到7月20日，双方代表在会谈中取得七点共识：

（一）在全境同时全部停火的原则下，越南具体执行停火日期已协议在停战协定签字生效后北部7天、中部10天、南部20天。

(二)越南军事分界线确定在17度略南、9号公路以北。

(三)撤军日期,准备从对方地区撤退到集结区以9至10个月为期限。

(四)越南选举期限确定为2年,1955年7月由双方协商确定选举日期和方法。

(五)老挝划区问题,已同意寮国抗战部队集合区,先在11个点集结,最后集合在老挝东北的丰沙里与桑怒2省。

(六)柬埔寨问题,采取就地停战、政治解决办法。

(七)国际监察,已确定由印度、波兰、加拿大3国担任,以印度为主席。

7月21日凌晨3时30分,交战双方代表分别在《关于在越南停止敌对行动协定》和《关于在老挝停止敌对行动协定》上签字。中午,交战双方代表在《关于柬埔寨停止敌对行动协定》上签字。下午3时,周恩来出席恢复印度支那和平问题的最后一次会议并发言。他指出:日内瓦会议9个代表团经过75天的工作,终于克服了最后的阻挠,就恢复印度支那和平问题获得了协议。为维护亚洲和世界的和平与安全,世界各国应该根据和平共处五项原则进行协商和合作。在这次会议讨论的两大问题中,关于和平解决朝鲜问题,虽然没有达成任何协议,但是,它并没有从议程上去掉。现在,本会议对于恢复印度支那和平问题,不仅达成了停止敌对行动的协议,而且达成了关于解决政治问题的原则协议。从中可以看出,如果有关国家具有和平诚意,国际争端是可以经过协商获得解决的。

周恩来的讲话,赢得了与会者的强烈认同。会议在通过关于恢复印度支那和平问题的《日内瓦会议最后宣言》后宣布闭幕。美国方面没有在最后宣言上签字。7月23日,周恩来率领中国代表团飞离日内瓦,途经并在访问德国、波兰、苏联和蒙古国后,于8月1日返抵北京。

日内瓦会议成功恢复了印度支那和平,不仅使亚洲和世界局势得到进一步缓和,也使得中国南部疆域的安全得到了保障。这是新中国第一次以五大国之一的身份参加的多边国际会议,是首次尝试和运用多边外交的开端。这次会议后,世界上一些国家的代表团、国家元首和政府首脑纷纷来中国访问,新中国的外交局面进入一个新的历史时期。

> 最近几个月，中央政治局听了中央工业、农业、运输业、商业、财政等三十四个部门的工作汇报，从中看到一些有关社会主义建设和社会主义改造的问题。综合起来，一共有十个问题，也就是十大关系。
>
> 提出这十个问题，都是围绕着一个基本方针，就是要把国内外一切积极因素调动起来，为社会主义事业服务。
>
> ——《论十大关系》（1956年4月25日）

1956年4月25日下午，毛泽东在中南海勤政殿主持召开有各省市自治区党委书记参加的中共中央政治局扩大会议。在这次会上，毛泽东发表了《论十大关系》的重要讲话。讲话以苏联的经验为鉴戒，论述了社会主义革命和建设中的十大关系，初步总结了中国社会主义革命和社会主义建设的经验，提出了调动一切积极因素，为社会主义事业服务的基本方针，论述了社会主义革命和建设中的十大关系。

43 论"十大关系"的提出：初步总结了社会主义革命与建设的基本经验

1956年，我国基本完成对生产资料的社会主义改造，开始进入全面建设社会主义的历史时期。在新的社会主义生产关系的基础上，党和人民都希望加快经济建设。但是，由于对经济建设的规律和尊重不够，对农业生产和其他方面建设的发展规模和发展速度要求过大过高，出现了急躁冒进的情况。与此同时，1956年2月，苏共二十大召开，在揭露斯大林的严重错误和对他的个人崇拜所造成的严重后果时，对斯大林采取了全盘否定的态度，这在苏联国内和国际上引起极大的震动。中国共产党不赞成全盘否定斯大林，同时认为，破除对斯大林和苏联经验的迷信，解放被教条主义束缚的思想，努力寻求适合本国情况的革命和建设道路，有重要的意义。在这种形势下，毛泽东等党的中央领导人，开始在调查研究的基础上探索我国建设社会主义的道路问题。

从1956年2月14日到4月24日，毛泽东先后听取国务院三十四个部门的工作汇报，还有国家计委关于第二个五年计划的汇报。在4月25日召开的中央政治局扩大会议上，毛泽东根据调查研究情况，发表了《论十大关系》的讲话。

会议在中南海颐年堂举行。出席会议的除政治局委员外，还有各省、市、自治区党委第一书记。会议原定议题是讨论农业生产合作社等问题。毛泽东的讲话引起了很大反响，此后，会议便集中讨论这篇讲话。

讲话论述的十个问题（即十大关系），是在总结我国经济、研究我国建设发展的问题上，同时也是在借鉴苏联的经验教训基础上提出来的。讲话确定的一个基本方针，就是要把国内外一切积极因素调动起来，为社会主义建设服务。

"十大关系"是指：要正确地处理工业同农业、轻工业的关系；沿海工业和内地工业的关系；经济建设和国防建设的关系；国家、生产单位和生产者个人的关系；中央和地方的关系；汉族和少数民族的关系；党和非党的关系；革命和反革命的关系；是非关系；中国和外国的关系。十大关系涉及生产力和生产关系、经济基础和上层建筑各方面。其中，前五大关系主要讲经济问题，强调从经济工作的各个方面来调动各种积极因素,是主要的。毛泽东后来说:"在十大关系中,工业和农业,沿海和内地,中央和地方,国家、集体和个人,国防建设和经济建设,这五条是主要的。"报告肯定过去我们在处理这些关系上没有犯大的错误,同时强调根据形势和经验,今后应该适当调整,在优先发展重工业的同时,必须重视发展农业和轻工业。报告根据国际形势趋于缓和的有利条件,提出更多地利用和发展沿海工业,尽量降低军政费用的比重,多搞经济建设,开辟一条跟苏联过去道路有所不同的中国工业化道路,初步提出了中国社会主义经济建设的若干新方针。后五大关系主要讲政治、民族、外交等问题。毛泽东提出了社会主义政治建设一系列新方针,在党和非党关系上,他提出实行"长期共存,互相监督"的方针;在汉族和少数民族的关系上,要着重反对大汉族主义;在革命和反革命的关系上,社会上的镇反要少捉少杀,机关内部清查反革命分子要"一个不杀,大部不捉";在是非关系上要坚持"惩前毖后,治病救人"的方针,反对"残酷斗争,无情打击";在中国与外国的关系上,要向外国学习,包括学习先进的科学技术和企业管理方针等。

毛泽东在报告中强调:对于马列主义理论,"我们要学的是属于普遍真理的东西,并且学习一定要与中国实际相结合,如果每句话,包括马克思的话,都要照搬,那就不得了。""特别值得注意的是,最近苏联方面暴露了他们在建设社会主义过程中的一些缺点和错误,他们走的弯路,你还想走?过去我们就是鉴于他们的经验教训,少走了一些弯路,现在当然更要引以为戒。"这就明确了建设社会主义必须以马克思列宁主义的思想方法为指导,根据本国国情,探索出适合我们自己的社会主义建设道路。

《论十大关系》是毛泽东和中国共产党探索中国社会主义建设道路所取得的重要成果,标志着毛泽东对中国社会主义建设道路的探索开始形成一个初步的然而又是比较系统的思路。正如毛泽东后来所说:"一九五六年四月的《论十大关系》,开始提出我们自己的建设路线,原则和苏联相同,但方法有所不同,有我们自己的一套内容。"

"十大关系"提出后,考虑到当时的国内外形势,这篇讲话的内容只在高中级干部中传达,并没有向全党公开。

1965年12月15日,在第三个五年计划开始实施的时候,为了教育全党,刘少奇致信毛泽东,建议将《论十大关系》的讲话印发出去。信中说:"此件我又看了一遍,觉得对于一些基本问题说得很好,对现在的工作仍有很重要的指导作用。建议将此件作为内部文件发给县、团以上各级党委学习。昨天见主席时,主席已同意这样。望主席再看一遍,并批交小平、彭真同志办理。"12月18日,在认真看完《论十大关系》的讲话记录整理稿后,毛泽东在刘少奇的来信上写下批语:"此件看了,不大满意,发下去征求意见,以为将来修改之助。此意请写入中央批语中。"

12月27日,中共中央在印发毛泽东《论十大关系》的批语中说:"毛泽东同志在一九五六年四月作的《论十大关系》,是一篇极为重要的文件,对社会主义革命和建设的基本问题作了很好的论述,对现在和今后的工作具有很重要的指导作用。为此,特印发县团级以上党委学习。这个文件是当时讲话的一篇记录稿,毛泽东同志最近看了后,觉得还不大满意,同意下发征求意见。请各级党委对文件的内容提出意见,汇总报告中央,以为将来修改时参考。"后来,由于"文化大革命"的爆发,《论十大关系》的发表也就搁置了。

1975年6月,中共中央决定继续做好毛主席一些重要讲话记录稿的整理工作。《论十大关系》的整理交给了胡乔木。胡乔木依据毛泽东在1954年4月25日和5月2日的讲话精神,恢复了以前整理稿中没有整理进去的重要内容,并作了必要的文字加工,形成了一篇比较完备的整理稿。

1975年7月12日,胡乔木向邓小平报送了《关于〈论十大关系〉整理稿的几点简单说明》。说明指出:"这个整理稿是根据主席一九五六年四月在中央政治局扩大会议的讲话和一九五六年五月在最高国务会议讲话两个记录稿综合整理的。"说明中还列举了整理稿中一些内容和文字上的修改之处。7月13日,邓小平将这份整理稿报送给毛泽东审阅。邓小平在送审报告中说:"我们在读改时,一致觉得这篇东西太重要了,对当前和以后,都有很大的针对性和理论指导意义,对国际(特别是第三世界)的作用也大,所以,我们有这样的想法:希望早日定稿,定稿后即予公开发表,并作为全国学理论的重要文献。此点,请考虑。"毛泽东对这篇整理稿十分满意,当即写下批语:"同意。可以印发政治局同志阅。暂时不要公开,可以印发全党讨论,不登报,将来出选集再公开。"7月22日,邓小平主持召开中央政治局会议阅读《论十大关系》整理稿。当晚12时,邓小平再次致信毛泽东说:"《十大关系》报告,刚才在政治局会议上读了,大家没有修改意见,会上当场拟了一个通知,现送上,请批示。"由于之前已经认同了胡乔木的修改稿,毛泽东这次并没有再作批示。7月23日,中共中央将《论十大关系》印发全党学习,同时发出通知,要求"各级党委注意指导这一文件的学习和讨论"。

1976年12月26日,《人民日报》首次公开发表了经毛泽东亲自审定的《论十大关系》一文。此时,距毛泽东逝世已经过去三个多月了。

> 我们这次大会的任务是：总结从七次大会以来的经验，团结全党，团结国内外一切可能团结的力量，为了建设一个伟大的社会主义的中国而奋斗。
>
> ——《中国共产党第八次全国代表大会开幕词》
> （1956年9月15日）

这是1956年9月15日毛泽东在中国共产党第八次全国代表大会开幕会上的开幕词。中共八大是党的历史上一次非常重要的会议。《关于建国以来党的若干历史问题的决议》这样评价这次会议："八大的路线是正确的。它为新时期社会主义事业的发展和党的建设指明了方向。"

44 中共八大：第一次以社会主义全面建设为主题的代表大会

1955年3月，毛泽东在中国共产党全国代表会议上宣布，1956年下半年召开党的第八次全国代表大会。他同时要求，1956年7月以前"要完成代表的选举及文件的准备工作"。

中共八大是一次迟开的会议，这时距党的七大召开已经过去了11年。在这11年中，国内国际的形势发生了重大的变化。在国内，尽管中国取得了新民主主义革命的伟大胜利并成功地实现了向社会主义的过渡，大规模的经济建设已经开始并取得了显著成效，但是，如何在中国这一情况复杂的东方大国里进行社会主义建设的问题上共产党还缺少成熟的经验和做法，处在探索之中。同时，在外部环境方面，虽然经过抗美援朝战争和日内瓦会议、万隆会议的外交斗争，新中国的建设赢得了一个相对宽松的国际环境，但仍然面临着以美国为首的帝国主义阵营对我国从军事上进行封锁、从经济上进行禁运、从政治上和思想上颠覆的现实威胁。面对如此复杂严峻的形势，对于中国共产党的执政能力来说，将受到一次重大考验。八大能不能正确总结七大以来中国革命和建设的经验，能不能正确认识和判断国际形势，提出一条适合自己发展的路线，这是关系到中国共产党能否领导中国社会主义建设事业并取得胜利的重大问题。

党在成立之初，就作出过要定期召开党的代表大会的规定。但是，七大以后，由于解放战争、筹备新中国、抗美援朝、高饶事件等一系列事情的发生，使得党中央一直没有充裕的时间准备八大的召开工作。这就是后来毛泽东说的，"头五年不应当开，后五年可以开而没有开"。1955年3月，中国共产党全国代表会议期间，中央第一次向全党宣布在1956年召开八大的决定。从此，召开八大提上了党的工作日程。同年10月，中共七届六中全会专门讨论召开八大的问题。会议通过了《关于召开党的第八次代表大会的决议》。决议将八大召开的时间放在1956年下半年；会议主要内容是讨论并通过政治报告、修改党章报告和第二个五年计划建议报告，并选举党中央委员会。决议还详细规定了代表人数和产生办法。

八大的召开处在我国即将进入全面建设社会主义历史新阶段之际，它在很大程度上关系到党的前途和社会主义发展的方向。因此，以毛泽东为核心的第一代领导集体对中共八大的召开尤其重视。为开好八大，党中央的主要领导毛泽东、刘少奇、周恩来、邓小平等亲自主持了各个报告的起草和讨论、代表的选举和产生，以及中共七届七中全会和八大预备会议的召开，为中共八大的如期召开作了切实有效的准备。

在1956年9月10日举行的八大预备会议第二次全体会议上，毛泽东作了重要讲话。他说：我们这次大会跟"七大"有相同的性质。"七大"开成了一次团结的大会，达到了团结全党取得全国胜利的目的。毛泽东指出：从1921年到1949年间，我们走过很多曲折的道路，犯过多少次路线错误，革命受过很大损失，吃过很多苦头，牺牲了多少革命的人民和党员干部。经过整风，使我们觉悟起来了。时间那么长，犯了那么多的错误，打了那么久的仗，才搞出一套政治路线、军事路线、组织路线，才使我们逐步学会如何处理党内关系，如何处理党与非党人士的关系，如何搞统一战线，如何搞群众路线等等。我们希望，在建设社会主义的时期，不要像民主革命时期所犯的错误那么多，时间也不要那么长。关于八届中央委员的选举问题，毛泽东说：我们这个中央历来工人成分很少，因为中国革命的方式是农村先胜利。将来我们这个中央委员会的成分是会改变的。我们要造就知识分子，争取三个五年计划内造就一百万到一百五十万高级知识分子，那时候，我们就会有很多的科学家和工程师。我们的中央委员会应该有许多工程师，有许多科学家。毛泽东强调说：党内关系问题，关系极大，关系到团结全国人民和全世界人民，所以这次大会有一点跟七大相同，就是要开成一个团结的大会。

1956年9月15日，北京新落成的政协礼堂，中国共产党第八次全国代表大会在这里隆重举行。出席大会的代表1026人，代表全国1073万党员。58个外国的共产党、工人党、劳动党和人民革命党代表团，以及国内各民主党派和无党派人士代表、中央和国家直属机关、人民团体、人民解放军的负责人员应邀列席会议。

毛泽东在开幕会上致开幕词。他说："总结从七次大会以来的经验，团结全党，团结国内外一切可以团结的力量，为了建设一个伟大的社会主义的中国而奋斗。""在我们继续加强全党的团结的时候，我们还必须继续加强各民族、各民主阶级、各民主党派、各人民团体的团结，继续巩固和扩大我们的人民民主统一战线，必须认真地纠正在任何工作环节上的任何一种妨害党同人民团结的不良现象。""我们必须争取同一切愿意和我们和平相处的国家，在互相尊重领土主权和平等互利的基础上，建立正常的外交关系。""我国的革命和建设的胜利，都是马克思列宁主义的胜利。把马克思列宁主义的理论和中国革命的实践密切地联系起来，这是我们党的一贯的思想原则。许多年来，特别是从一九四二年整风运动以来，我们在加强党内的马克思列宁主义的教育方面，做了许多工作。现在，比起整风运动以前，我们党的马克思列宁主义的思想水平，已经提高了一步。但是我们还有严重的缺点。在我们的许多同志中间，仍然存在着违反马克思列宁主义的观点和作风，这就是：思想上的主观主义、工作上的官僚主义和组织上的宗派主义。""要把一个落后的农业的中国改变成为一个先进的工业化的中国，我们面前的工作是很艰苦的，我们的经验是很不够的。因此，必须善于学习。""我们决不可有傲慢的大国主义的态度，决不应当由于革命的胜利和在建设上有了一些成绩而自高自大。国无论大小，都各有长处和短处。即使我们的工作得到了极其伟大的成绩，也没有任何值得骄傲自大的理由。虚心使人进步，骄傲使人落后，我们应当永远记住这个真理。"

刘少奇代表中共第七届中央委员会作政治报告。报告系统论述了以《论十大关系》为中心的一系列方针政策，进一步提出和解决了一系列战略问题。大会关于政治报告的决议明确指出：我们党已经领导人民取得了对农业、手工业和资本主义工商业的社会主义改造的全面的决定性胜利。但是我们国内的主要矛盾，已经是人民对于建立先进的工业国的要求同落后的农业国的现实之间的矛盾,已经是人民对于经济文化迅速发展的需要同当前经济文化不能满足人民需要的状况之间的矛盾。这一矛盾的实质,是先进的社会主义制度同落后的社会生产力之间的矛盾。所以,党和全国人民当前重要的任务,就是要集中力量来解决这个矛盾,把我国尽快地从落后的农业国变为先进的工业国。

周恩来在大会上作《关于发展国民经济的第二个五年计划的建议的报告》。报告科学地总结了执行"一五"计划的主要经验,提出了基本上符合中国实际情况的"二五"计划的基本任务,论述了"二五"计划建议的主要问题。报告指出,应该根据需要和可能,合理地规定国民经济的发展速度,把计划放在既积极又稳妥可靠的基础上,以保证国民经济比较均衡地发展。大会通过《关于发展国民经济的第二个五个计划(1958—1962)的建议》,提出了一系列比较稳妥可靠的指标。大会实际上正式作出了把党和国家的工作重心转移到经济建设上来的战略决策。

邓小平在《关于修改党的章程的报告》中,论述了加强执政党建设的有关问题。报告指出:要坚持实事求是的思想路线,提高马克思列宁主义的思想水平,发扬党的群众路线的传统。执政党的地位,很容易使党员沾染上官僚主义的习气和骄傲自满的情绪,有脱离实际和脱离群众的危险,要坚决贯彻执行集体领导和党内民主的原则,克服主观主义、官僚主义和宗派主义的错误,反对个人崇拜,继续坚决地执行中央反对把个人突出、反对对个人歌功颂德的方针,真正巩固领导者同群众的联系,使党的民主原则和群众路线在一切方面都得到贯彻执行。八大通过的党章中增加了"中央委员会认为有必要的时候,可以设立中央委员会名誉主席一人"这样一款。这是废除实际存在的领导职务的终身制,准备实行党和国家领导体制的一项重要改革。

代表们在9月15日、16日听取上述报告后,开始了讨论和大会发言。在17日至26日的10天中,有113人作了口头发言和书面发言。各国党的代表团有42人在大会上致辞,宣读贺电19封。

9月27日,大会选举中央委员会、通过决议,最后由陈云致闭幕词,宣布大会闭幕。

9月28日,八届一中全会在充分发扬民主的基础上,选举出了新的中央机构:选举毛泽东等17人为中央政治局委员,乌兰夫等6人为政治局候补委员;选举毛泽东、刘少奇、周恩来、朱德、陈云、邓小平为新的中央政治局常务委员会委员;同时选举产生了中央书记处书记、候补书记共计10人;中央监察委员会委员等。

八大是党在全国执政后召开的第一次全国代表大会,是显示党的团结和党的事业兴旺发达的一次代表大会。八大提出的"保护和发展社会生产力"的主要任务是正确的。尽管,由于党对社会主义建设的准备无论是理论上还是实践上都还不够充分,一些新的正确的思想没能牢固的确立并取得广泛的共识,一些正确的东西甚至在实践中走向了反面,但这次会议对我国自己的建设社会主义道路的探索仍然取得了初步的成果,这对党的事业下一步的健康发展具有深刻而长远的重要意义。

参加中共八大的代表人数之多,发言人数之多,是中国共产党成立以来历次党代表大会所没有的,而且所有的报告和发言都在报纸上刊出,同时又邀请了世界各国党的代表团参加,可以说这是一次公开的大会。会议又开得十分民主,也很简朴,没有各种标语,没有领导人接见,没有统一的照相,没有宴会,没有参观,开创了历史上党的代表大会的新风。

由于毛泽东后来思想上发生了变化,由于党对社会主义建设思想准备不足,实践经验缺乏,对于要建立的社会主义目标模式受到传统观念的局限,对于建设时期阶级斗争的规律和特点缺乏科学的认识和分析,还由于党的主要领导人在经济建设的发展速度和方法等问题上存在分歧、党的领导层民主生活逐渐趋于不正常和党的正确路线缺乏相适应的组织制度来保证，因此，党的八大路线在八大之后的很长一段时间里没能得以很好的贯彻执行，党的工作甚至背离了八大路线，直到十一届三中全会才重新回到现代化建设的轨道上来。但是，八大毕竟是中共历史上的一次盛会。从会议的筹备到文件的起草、从八大路线的确立到新中国成立后选举产生党的第一代领导集体，毛泽东和他的战友刘少奇、周恩来、邓小平等都付出了太多的心血。八大形成的社会主义建设的经验，对我们今天搞经济建设依然有重大参考价值，八大以党的历史上第一次提出全面建设社会主义社会的主题而载入史册。

> 一九六〇年六月上海会议规定后三年的指标，仍然存在一个极大的危险，就是对于留余地，对于藏一手，对于实际可能性，还要打一个大大的折扣，当事人还不懂得。一九五六年周恩来同志主持制定的第二个五年计划，大部分指标，如钢等，替我们留了三年余地，多么好啊！农业方面则犯了错误，指标高了，以至不可能完成。要下决心改，在今年七月的党大会上一定要改过来。从此就完全主动了。
>
> ——《十年总结》（1960年6月18日）

1960年6月10日至18日，中共中央在上海锦江饭店召开政治局扩大会议（即上海会议）。在这次会议上，毛泽东主张压缩指标，提出了"质量放在第一位""数量放在第二位"的思想。从这次会议到中共八届九中全会，经济调整方针逐渐形成。

45 从上海会议到中共八届九中全会：经济调整方针的形成

尽最大的努力把建设搞得快一点，以争取更多的主动，是当时全党全国人民的迫切愿望。但是，由于党对大规模社会主义建设经验不足，在探索过程中出现了"大跃进"、人民公社化运动等挫折，经济发展出现严重问题。这些问题引起了中央领导同志的高度重视。在庐山会议结束后的一年四个月内，毛泽东连续主持召开了多次会议，研究经济工作中出现的种种问题。

1960年6月10日至18日，中共中央在上海锦江饭店召开政治局扩大会议（即上海会议），主要讨论第二个五年计划后三年的补充计划。

毛泽东在会议第一天发表讲话，中心内容就是降低计划指标，把质量问题提到第一位，确立了会议的主题。他肯定了周恩来在八大一次会议上所作的报告，指出其中"最好的部分"，就是"指标订得低的那部分"。他说："今年大型水利工程计划搞一百个，结果是三百六十个，搞那么大的规模，就要有那么多人上阵，质量就不够标准，大水一冲就垮。所以基本建设要好好抓一下。规模不要过大，质量不可不讲。"他反省了自己过去一个时期盲目追求钢产量的错误，说道："现在不要着重那个东西，要着重门类样样都有，钢与钢材的规格很高，普通钢之外还有特殊钢，而特殊钢要达到世界水平。"讲话的最后，毛泽东再次强调说："报告指标要修改，讲质量、品种、规模，把这个提到第一位，把数量放到第二位。"

根据毛泽东压缩指标的意见，国家计委提出了新的方案提交大会讨论。经过认真研究，会议对三年补充计划的十四项指标作了较大幅度的调整，有的比第二个五年计划原定的指标还要低。会议最后一天，毛泽东写出一篇《十年总结》，结合三年补充计划再次讲话。

毛泽东在《十年总结》中对新中国成立后十年间的社会主义革命和建设作了一个提纲式的概括和总结。他再次强调了"实事求是的原则"，指出：高指标要下决心改，改过来就完全主动了。他坦然承认："我们对于社会主义时期的革命和建设，还有一个很大的盲目性，还有一个很大的未被认识的必然王国，我们还不深刻地认识它。我们要以第二个十年时间去调查它，去研究它，从其中找出它的固有的规律，以便利用这些规律为社会主义的革命和建设服务。"《十年总结》虽然仍肯定了总路线、"大跃进"、人民公社，并未从根本上认识"左"倾错误的危害，但其中包含的解决问题的普遍性指导原则在当时有着积极的作用，被看作是上海会议最大的收获。

上海会议对经济问题的调整虽然是很不彻底的，但会议形成了坚持农业为基础的方针，全面降低指标，作计划必须留有余地等决议，还是在纠正"左"倾错误的道路上前进了一步。

上海会议结束后，正当毛泽东准备狠抓会议精神落实情况的时候，中苏两党关系急剧恶化的现实大大吸引了毛泽东的注意力。1960年7月5日至8月10日，毛泽东召集政治局委员和部分地方负责人在北戴河召开中央工作会议，主要讨论国际问题（中苏关系）和国内经济问题。

此时，1960年已经过去半年。这半年来，生产计划完成得很不好，和原来的预期有很大出入。粮食紧张问题更是摆在党中央和毛泽东面前亟待解决的问题。会议第一天，毛泽东在讲话就明确指出：国内外争论的解决，取决于国内工作。现在我们的工业、农业都未过关，必须下决心，立志气，密切联系群众，深入基层，纠正缺点，把各项工作做好。要缩短战线，集中优势兵力，打歼灭战，不能百废俱兴，争取在三到五年内把过关的任务完成。

但是，由于中苏关系问题（特别是苏联政府7月16日照会中国政府，决定召回在中国工作的苏联专家后）始终吸引着与会者的主要注意力，会议对国内经济问题没有进行深入讨论。

会议经过多次讨论，形成以下三个文件：《关于开展以保粮、保钢为中心的增产节约运动的指示》《全党动手，大办农业，大办粮食的指示》和《关于全党大搞对外贸易收购和出口运动的紧急指示》。为解决国民经济中最突出的问题、扭转困难局面，会议决定，坚决压缩基本建设战线，集中力量保证重点产品、重点企业和基本建设项目，认真清理劳动力，充实农业战线，首先是粮食生产战线。会议的最后一天，毛泽东发表了一个小时的讲话，着重谈了要抓好粮食生产问题。

北戴河会议开了一个多月。据毛泽东身边工作人员回忆，在这期间，毛泽东的心情显得异常沉重，常常一个人坐在沙发上长时间沉默。作为党的最高领导人，此时的他承受国际上苏联等方面和国内经济建设出现严重困难的双重压力。到这年十月，他提出的争取主动权的口号非但没有实现，诸如一些农村饿死人的更严重问题却越来越多地反映到他那里。严峻的形势使毛泽东下定决心，非在短时间内把"共产风"和农村工作乃至全部工作的被动局面扭转过来不可。

在中国处于经济最困难的时刻，1960年12月24日至1961年1月13日，中共中央在北京召开工作会议，主要讨论农村整风整社和1961年国民经济计划问题。

毛泽东在会上先后听了五次汇报。参加汇报会的，除中央常委外，还有彭真、谭震林、陈伯达、柯庆施、曾希圣、陶铸、王任重、宋任穷、欧阳钦、刘澜涛、张德生、李雪峰、乌兰夫、刘子厚、李井泉、廖志高。在严峻的经济形势面前，大家的发言都比较现实。毛泽东在听汇报时还作了许多插话，反映了他对当前农村形势的估计和一些政策思想。在插话中，毛泽东反省了过去工作的失误。他说：这几年说人家思想混乱，首先是我们自己思想混乱。一方面纠正"共产风"，纠正瞎指挥；另一方面，又来了几个大办，助长了"共产风"，不是矛盾吗？他还认为，1960年的经济困难局面既有天灾，也有人祸，并指出"这人祸不是敌人造成的，而是我们自己造成的"。在讨论1961年的日子怎么过的时候，毛泽东将关于中国经济建设的长期指导方针概括为：第一是吃饭，第二是市场，第三是建设。李富春在汇报1961年国民经济计划时，总结了去年计划的四条经验,将他与周恩来等人在1960年8月下旬研究经济计划控制问题时确立的"调整、巩固、充实、提高"的方针再次提了出来。

通过认真听取汇报,毛泽东深刻认识到这几年错误发生的直接根源乃是思想方法上的主观主义和片面性。会议最后一天,毛泽东发表了以大兴调查研究之风为主旨的讲话。他指出,当前许多情况出现的根源还是"不摸底"。他说:"这些年来,我们的同志调查研究工作不做了。要是不做调查研究工作,只凭想象和估计办事,我们的工作就没有基础。所以,请同志们回去后大兴调查研究之风,一切从实际出发,没有把握就不要下决心。"

历时二十天的中央工作会议结束了。这次会议比较客观地研究了国民经济发展中存在的突出问题,重提了调查研究、实事求是的重要思想,为随后召开的八届九中全会作了充分准备。

1961年1月14日至18日,中共八届九中全会在北京举行。会议听取和讨论了李富春关于1960年国民经济计划执行情况和1961年国民经济计划主要指标的报告。报告强调,1961年国民经济计划的安排,必须更好地贯彻执行以农业为基础,把农业放在首要地位的方针。全会通过李富春的报告,并在会议公报中正式向全党和全国人民宣布,从1961年起对国民经济实行调整、巩固、充实、提高的八字方针。全会还决定在全国各大区重新成立党的六个中央局。要求把经济管理权集中到中央、中央局和省(市、自治区)三级,两三年内更多地集中到中央、中央局,以加强中央对各大区各项工作的统一领导和部署。

毛泽东在全会结束的时候,再一次就调查研究问题发表讲话。他希望1961年成为一个"调查年",党的各级干部要大兴调查研究之风,重点解决农村整风整社和纠正"五风"(指当时农村盛行的共产风、浮夸风、命令风、干部特殊风和对生产瞎指挥风——编者注)

问题。这表明,毛泽东等领导人已经找到克服严重经济困难的基本方法。即:以解决农业问题为抓手,将调查研究之风贯彻到每一个工作环节。

用调查研究解决经济工作中存在的问题,早在1960年年底就被作为一项任务提了出来。1960年11月,中央发出《关于农村人民公社当前政策问题的紧急指示信》,要求全党用最大的努力来纠正"中央和毛主席从一九五八年冬季以来再三再四地指示必须坚决纠正"的"共产风",并规定了十二条政策。随后,全党动员各级领导和各级干部深入农村,向基层干部和农民宣读、解释,同他们一道为纠正错误、落实政策而奋斗。

中共八届九中全会后,中央发出《关于认真进行调查工作问题给各中央局、各省、市、区党委的一封信》,附有散失多年后重被发现的毛泽东1930年写的《关于调查工作》一文,这篇文章的中心点就是要做好调查研究,反对本本主义。信中要求县以上各级领导机关联系实际深入学习,把深入基层调查研究,作为领导工作的首要任务。把一切从实际出发,不调查没有发言权,作为全党干部思想和行动的首要准则;强调以实践作为检验真理的标准,而不是以过去作出的判断和决定作为真理的标准,这就为根据实践检验来纠正过去决定的错误打开了道路。信中还有一个名句:"在调查的时候,不要怕听言之有物的不同意见,更不要怕实际检验推翻了已经作出的判断和决定。"这句话给人留下了很深的印象,增强了人们在调查研究中解放思想的勇气和力量。此信的发出,进一步推动了全党的调查研究工作。

经过一年多的努力,国民经济逐渐走向了正轨。

> 来电早已收到。经过考虑，那篇讲演现在发表，不合时宜。在这次文化大革命过去之后，一定有许多新的经验可以对这篇讲演加以修改，那时再议是否发表不迟。王任重同志也不赞成现在发表。
>
> ——《关于暂不发表毛泽东在七千人大会上的讲话等问题的批语》（1966年6月30日）

这是1966年6月30日毛泽东给刘少奇、邓小平的一封信中的一段话。信中所提的"那篇讲演"，指的是1962年1月30日下午毛泽东在七千人大会上的讲话。毛泽东一共讲了六个问题：这次会议的开会方法；民主集中制问题；我们应当联合哪些阶级，压迫哪些阶级；关于认识客观世界的问题；关于国际共产主义运动；要团结全党和全国人民。中心是讲民主集中制问题。这篇讲话后来在1978年7月1日《人民日报》公开发表。

46 七千人大会："大跃进"以来经验教训的初步总结

1962年1月11日至2月7日，由中央和中央各部门、各中央局、各省、市的主要负责人，各自治区党委、各地委、县委以及一些重要厂矿企业和部队的负责干部参加的扩大的中央工作会议在北京召开，参加会议者共计7000余人，这就是著名的七千人大会。

召开七千人大会的初衷，原本是为了解决当时粮食征购所遇到的困难。

1958年开始的"大跃进"运动和1960年的严重自然灾害，造成全国粮食全面紧张，粮食征购计划无法完成。到1961年11月中旬，只完成了当年任务的20%，京、津、沪三大城市随时有断粮的可能。为解决这个困难，中共中央专门提请六个中央局第一书记会议商讨办法。结果与会者多表现出畏难情绪，怕答应了中央要求的粮食征购数目后回去难以落实。中南局书记陶铸提出，干脆把全国的地委书记找到北京来开一次会，以"打通思想"。这个建议似乎印证了中央此前的一个基本判断：对粮食产量，地方干部没有完全讲老实话，只有从思想上解决分散主义和本位主义，才可能完成粮食征购计划。为此，毛泽东不仅同意陶铸这个提议，还决定再扩大规模，把县委书记们也请来，召开一次扩大的中央工作会议。为开好七千人大会，邓小平做了大量的工作。1961年11月13日，邓小平主持召开中央书记处会议，传达贯彻毛泽东的指示，布置筹备定于明年一月上旬召开的省、地、县委书记会议。他说："中央工作会议之后，召开县、地、省、中央局四级会议。要把会议当成小整风，总结经验、鼓足干劲。主席准备在会上讲话。要讲几年来中央在工作上犯了什么错误，主席讲，中央的账要交清楚，错误第一是中央，第二是省。我们交了心，才能要求他们交心。要讲全局观念、纪律观念，要讲先整体后局部。主席认为，现在气不壮，很沉闷，收购不到东西。要鼓气，搞思想统一，解决小天地太多的问题。"11月16日，中共中央发出了经邓小平起草的《关于召开扩大的中央工作会议的通知》，确定在1962年1月中旬，召开有省、地、县委书记参加的扩大的中央工作会议（即七千人大会），主要讨论这几年的工作经验和端正工作作风问题以及经济建设的形势和规划。通知发出后，邓小平和刘少奇一起，又为起草"七千人大会"的书面报告做准备。1962年1月8日，形成报告初稿。1月10日，毛泽东看过报告初稿的第一二部分后，约邓小平、陈伯达和田家英等到他的住处谈话,要求立即将报告印发七千人大会,分组讨论后再作修改。

1962年1月11日下午,七千人大会正式开始。大会首先讨论刘少奇代表中央提出的书面报告草稿。这个报告在列举了1958年以来"大跃进"运动取得的成绩之后,着重指出工作中存在的主要缺点和错误,包括:生产指标过高,基本建设战线过长,使国民经济各部门的比例关系、消费和积累的比例关系发生严重不协调现象;在人民公社工作中,对集体所有制和全民所有制的界限区分不清,在手工业和商业工作方面,也对集体经济的内部关系进行了不适当的过多过急的变动,违反了按劳分配和等价交换原则,犯了平均主义的错误;不适当地要求在全国范围内建立许多完整的工业体系,权力下放过多,分散主义的倾向严重滋长;对农业增产的速度估计过高,对建设事业的发展要求过急,因而使城市人口增长过多,加重了城市供应和农村生产的困难。报告分析产生这些错误的原因,认为一方面是我们在建设工作中经验不足;另一方面是由于党内不少领导同志不够谦虚谨慎,违反了党的实事求是和群众路线的传统作风,削弱了民主集中制原则,妨碍了党及时地发现问题和纠正错误。

按照毛泽东、刘少奇、邓小平等领导同志原先的考虑,七千人大会的主要任务是总结这几年的工作经验教训,批评分散主义,以解决粮食征购和经济调整等工作中存在的问题。但讨论时,许多地方领导干部并不认为都是分散主义的问题,在农业中则是集中过多的问题。根据这个情况,刘少奇和邓小平当即组织报告起草委员会,修改报告。从1月17日下午开始,委员会连续开会讨论。1月27日,刘少奇再次在大会上讲话,对书面报告作了说明。针对党内思想疑虑最大的几个问题,他讲了一些重要的看法,主要是:关于错误与成绩的关系,总的来说是三七开,但不能到处这样乱套;关于形势，有些问题现在还看得不那么清楚，"三面红旗"现在应继续坚持，但是经过五年、十年以后，看得更清楚了，再来作结论；关于造成经济困难的原因，一方面是自然灾害，一方面则是工作中的错误所致。

这个报告和刘少奇的讲话，受到与会者的热烈欢迎。

1月30日，毛泽东在会上作重要讲话，他系统阐述了党的民主集中制原则，还专门讲了刘邦和项羽争天下时，刘邦"从谏如流"而项羽"主观武断"的故事，说明"刘邦胜了，项羽败了，不是偶然的"。值得一提的是，毛泽东在讲话中还又一次带头承担了"大跃进"失误的领导责任，作了自我批评："凡是中央犯的错误，直接归我负责，间接的我也有份，因为我是中央主席""第一负责的应当是我。"他还强调，在社会主义建设上，我们还有很大的盲目性。社会主义经济，对我们来说，还有许多未被认识的必然王国。今后要下苦功夫调查它，研究它，在实践中逐步地加深对它的认识，弄清楚它的规律。

会议原准备在30日结束。毛泽东提出延长会期，让大家在北京过一个春节（2月5日）。延长的几天干什么呢？毛泽东说，"要解决的一个中心问题是，有些同志的话没有讲出来"，"在中央开会，还不敢讲话，回到地方就更不敢讲话了"。"我建议让人家出气，不出气，统一不起来，没有民主，就不可能有集中，因为气都没有出嘛，积极性怎么调动起来？"这个建议，显然有利于落实会议的认识成果。这样，从1月31日到2月7日的会议，便以"出气""顺气"为主，即各省、市、部委听取地、县两级的意见，同时检讨过去几年的缺点错误，展开批评与自我批评。

会议对粮食问题上的教训作了集中总结。如对高指标、严重的粮食浮夸，导致高征购、抢空了农民的粮食，使不少农村人口患病、死亡，对这一惨痛教训作了认真总结。还对在农业生产上因为不懂经济、不懂科学技术而造成的巨大损失,如乱改耕作制度,不恰当地深翻改土,造成大面积减产,以及修了不少不仅无益反而有害的水利工程等教训都作了总结。各地负责同志的发言与检讨,也大多集中在粮食问题上。湖北省委第一书记王任重说:湖北这几年自以为是、"五风"俱全。1958年大办钢铁,大办公社;1959年大办水利,大搞治山、治土;1960年夏季大搞开荒。这都表现了"左"倾蛮干。湖北在全国最先宣传"水稻亩产36000多斤","粮食多得无处放","吃饭不要钱",造成了很不好的影响。河北省委书记处书记、省长刘子厚就粮食等问题作了检讨,他说:河北在1958年自称"创造了18万亩千斤、双千斤甚至5000斤以上的小麦'卫星'田和大面积丰产典型",同河南一起率先提出"1959年实现小麦千斤省"的宏伟目标。1959年更喊出"三年包天津,五年包北京"的口号。结果连自己的口粮也解决不了。山西省委第一书记陶鲁笳检讨自己有过两次头脑发热,他还检讨自己在一次向毛泽东汇报石楼县的粮食产量时报了亩产千斤,而实际只有170斤。吉林省委第一书记吴德检讨了"大跃进"时期,省委提出的农业"一年翻身、粮食过关"的口号,搞高产田、"卫星"田,计划大量缩减耕地面积,宣传两三年内实现吃的方面按需分配等。广东检讨了1958年11月向中央报喜,全年粮食平均亩产1650斤,和由此体现的丢掉了实事求是的优良作风的问题。浙江检讨了在1959年4月29日毛泽东提出纠"左"的六条指示后仍在不切实际地提出"把早稻双千斤的锣鼓敲起来"等错误。上海也检讨了对纠"左"没解决思想问题,仍然制定较高增产计划的问题,等等。

在各省委作自我批评时,粮食部、冶金部等中央和国务院各部委也围绕粮食等问题作了自我检讨。《人民日报》、新华社更是全面检讨了他们对"大跃进"中浮夸风、瞎指挥等问题所起的推波助澜的坏作用。

邓小平、周恩来也在大会上发言，分别代表中央书记处和国务院作自我批评。邓小平主要讲恢复党的优良传统，周恩来讲克服目前困难的主要办法。朱德在山东组的全体会上，陈云在大会结束后陕西省的全体干部会上，也都针对党内民主生活问题讲了话。

2月7日，七千人大会闭幕。这次会议深刻总结了新中国成立以来特别是"大跃进"和人民公社化运动以来社会主义建设的经验教训，对于继续纠正"大跃进"以来的"左"倾错误，调整国民经济，有着好的促进作用。会上，毛泽东等中央领导同志带头作检讨，勇于承担工作中的缺点和错误，充分发扬了党内民主，赢得了广泛赞誉。大会虽然未能从指导思想上纠正"大跃进"以来的"左"倾错误，但它确实取得了当时历史条件下所能取得的成就，对于继续纠正"大跃进"以来的"左"倾错误，调整国民经济，有着好的促进作用。它较好地使全党在一定程度上恢复了实事求是的传统，对过去存在的问题和经验教训作了较系统的总结。对如何恢复和发展国民经济，今后经济建设要注意哪些问题，有了较一致的认识。大会在一定程度上解放了人们的思想，使党内有一种精神解放的氛围，在动员全党为战胜困难而团结奋斗方面起了积极作用，在扭转国民经济的困难局面，促进国民经济的恢复和发展方面意义重大。

> 我们愿意再一次诚恳地劝告你们，还是悬崖勒马的好，不要爱惜那种虚伪的无用的所谓"面子"。如果你们不听，一定要走绝路，那就请便吧！那时我们只好说："无可奈何花落去，似曾相识燕归来"。
>
> ——《对中共中央给苏共中央的复信稿的批语和修改》
> （1964年7月25日）

为解决中苏两党、两国之间的分歧，1964年2月，中共中央复信建议在北京召开两党会谈，然后由兄弟党举行筹备会议，该会议由17国党的代表（13个社会主义国家和印尼、日、意、法）组成。对中方的合理建议，苏方却片面认为这是"反对苏共、反对整个国际共运"，坚持筹备委员会代表由他们事先指定的26国党代表组成。对于苏方这种口口声声要求"停止公开论战""促进国际共产主义运动的团结"的毫无诚意的做法，中方提出了严正抗议。6月15日，苏方置中方立场于不顾，向中方发来信函，仍坚持要在莫斯科召开26国党起草委员会筹备会议。

对于苏方这种强硬态度，中方及时起草了复信稿。7月25日，毛泽东修改了这封复信稿。对于苏方如果不采纳中方意见，执意要召开分裂会议的后果，毛泽东摘用"无可奈何花落去，似曾相识燕归来"一句来说明：苏共将最终走向"花落去"的覆亡路，而社会主义新中国则会在中国共产党的带领下继续前行。

47 中苏关系破裂：社会主义阵营的分化

在20世纪50年代中期以前，中苏两党和两国一直保持着比较友好的关系。中华人民共和国成立后，第一个承认新中国的就是苏联。中苏建交也带动了一批新民主主义国家同中国建立正式外交关系，这对新中国来说无疑是一个巨大的国际支持。中国共产党也一直主张中苏两党两国友好，主张国际共产主义运动和社会主义各国团结。1949年年底至1950年年初，毛泽东第一次访问苏联期间，两国签订了《中苏友好同盟互助条约》。这打破了美国等帝国主义国家对新中国的包围封锁，为新中国的建设争取到有利的国际环境。然而，从20世纪50年代中期开始，中苏两党、两国之间在国家利益、意识形态等领域的分歧越来越严重，关系逐渐破裂。

中苏间的分歧开始于苏共二十大。1956年2月25日，苏共领导人赫鲁晓夫作了秘密报告，对斯大林进行了全盘否定，在国际共运内部和全世界引起了轩然大波。中共当即表明了自己的态度：既肯定它在破除斯大林和苏联模式迷信方面的积极作用，又认为对斯大林的评价应该客观全面，具体分析，肯定他功大于过的事实。为表明这一立场，中共中央政治局决定有针对性地写一篇文章。这篇文章，就是后来的《关于无产阶级专政的历史经验》。4月5日，《人民日报》发表该文，并注"这篇文章是根据中国共产党中央政治局扩大会议的讨论，由《人民日报》编辑部写成的"。

1957年11月，毛泽东再次率团访苏并参加在莫斯科举行的各国共产党和工人党会议时，中国党曾以内部商谈的方式向苏共提出对苏共二十大若干问题的不同看法。两党经过协调立场，互有妥协，共同提出《莫斯科宣言》草案，获得会议通过。尽管如此，中苏矛盾后来还是逐步激化了。

1958年7月，苏联提出要在中国领土和领海上建立中苏共有共管的长波电台和共同舰队，遭到毛泽东等中共领导人的断然拒绝。同年8月，赫鲁晓夫以妨碍"苏美合作"为由，对中国人民解放军炮击金门、马祖事件提出指责，并要求中国放弃用武力手段解决台湾问题，引起了中国人民的强烈不满。

1959年8月，中印边境发生武装冲突，苏联方面不顾事实真相和中国方面的劝阻，发表偏袒印度的声明，把中苏分歧公之于众。

1960年4月，中共中央决定借纪念列宁诞辰90周年之机，撰文对赫鲁晓夫进行有组织的反击。中央政治局确定了三篇重头文章：由胡乔木牵头起草的《人民日报》社论，由陈伯达牵头撰写的《红旗》杂志编辑部文章，由陆定一牵头准备在纪念列宁诞辰90周年大会上的讲话。后来，这三篇文章又合编成题为《列宁主义万岁》的小册子，印成中、英、俄、德、日、法文公开发行，引起很大反响。中共在4月份发表的文章，被苏共污蔑为"公开分裂的新行动"。6月24日至26日，各国共产党和工人党代表会议在布加勒斯特召开。会议召开的前一天，即6月23日，苏共代表团将苏共中央6月21日给中共中央的《意见书》和《社会主义国家共产党和工人党代表会谈公报》交给中共代表团。《意见书》从时代性质、战争与和平、和平共处等七个方面对中共进行指责。《会谈公报》则强调了从资本主义向社会主义和平过渡的问题。会上，赫鲁晓夫煽动一些代表团对中共代表团进行围攻和指责，并在6月24日强迫中共代表团在《会谈公报》上签字。中共代表团据理反驳，但从维护社会主义阵营团结的角度出发最终签字。同时，中共代表团在 6 月 26 日发表书面声明，阐明自己的观点，指出："我们在马克思列宁主义的一系列的基本原则上是同赫鲁晓夫同志有分歧的。""赫鲁晓夫同志的这种态度和这种做法将会在国际共产主义运动中产生非常严重的后果。"6 月 27 日上午，邓小平主持召开中共中央书记处会议，讨论如何发表布加勒斯特会议《社会主义国家共产党和工人党代表会谈公报》和《人民日报》发表社论问题。下午，邓小平主持召开中共中央书记处会议，讨论《人民日报》准备发表的社论稿《高举莫斯科宣言的马克思列宁主义革命旗帜》，决定《人民日报》重新发表 1957 年 11 月 14 日至 16 日在莫斯科召开的社会主义国家共产党和工人党代表会议宣言及 11 月 16 日至 19 日在莫斯科举行的共产党和工人党代表会议的和平宣言。6 月 28 日，《社会主义国家共产党和工人党代表会谈公报》在《北京日报》上发表。

1960 年 7 月，当中国正经受严重经济困难的时期，苏联片面决定撤走全部在华专家 1390 名，终止派遣专家 900 名，废除两国经济技术合作的各项协议。至此，中苏两党之间的意识形态分歧扩大到国家层面。

1960 年 11 月至 12 月初，刘少奇率中共代表团出席在莫斯科举行的各国共产党和工人党代表会议。苏共代表团和中共代表团在会上进行了激烈的争论。从 1962 年 11 月开始到 1963 年 1 月中下旬，苏联联合二十多个兄弟党公开发表长篇累牍的攻击社会主义中国共产党的文章，进一步挑起论战。中国共产党对此进行了猛烈的还击，并通过信函等方式与苏方交换意见。1962 年年底，中共中央组成了一个非正式写作班子，于 1963 年 2 月正式定名为"中央反修文件起草小组"，组织撰写批判苏共的文章。在后来一系列文章中，以 1963 年 9 月至 1964 年 7 月《人民日报》和《红旗》杂志编辑部先后发表的九篇评论文章最为有名。这些文章一般都是由毛泽东定题，邓小平直接领导和主持，"中央反修文件起草小组"反复酝酿、修改写成的。这九篇评论苏共中央公开信的文章，批判"赫鲁晓夫修正主义"，对中苏两党自苏共二十大以来的分歧及其发展，以及一系列重大理论和战略策略问题分歧的方面，作了批判性的论述，并由此论述了社会主义国家和平演变和资本主义复辟的历史教训。这场规模空前、影响巨大的论战，也直接导致国际共产主义运动和许多国家共产党的分裂。

中苏论战期间，为改善同苏共的关系，中国共产党作了积极努力。1963年7月，邓小平率中共代表团去莫斯科与苏共中央举行会谈。由于双方分歧比较大，谈判最终破裂。1964年，勃列日涅夫接替赫鲁晓夫任苏共中央第一书记后，中共派周恩来率团赴苏参加十月革命庆祝活动，表达了中共希望与苏共新的领导集体改善关系的真诚愿望。但是，苏共声称继续坚持赫鲁晓夫的对华政策和苏共二十大以来的政治路线，使中方改善中苏关系的愿望落空了。11月21日，《红旗》杂志发表社论《赫鲁晓夫是怎样下台的》，为中苏大论战画上了句号。

1966年3月，苏共召开二十三大，中国均拒绝参加，中苏两党关系正式中断。不久，苏联在中苏边境和中蒙边境陈兵百万，使中国在国家安全方面感受到巨大的威胁。1969年3月2日，中苏两国在乌苏里江珍宝岛爆发了大规模的武装冲突。中苏两国的关系，从意识形态领域的分歧，最终演变为国家武力的角逐，教训是非常深刻的。

二十多年后，在中苏关系恢复正常的时候，邓小平曾对中苏关系破裂作出过这样的评价："从一九五七年第一次莫斯科会谈，到六十年代前半期，中苏两党展开了激烈的争论。我算是那场争论的当事人之一，扮演了不是无足轻重的角色。经过二十多年的实践，回过头来看,双方都讲了许多空话。马克思去世以后一百多年,究竟发生了什么变化,在变化的条件下,如何认识和发展马克思主义,没有搞清楚。""从六十年代中期起,我们的关系恶化了,基本上隔断了。这不是指意识形态争论的那些问题,这方面现在我们也不认为自己当时说的都是对的。真正的实质问题是不平等,中国人感到受屈辱。"

> 无产阶级文化大革命,已经八年。现在,以安定为好。全党全军要团结。
>
> ——《以安定团结为好》(1974年)

1974年8月23日至9月10日,各大军区司令员、政治委员会议在北京召开。会议传达了毛泽东多项指示,上述引文即为其中一项。后来,经毛泽东圈阅的中共中央1974年10月11日关于准备召开四届人大的通知中用黑体字引用了这段话。然而,"四人帮"为了攫取更多的权力,置毛泽东的指示精神于不顾,在四届人大召开前,就"组阁"问题掀起了一场风浪。毛泽东对他们进行了严厉批评。在这次会上,重新擘画了"四个现代化"的宏伟蓝图。

48 四届全国人大一次会议:重提"四个现代化"

1966年,正当我国克服了国民经济的严重困难、完成经济调整任务,开始执行国民经济第三个五年计划的时候,"文化大革命"发生了。"文化大革命"期间,党和人民对"左"的错误的斗争一直没有停止过。四届全国人大一次会议就是其中之一。

在中国历届人民代表大会中,四届全国人大是筹备时间最长的一次代表大会。

1970年3月,毛泽东提出关于召开四届人大和修改宪法的意见。周恩来立即召集政治局会议,着手筹备召开四届人大的工作,并成立由周恩来、张春桥、黄永胜、谢富治、汪东兴组成的工作小组,负责四届人大代表名额和选举工作;成立由康生、张春桥、吴法宪、李作鹏、纪登奎组成的工作小组,负责宪法修改工作;由周恩来、姚文元主持起草政府工作报告。但五个月后召开的中共九届二中全会,由于林彪集团的捣乱,使四届人大的筹备工作被迫中断。直到1971年才继续进行,随后又因为林彪叛逃事件的发生而再次中止。在1973年8月召开的党的十大上,中共中央正式对国内外宣布:第四届全国人民代表大会将在近期内举行。

然而,事情并未那么简单。在江青一伙看来,邓小平和周恩来、叶剑英一样,是他们"组阁"、夺取国家最高权力的重要障碍。必欲除之而后快。毛泽东对江青等人的破坏行为已经有所察觉。此后,他对江青进行了一系列的严厉批评。1974年3月27日,针对江青反对邓小平参加联大特别会议的做法,毛泽东写信警告江青:"邓小平同志出国是我的意见,你不要反对为好。小心谨慎,不要反对我的提议。"6月24日,针对江青要求延长在天津考察时间并在当地开展"批林批孔"运动的请示,毛泽东批示:"可以延长时间,做些调研工作,你太不懂群众生活了。"在七月中旬召开的中央政治局会议上,毛泽东更是点名批评江青,点出了"四人小宗派"的问题。到这年年末,毛泽东已经明确表明态度:江青等人不但不能"组阁",也不能担任党中央和全国人大的主要领导人。10月17日晚,中共中央政治局会议在北京召开。这次会议原本是讨论四届人大的筹备事项,但由于江青在会上重提"风庆轮事件",欲借此推翻邓小平,帮助张春桥出任第一副总理,使得会议无法正常进行下去。邓小平怒斥江青等人:政治局开会讨论问题要平等嘛,不能用这样的态度对人嘛!并反问:这样政治局还能合作?强加于人,一定要写出赞成你的意见吗?会后,江青又派王洪文飞抵长沙,向在那里休养的毛泽东告了邓小平的恶状,说邓小平还是搞过去"造船不如买船，买船不如租船"的那一套。毛泽东听后当即斥责了王洪文一番，说：有意见当面谈，这么搞不好！要跟小平同志搞好团结。又说：你回去要多找总理和剑英同志谈，不要跟江青搞在一起，你要注意她。10月20日，毛泽东在长沙九所六号楼听取王海容、唐闻生反映"风庆轮事件"的问题后，说："风庆"轮的问题本来是一件小事，而且李先念已在解决，但江青还这么闹。他让王海容、唐闻生回京向周恩来和王洪文转达他的意见：总理还是我们的总理。如果他身体可以，由他和洪文同志一起跟各方商量，提出一个人事安排的名单。邓做第一副总理兼总长，这是叶剑英的意见，我赞成照他的意见办。战时有事，平时无事，挂个名。杨成武可以做个副总长。王洪文来的时候没有这样明确，再明确一下。委员长一二把手再考虑。总之，方针要团结，要安定。还说：王洪文、张春桥、姚文元三人不要跟在江青后面批东西。

11月6日，周恩来写信给毛泽东汇报四届人大筹备进展情况。信上写道："代表名单、宪法草案和报告，政府工作报告，均可在11月搞出"；"我积极支持主席提议的小平为第一副总理，还兼总参谋长。"毛泽东当日即在周恩来的信上批示："已阅，同意。"

江青等人的诬陷没有离间成毛泽东对邓小平的信任，反而使毛泽东在更大程度上赋予了邓小平更多的权力。这是江青等人所不愿意看到的。眼看一计不成，他们便把自己得力心腹定为四届人大代表，企图能在选举中掌握一些重要部门的领导权。面对这种公然的夺权要权，毛泽东警觉了。11月12日，毛泽东在长沙批示江青："不要多露面，不要批文件，不要由你组阁。你积怨甚多，要团结多数。甚嘱。""人贵有自知之明。又及。"就在这一天，邓小平由北京陪同外宾抵达长沙，会见毛泽东。接待完外宾后，邓小平向毛泽东汇报了10月17日政治局会议的真实情况。听完汇报，毛泽东笑着说："你开了个'钢铁公司'！好，我赞成你！"邓小平回答到："我实在忍不住了，不止一次了，她在政治局上搞了七八次了。""强加于人，我也不高兴啊！"毛泽东指了指在场的王海容、唐闻生，继续说道："她们都不高兴。"最后，毛泽东充满信任和关怀地勉励邓小平继续工作，放手干事。12月23日，周恩来带病前往长沙向毛泽东汇报四届人大人事安排事宜，当说到"邓小平任第一副总理兼总参谋长"时，毛泽东觉得这还远远不能发挥邓小平的能力，进一步提议"我看小平做个第一副总理、军委副主席和总参谋长。"接着，毛泽东拿起笔来，在纸上写了"人才难"几个字，周恩来明白主席的意思，脱口说出："人才难得。"毛泽东欣然放下了笔，意味深长地向周恩来称赞邓小平说"政治思想强，人才难得"。

在这段日子里，毛泽东的健康状况继续下降。此时的他，更多地考虑的是身后的事情。党的十大完成了党的中央机构组织和人事安排，四届人大要完成国家机构的组织和人事安排。他不能不为此多做准备。

1975年1月8日至10日，党的十届二中全会在北京举行。会议讨论了四届全国人大一次会议的准备工作。在这次会议上，追认邓小平为中央政治局委员，选举邓小平为中共中央政治局常委、中共中央副主席。

这对江青无疑是致命的一击。但更沉重的打击还在后面。

1月13日至17日，四届全国人大一次会议在北京举行。出席会议的代表共2864人。会议的议程是：修改宪法，讨论《政府工作报告》，选举和任命国家机关领导成员。朱德主持了大会。

第四届全国人民代表大会第一次会议的《政府工作报告》是在周恩来、邓小平的主持下起草的。受历史条件制约，这个报告在回顾总结三届全国人大以来的政府工作时，虽然肯定了"文化大革命"和"批林批孔"运动，但却明确地提到了今后一段时间国民经济的发展和现代化建设目标。

报告依据全面实现农业、工业、国防和科学技术"四个现代化"的宏伟目标，规划了我国国民经济"两步走"的蓝图："第一步，用十五年时间，即在一九八〇年以前，建成一个独立的比较完整的工业体系和国民经济体系；第二步，在本世纪内，全面实现农业、工业、国防和科学技术的现代化，使我国国民经济走在世界的前列。"报告指出："我们要在一九七五年完成和超额完成第四个五年计划，这样就可以为在一九八〇年以前实现上述的第一步设想打下更牢固的基础。从国内国际的形势看，今后的十年，是实现上述两步设想的关键十年。在这个时期内，我们不仅要建成一个比较独立的比较完整的工业体系和国民经济体系，而且要向实现第二步设想的宏伟目标前进。"报告要求国务院按照这个目标制定十年长远规划、五年规划和年度计划。国务院各部、委，地方各级革命委员会，直到工矿企业和生产队等基层单位，都要发动群众，经过充分讨论，制定自己的计划，争取提前实现我们的宏伟目标。报告号召全国人民奋发图强，"再用二十多年的时间"，"在本世纪内把我国建设成为社会主义的现代化强国"。

周恩来所作的政治报告重申我国实现四个现代化的宏伟目标，极大地鼓舞了人心，获得了一致通过。

经过讨论，大会通过了《关于修改宪法的报告》和修改后的《中华人民共和国宪法》。1975年宪法是新中国成立后的第二部宪法。在国家政治制度的社会主义性质方面，1975年宪法继承了1954年宪法的基本原则和规定。如规定"中华人民共和国是工人阶级领导的以工农联盟为基础的无产阶级专政的社会主义国家"；"中国共产党是全中国人民的领导核心"；"中华人民共和国的一切权力属于人民"，等等。但由于这部宪法诞生在"文化大革命"的混乱时期，就不可避免地带有一些错误的、违背民主与法制的内容。如宪法完全肯定"以阶级斗争为纲"的基本路线和"无产阶级专政下继续革命的理论"；将大鸣大放大辩论大字报当作"人民群众创造的社会主义革命的新形式"，并规定为人民群众的权利；等等。

大会选举时年已经89岁的朱德为第四届全国人民代表大会常务委员会委员长，董必武、宋庆龄等22人为副委员长。大会决定周恩来为国务院总理；邓小平、张春桥、李先念等12人为副总理，一大批富有治国理政经验的老干部重新走向工作岗位。

会议闭幕后，周恩来在第一次国务院常务会议和国务院全体会议上明确宣布："今后国务院的工作由小平同志主持。"二月初，在长沙的毛泽东批准了周恩来有关国务院副总理分工的报告。从这时起，邓小平开始代重病在身的周恩来主持国务院的工作。

> 我们公开说要参加,朋友们也在这方面帮我们的忙,这是我们的权利。六亿人民的代表不参加,台湾却参加了,这是不公平的。现在不是我们在联合国代表台湾,而是台湾代表我们,这是不妥当的。在日内瓦的谈判中,我们也对美国提到这一点,指出他们不对。
>
> ——《关于恢复中国在联合国的合法席位问题》
>
> （1956年9月30日）
>
> 新中国成立后,党和国家一直致力于恢复在联合国的合法席位、驱逐台湾出联合国。但由于美国的阻挠,此事一直未能如愿。1956年9月30日,印度尼西亚总统苏加诺访问中国。毛泽东亲自前往机场迎接。下午,毛泽东在中南海勤政殿会见苏加诺,双方就恢复中国在联合国合法席位等问题进行了交谈。在会谈中,毛泽东表达了新中国一定会进入联合国的思想,但同时也做好了长时期进不去的准备。毛泽东当时或许没有想到,也就是这次谈话的15年后,新中国在联合国的合法席位得以恢复。

49 第二十六届联大:恢复中国在联合国合法席位

联合国是世界上最重要的国际组织之一。中国是联合国的创始会员国,也是安理会的5个常任理事国之一。按照国际原则,中华人民共和国成立后,中国在联合国的席位理应由中华人民共和国继承,把所谓的"中华民国"代表驱逐出联合国。但由于美国政府的阻挠，中国在联合国的席位一直被台湾国民党当局占据。围绕中华人民共和国在联合国的席位问题，中国政府和中国人民一直在积极努力着。

中华人民共和国成立时，正值第四届联大召开之际。1949年9月30日，具有制宪议会性质的中国人民政治协商会议第一次会议通过决议，否认了国民党政府继续代表中国出席联合国大会的资格。11月15日，周恩来分别致电联合国秘书长特吕格弗·赖伊、联合国大会主席卡洛斯·罗慕洛，告知这一情况，并声明：人民解放战争业已获得了决定性的全国胜利，国民党政府已经流亡溃散，中华人民共和国中央人民政府是代表全体中国人民的唯一合法政府。中国政府正式要求联合国立即取消"中国国民政府代表团"参加联合国的一切权力。由于美国的干预，赖伊以电文并非来自联合国会员国为借口，拒绝向大会散发电文副本。

1950年1月8日，周恩来再次致电联合国大会主席罗慕洛、秘书长赖伊并转安理会成员国，严正指出"国民党代表留在安全理事会是非法的，应将其开除！"苏联方面积极支持中国，要求把新中国的代表权问题列入大会议程，由于美国的反对，这一提案被否决。苏联方面当即发表声明，在台湾当局的代表被开除出安理会之前，苏联代表将不参加安理会的工作。1月18日下午，周恩来在赴苏途中行至苏联斯维尔德洛夫斯克时，同毛泽东电话联系，互通情况，并商议出席联合国大会中国代表团首席代表的人选，提出张闻天任此职，毛泽东同意。次日，中国政府照会联合国：中国政府已任命张闻天为出席联合国会议和安理会首席代表。照会还要求明确答复何时将国民党集团的非法代表开除出联合国及安理会，以及中华人民共和国的合法代表何时可以出席联合国和安理会的会议并参加工作。5月12日，周恩来再次致电联合国秘书长赖伊，声明新中国政府的严正立场。迫于压力和国际原则，6月16日，赖伊向当时的59个会员国建议，考虑解决新中国在联合国的代表权问题。但不久后，朝鲜战争爆发，中美关系进入军事对抗状态。美国要求其控制下的联合国暂不讨论中国的席位问题。中国政府也意识到目前尚不具备恢复合法席位的条件，转而将斗争的重点转向了广阔的外交舞台，为争取恢复中国在联合国的合法席位积蓄力量。

朝鲜战争结束后，国际形势出现了缓和。中共中央把握住这一良好时机，在外交方面积极开展活动。1954年春夏之际，中共中央派出以周恩来为团长的中国代表团参加日内瓦会议。这是中华人民共和国第一次以世界五大国之一的身份和平等地位出席国际会议，第一次尝试以和平协商的方式来解决国际争端。在这次会议上，中国以积极的姿态促成了印度支那停火，为缓解亚洲地区的紧张局势做出了贡献。会议期间，周恩来应邀访问印度和缅甸，倡议将和平共处五项原则作为处理国际关系的准则，得到了两国总理的赞许。1955年4月，周恩来率领的中国代表团出席在万隆举行的亚非会议，取得极大成功，打开了新中国与亚非国家广泛交往的大门。从这次会议结束到1959年年底，又有11个国家同中国先后建交，它们全部是亚非国家。此次会议后，中日两国民间的友好往来关系也有了较大的进展。

美国是中国恢复联合国合法席位的最大障碍。在外交舞台上，中国必须寻求不同制度国家间的和平共处之道。1954年日内瓦会议期间，中国代表团同美方官员有了首次接触，双方商定进行领事级会谈。但由于中美关系尚未到改善的条件，会谈一直没有实质进展。1955年万隆会议上，周恩来适时地就中美关系发表了简短声明："中国人民同美国人民是友好的。中国人民不要和美国人民打仗。中国政府愿意和美国政府坐下来谈判，讨论缓和远东紧张局势的问题，特别是缓和台湾地区的紧张局势问题。"8月，两国开始进行大使级会谈。期间，由于对台湾问题的态度始终无法达成一致，双方谈谈停停，一直延续到1970年2月才告结束。中美大使级会谈历时15年，共会谈136次。会谈虽然没有最终取得结果，却加深了两国的了解，为后来中美关系的改善创造了条件。

外交工作的有效开展，极大提高了中国的国际地位。中国恢复在联合国合法席位的呼声也越开越高。与此同时，随着联合国内亚非拉成员国的增加，美国企图阻挠中国进入联合国的阻力也越来越大。从1952年的第七届联大到1960年的第十五届联大，美国每年都向大会提交议案，要求不审议关于排除中华民国的代表或让中华人民共和国的代表取得席位的任何提议。但到1960年第十五届联大时，参加表决的有98票，赞成美国提案的只有42票。美国拒绝讨论中国代表权问题的提案在表决时仅能获得微弱多数。自1961年第十六届联合国大会起，美国又设置新的障碍，屡次将恢复中国代表权的问题列为必须由三分之二多数票通过方能解决的所谓"重要问题"。其目的就是使美国在只能控制三分之一少数票的情况下仍能阻挠中国恢复在联合国的合法权利。到1970年第二十五届联合国大会，投票的结果是，支持驱逐台湾国民党当局"代表"的已有51票，反对的仅47票。这是联合国大会表决恢复中国席位问题时赞成票第一次超过反对票。这次投票中国虽然因不够三分之二仍被拒于联合国大门之外，但它预示着美国企图阻挠中国恢复在联合国的合法权利的计划即将破产。

1971年第二十六届联合国大会召开前，美国政府已认识到很难再在这次会上把中国拒于联合国大门之外。美国总统尼克松后来在其《回忆录》中写道，"反对接纳北京的传统投票集团已无可挽回地瓦解了，以前支持我们的几个国家已经决定在下次表决时转向支持北京"，并在一份口述给基辛格的备忘录中又再次强调："我认为，我们没有足够的票数去阻挡，接纳的时刻比我们预料的要来得快。"在这种情况下,尼克松政府伙同日本佐藤政府又一次提出"重要问题"案,其内容为任何剥夺"中华民国"在联合国的"代表权"的建议都是重要问题;同时又另外炮制了一个所谓"双重代表权"案,即接纳中华人民共和国的代表进入联合国,但"不剥夺中华民国的代表权"。8月17日,美国政府将这个"议案"提交联合国秘书长吴丹。美国此举是在联合国明目张胆地搞"两个中国"。

针对美国的无理主张,18日、19日两天,周恩来与外交部、新华社、《人民日报》等部门负责人研究起草外交部声明稿及新华社两篇报道。这两篇报道是:《阿尔巴尼亚、阿尔及利亚等十八国向联合国提出决议草案,要求恢复我在联合国的一切合法权利并立即驱逐蒋帮》《美国政府向联合国递交信件和备忘录,公然推行"两个中国"的阴谋》。8月20日,中共中央召开政治局会议,讨论通过了上述稿件。当天,中国外交部发表声明,指出恢复中华人民共和国在联合国的合法权利,同驱逐台湾国民党当局的"代表"出联合国,这是一个问题不可分割的两个方面,中国决不允许在联合国出现"两个中国"或"一中一台"的局面。

1971年9月21日,第二十六届联合国大会在纽约开幕。从1971年10月18日到25日,大会就中国代表权问题展开了为期一周的激烈辩论,128个成员国中的80个成员国代表在会上发了言。非洲等国指出:"没有中华人民共和国的参加,联合国就丧失了普遍性;现在是联合国改正这一历史性错误的时刻;"并强烈谴责美国的错误对华政策,"美国无视客观事实,无视伟大中国的存在,制造'两个中国'违背历史潮流"。10月25日晚,大会就提交讨论的三个有关中国席位的提案进行表决。结果,首先以59票反对,55票赞成,15票弃权否决了美、日等22国提出的所谓"重要问题"提案。当大厅电子计票器显示出这一结果时,会议大厅顿时沸腾了起来,爆发出长时间的热烈掌声。阿尔及利亚、博茨瓦纳、布隆迪、喀麦隆、埃及、赤道几内亚、加纳、几内亚、肯尼亚、马里、毛里塔尼亚、摩洛哥、尼日利亚、卢旺达、多哥、乌干达、坦桑尼亚等17个非洲国家常驻代表情不自禁地从代表席上站立起来，高举双手用不同的语言欢呼："我们胜利了！"台湾国民党当局见大势已去，被迫宣布"中华民国"代表团不再参加联合国大会的任何议程，随即离开会场。随后，阿尔巴尼亚、阿尔及利亚等23国提出的恢复中华人民共和国在联合国的一切合法权利、并立即把国民党当局代表从联合国一切机构中驱逐出去的提案以76票赞成、35票反对、17票弃权的压倒性多数获得通过，成为联合国历史上著名的"2758号决议"。大会主席高声宣布：由于阿尔及利亚等23国提案获得通过，美国、日本等19国的"双重代表权"提案成为一项废案，被大会自动否决。

至此，经过20多年的斗争，中华人民共和国在恢复在联合国席位的斗争问题上取得了最后的胜利。当晚，美国全国广播公司、哥伦比亚广播公司和美国广播公司以特大重要新闻插播方式，在三大电视台上广播了这一消息，称"在非洲等76个国家的支持下，红色中国获准进入了联合国，一个新的历史时期即将到来"。

10月26日，联合国秘书长吴丹致电中国政府外交部代部长姬鹏飞，正式通知第二十六届联大通过的恢复中华人民共和国在联合国的一切合法权利的决议，并邀请中国政府派出代表团出席本届联合国大会。当晚10时，毛泽东在中南海游泳池住处召集周恩来、叶剑英、姬鹏飞、乔冠华、熊向晖、章文晋、王海容、唐闻生开会，研究立即组织代表团出席第二十六届联合国大会。会议决定由乔冠华率团出席大会。

从11月开始，周恩来多次约外交部负责人及出席第二十六届联大会议的中国代表团成员开会，研究在联大的工作方针和斗争策略，并修改中国代表团团长乔冠华在联大的发言稿。11月6日晚，毛泽东会同周恩来等商定关于中国出席第二十六届联大代表团的送行计划。8日,毛泽东审阅同意中国政府代表团团长乔冠华准备在第二十六届联合国大会上的发言稿,当天,又在中南海游泳池住处接见中国出席第二十六届联合国大会代表团全体成员。9日,周恩来同叶剑英及其他在京政治局委员前往机场,为中国代表团送行。

1971年11月15日,以外交部副部长乔冠华为团长、黄华为副团长的中国代表团首次出现在联合国大会上,受到大多数国家代表极其热烈的欢迎。大会主席马利克指出:"这是具有历史意义的时刻。"原定上午结束的会,由于要求发言的代表不断增加,一直开到下午,"共有57个国家的代表致欢迎词","历时约6个小时"。这在联合国是不多见的情况。中国代表团团长乔冠华作了精彩的发言,他回顾了中国在恢复联合国合法席位中的艰难过程:"中国是联合国的创始国之一。一九四九年,中国人民推翻了蒋介石集团的反动统治,建立了中华人民共和国。从那时起,中国在联合国的合法权利,理所当然地就应属于中华人民共和国。只是由于美国政府的阻挠,中华人民共和国在联合国的合法权利才被长期剥夺,早被中国人民唾弃的蒋介石集团才得以窃据中国在联合国的合法席位。这是对中国内政的粗暴干涉,也是对《联合国宪章》的恣意践踏。现在,这种不合理的局面终于改变过来了。一九七一年十月二十五日,本届联合国大会以压倒多数通过决议,决定恢复中华人民共和国在联合国的一切合法权利,并立即把蒋介石集团的代表从联合国及其所属一切机构中驱逐出去。这是敌视、孤立和封锁中国人民的政策的破产。这是美国政府伙同日本佐藤政府妄图在联合国制造'两个中国'的计划的失败。""我们将同一切爱好和平、主持正义的国家和人民站在一起,为维护各国的民族独立和国家主权,为维护国际和平、促进人类进步事业而共同努力。"乔冠华的发言得到了与会代表国的热烈欢迎和赞同。

中国在联合国合法席位的恢复,是世界上一切爱好和平和正义的国家共同努力的结果,是中国外交工作上的一项重大成果。中国恢复在联合国的席位,对充分发挥中国在世界国际舞台的作用,也有着深远的意义。

> 同意。
>
> ——《对周恩来送审的中央关于恢复邓小平党组织
> 　　生活和国务院副总理职务决定稿的批语》
> 　　　　　　　　　　　　　　　（1973年3月）
>
> 在"文化大革命"中,邓小平受到了极大冲击,被遣送至江西南昌。周恩来为邓小平的复出做了大量工作。1973年3月,周恩来将送审的中央关于恢复邓小平党组织生活和国务院副总理职务决定稿送毛泽东审阅。这个决定稿写道:"恢复邓小平同志的党的组织生活,恢复他的国务院副总理的职务,由国务院分配他担任适当工作。"毛泽东当即批示"同意"。毛泽东的这个批示,拉开了邓小平复出的序幕。为邓小平在1975年掀起全面整顿,打下了组织基础。

50 开展全面整顿:改革开放的先声

"文化大革命"中,邓小平的命运跌宕起伏。

"文化大革命"之初,面对北京不少大学出现的乱揪乱斗现象,在北京主持日常工作的刘少奇和邓小平,向首都各大中学校派出了工作组,力图使"文化大革命"纳入党领导的轨道。这对稳定政治局势起到了重要作用。但却引来了一直想天下大乱的林彪、江青等人的仇恨,邓小平的政治生涯却由此发生了逆转。他和刘少奇派驻工作组的正确做法被认定成"是镇压,是恐怖"。更恶毒的是,他们攻击说：在以毛泽东为首的党中央之外，还有一个以刘少奇为首的资产阶级司令部，邓小平就是这个司令部的人。此事经江青、陈伯达、康生向毛泽东片面汇报后，被毛泽东指责为"起坏作用，阻碍运动"。在巨大压力下，刘少奇、邓小平都被迫作了检讨，主动承担了责任。1966年7月28日，中央作出撤销工作组的决定。

1966年8月1日至12日，党的八届十一中全会在北京召开。改组了中央领导机构。政治局常委由原来的7人扩大为11人，增加陶铸（不久就被排斥出局，后来被迫害致死）、陈伯达、康生、李富春。刘少奇在政治局常委的名次由原来的第二位降到第八位。会议期间和会后，刘少奇、邓小平等一些中央领导人相继受到批判。此次会议后，原来在中央一线主持工作的刘少奇和邓小平，实际上退出了中央的领导工作。1967年1月11日，中共中央政治局会议决定取消刘少奇、邓小平、陶铸、陈云、贺龙出席政治局会议的资格。7月19日，邓小平被抄家。接着，对邓小平夫妇进行了一次次批斗。1968年10月13日至31日，中国共产党八届扩大会议的十二中全会在北京召开。在这次会上，印发了由"邓专案组"用伪证撰写的《党内另外一个最大的走资本主义道路的当权派邓小平的主要罪行》，邓小平在党内外一切职务被撤销。尽管如此，林彪、江青还不满足，不断制造声势，企图开除邓小平的党籍。最后，在毛泽东的建议下，邓小平的党籍得以保留。

1969年10月，邓小平被遣送到江西南昌。专案组工作人员同江西省有关人员一起，选定南昌市郊新建县望城岗原福州军区南昌陆军步兵学校校长住的一栋两层小楼宅作为邓小平一家的住所，还安排了附近的新建县拖拉机修配厂作为邓小平夫妇的劳动地点。邓小平一般在工厂做上半天工。下午的时候，在家收拾收拾家务。

1973年年初，周恩来病情进一步加重后，毛泽东做出了让邓小平尽快复出的决定。1月，中央发出了让邓小平近期返京的通知。2

月20日上午11时，邓小平和全家登上福州开往北京的四十六次特快列车。2月22日，邓小平在度过了一个未眠之夜后从江西回到了阔别已久的北京，被安置在北京海淀区花园村一处院子居住。邓小平回京后，从2月下旬到3月初，周恩来带病主持了几次中央政治局会议，专门讨论他的问题，要求恢复其党的组织生活和国务院副总理职务，尽快让他出来工作。

　　3月9日，周恩来将几次讨论情况的报告送交毛泽东。报告中说："关于恢复邓小平同志的国务院副总理职务问题，政治局会议几次讨论过，并在主席处开会时报告过。邓小平同志已回北京。为在全国树立这样一位高级标兵，政治局认为需要中央作出一个决定，一直发到县团级党委。"当天，毛泽东批示："同意。"第二天，中共中央向全党发出了《中共中央关于恢复邓小平同志的党的组织生活和国务院副总理的职务的决定》。在8月24日至28日召开的中国共产党第十次全国代表大会上，经毛泽东提议，邓小平被选进了中央委员会。会后，叶剑英向毛泽东提议，让邓小平在军内兼职，并参加政治局的工作。毛泽东表示可以考虑。12月22日，中共中央发出通知：遵照毛主席的提议，中央决定：邓小平同志为中央政治局委员，参加中央领导工作，待十届二中全会开会时请予追认；邓小平同志为中央军事委员会委员，参加军委领导工作。此通知下达到县团级党委，并传达到党内外群众。这个通知，不但恢复了邓小平在"文化大革命"前的职务，反而赋予他更大的职责和权利。

　　1975年1月5日，中共中央发出一号文件，任命邓小平为中央军委副主席兼中国人民解放军总参谋长。1月8日至10日，中共十届二中全会在北京召开。会议追认邓小平为中央政治局委员，选举邓小平为中共中央副主席、中央政治局常委。1月13日至17日在北京举行的第四届全国人民代表大会第一次会议，根据中共中央的提议，任命邓小平为国务院副总理。已经集中央政治局常委、国务院第一副总理、军委副主席和解放军总参谋长五项职务于一身的邓小平,开始了他对政治、经济、文化、教育、军事等各领域的全面整顿工作。

整顿工作首先在交通运输领域开展。3月5日,邓小平在全国工业书记会议上发表讲话指出:现在有一个大局,全党要多讲。大局是什么?到20世纪末,把我国建设成为具有现代农业、现代工业、现代国防和现代科学技术的社会主义强国。听说现在有的同志只敢抓革命,不敢抓生产,说什么"抓革命保险,抓生产危险",这是大错特错的。在谈到怎样才能把国民经济搞上去的问题时,邓小平指出:首先要解决铁路运输不畅通的问题。也就在这一天,经毛泽东审阅同意,中共中央发出这年的九号文件——《关于加强铁路工作的决定》。《决定》指出:(一)全国所有的铁路单位,都必须坚决贯彻执行毛主席提出的"还是安定团结为好"的方针。(二)实行全国铁路以铁道部领导为主的管理体制。(三)省、市、自治区党委要继续加强对铁路工作的领导。(四)建立健全必要的规章制度,加强组织性纪律性,确保运输安全正点。(五)整顿铁路运输秩序,同各种破坏行为作斗争。邓小平在《决定》中加写了一段话:"对于少数资产阶级派性严重、经过批评和教育仍不改正的领导干部和头头,应该及时调离,不宜拖延不决,妨害大局。对严重违法乱纪的要给予处分。"为贯彻好这个决定,邓小平点将万里,要他用最快的速度、最有力的措施,迅速改变铁路面貌。随后,万里率工作组赴徐州、南昌、长沙、昆明、郑州等地,贯彻文件精神,对问题严重的铁路局进行了重点整顿,初步稳定了铁路运输秩序,许多铁路长期堵塞不畅的局面迅速改观,铁路运输量节节上升。

接着开始整顿钢铁工业。1975年前4个月,全国欠产钢铁195万吨,一些大钢厂欠产严重。5月8日至29日,邓小平主持召开全国钢铁工业座谈会,提出钢铁工业重点要解决四个问题:第一,必须建立一个坚强的领导班子；第二，必须坚决同派性作斗争；第三，必须认真落实政策；第四，必须建立必要的规章制度。他还风趣地说：不要怕被别人抓辫子，我这人就像维吾尔族的姑娘，辫子多，一抓一大把。不要怕，整顿出了问题，我负责。会后，中央调整了冶金部的领导班子，发出了题为《关于努力完成今年钢铁生产计划的批示》的十三号文件。国务院也专门成立了钢铁工业领导小组。国家计委根据讲话精神起草了《关于加快工业发展的若干问题》，纠正了工业生产中的"左"倾错误。经过不到一个月的整顿，钢铁生产形势开始好转。钢铁工业也带动了其他工业门类的整顿，原油、原煤、发电量、化肥、水泥等行业的生产情况也迅速好转。8月，邓小平在国务院讨论国家计委起草的《关于加快工业发展的若干问题》中，对工业整顿提出了七点指导性意见：（一）确立以农业为基础、为农业服务的思想。（二）引进新技术、新设备，扩大进出口。（三）加强企业的科学研究工作。（四）整顿企业管理秩序。（五）抓好产品质量。（六）恢复和健全规章制度。（七）坚持按劳分配原则。

整顿军队。7月14日，邓小平在中央军委扩大会议上作了《军队整顿的任务》的讲话，着重讲了关于军队整顿的五个问题。关于军队的状况问题，他指出：由于林彪一伙的破坏，军队建设中存在肿、散、骄、奢、惰的情况。当然，全军总的面貌不是这样。但是从部分单位来说，从部分同志来说，是存在这五个字的。尽管是部分的，但是不可忽略。谈到整顿内容时，邓小平指出：整顿就是整上面讲的那五个字，要联系起来解决。在整顿中，还要加强干部学习，增强党性，反对派性，加强纪律性，发扬艰苦奋斗的传统作风。谈到军委的工作时，指出：军委工作实际上就是两件事：第一件是"军队要整顿"；第二件是"要准备打仗"。这是我们军队工作的纲。谈到高级干部的责任时，指出：现在军队一些不好的现象能不能克服，几十年的优良传统能不能继承和发扬，主要靠我们这些老同志的传帮带。只要大家带头努力，做到毛泽东同志说的八个字，团结、紧张、严肃、活泼，我看，军队的问题是不难解决的，党的路线、方针、政策是可以贯彻好的。后来，邓小平又将这个报告进行了多次修改，报送毛泽东审阅。7月19日，经毛泽东批准，中共中央转发邓小平这个讲话，为部队开展整顿工作提供了参考和依据。

整顿农业。针对"文化大革命"中农业受到很大破坏的情况，邓小平在9月15日召开的全国农业学大寨会议上发表讲话指出：四个现代化，比较起来，更加费劲的是农业现代化。如果农业搞不好，很可能拉我们国家建设的后腿。目前，我国还有部分县、地区，粮食产量还不如解放初期，即使是个别的情况，也是值得很好注意的事。形势要求我们走快一些。要落实农村干部政策等正确主张。此后，各地区抽调上百万干部到农村社队帮助整顿。中央还出台文件，强调不能把社员正当的家庭副业当作资本主义来批判。这些重要措施，调动了农民的生产积极性，使农村形势有了明显好转，农业生产获得了好收成。

针对科学、教育、文艺领域存在的问题，邓小平也进行了整顿。7月中旬，邓小平派胡耀邦到中国科学院，展开对科技领域的整顿。他指示说：经过整顿，要建立一个强有力的"敢"字当头的领导班子。在搞好安定团结的前提下，坚决向派性作斗争，发展社会主义经济和各部门的业务。9月下旬，邓小平在听取胡耀邦代表科学院作工作汇报时，对《科学院工作汇报提纲》给予了充分肯定。他说：如果我们的科学研究工作不走在前面，就要拖整个国家建设的后腿。不能把科技人员搞得灰溜溜的。科学技术是生产力，科技人员就是劳动者。在教育方面，教育部根据邓小平的指示，起草了《教育工作汇报提纲》（以下简称《提纲》）。在《提纲》起草过程中，邓小平多次强调：实现四个现代化是全党工作的大局，教育关系到整个现代化的水平。25年发展远景，关键是我们教育部门要培养人。

科学研究工作后继有人的问题，中心是教育部门的问题。现在有个危机——不读书。教师有个地位问题，教育部门也有个调动教师积极性问题。在文艺调整上，邓小平批准解放了一批被江青一伙作为"毒草"而禁锢的电影、音乐，恢复了一些杂志的出版发行。《创业》《海霞》《万水千山》和《长征组歌》相继放映与演出。

邓小平领导的全面整顿，实际上是系统地纠正"文化大革命"的"左"倾错误，是"文化大革命"期间党内代表正确发展趋势的力量与"四人帮"的一场重大斗争。1975年，一些地区的武斗明显减少，大部分地区社会秩序趋于稳定，国民经济迅速回升，全国形势明显好转。

这次全面整顿，学界将其视为三年后邓小平领导改革开放的先声。

严冬虽然还未过去，但春的消息已然到来。

后 记

2022年3月，中共中央办公厅印发文件，就推动党史学习教育常态化长效化提出了具体意见。为帮助广大读者学党史、知党史、用党史，笔者编著了这本《笔端乾坤——毛泽东著作中的党史大事》。这是一位党史和文献工作者为迎接党的二十大胜利召开的献礼之作，也是讲好中国共产党故事的一次创新。

在写作过程中，笔者重点研读了党的十九届六中全会通过的《中共中央关于党的百年奋斗重大成就和历史经验的决议》，并参考了中共党史出版社出版的《中国共产党历史》《中国共产党的九十年》，中央文献出版社出版的党和国家主要领导人传记、年谱、相关回忆录、党的重要文献汇编等，查阅了《人民日报》等报刊，也借鉴吸收了一些党史著作的部分观点。

本书能顺利完成并出版，有赖于中央编译出版社张远航、李媛媛老师的大力支持。在此，一并表示感谢。

限于学识有限，文中观点和史料若存在不当之处，敬请读者不吝指教。

曾 珺
2022年